Betriebs- und Wirtschaftsinformatik

Herausgegeben von
H. R. Hansen H. Krallmann P. Mertens A.-W. Scheer
D. Seibt P. Stahlknecht H. Strunz R. Thome

Peter Neu

Strategische Informations-system-Planung

Konzept und Instrumente

Springer-Verlag

Berlin Heidelberg New York London Paris
Tokyo Hong Kong Barcelona Budapest

Dr. Peter Neu
Hauptstraße 53
D-6636 Überherrn

ISBN-13:978-3-540-54185-1   e-ISBN-13:978-3-642-76715-9
DOI: 10.1007/978-3-642-76715-9

2142-3140 - 543210 - Gedruckt auf säurefreiem Papier

Inhaltsübersicht

Inhaltsverzeichnis

1. Rahmenbedingungen der Informationssystem-Planung

1.1. Wesentliche Charakteristika der Planungssituation

Für ein Unternehmen, das heute vor der Aufgabe steht, die weitere Entwicklung seines Informationssystems (IS) zu planen, ist diese Situation durch einige wesentliche **Veränderungen der Ausgangsbedingungen** gegenüber früheren Planungen gekennzeichnet. Diese Veränderungen beziehen sich auf

- Anforderungen an das IS,
- Möglichkeiten zur Umsetzung der Anforderungen und
- Niveau der Nutzung von Informationstechnologie.

Daraus entstehen Konsequenzen, die für die Gestaltung des zukünftigen IS zu beachten sind.

a.   Information als strategischer Faktor

Bei den **Anforderungen**, die an die Leistung des IS im Unternehmen gestellt werden, hat sich eine deutliche Verschiebung ergeben. Stand früher im wesentlichen die Automatisierung der bestehenden daten- oder rechenintensiven Bearbeitungsvorgänge mit den daraus resultierenden Rationalisierungseffekten insbesondere im Personalbereich im Vordergrund, so kommt heute den qualitativen Aspekten eine höhere Bedeutung zu. Die Unternehmen sehen sich aufgrund veränderter Marktbedingungen der Notwendigkeit einer Umgestaltung der internen Prozesse und auch der Interaktion mit externen Partnern (Kunden, Lieferanten, Banken usw.) gegenüber. Entsprechend fällt der Nutzung der Informationstechnik, die zugleich Auslöser als auch Instrument zur Bewältigung einer solchen Reorganisation ist, eine veränderte Rolle zu, sie "... beeinflußt alle Stufen der Leistungserstellung im Unternehmen, ja sie verändert auch das Produkt selbst ..." (PORTER/MILLAR, 1986, S. 27).

So ist etwa die Bewältigung einer größeren Vielfalt kundenspezifischer Produkte bei gleichzeitig kürzeren Lieferzeiten, höherer Änderungsflexibilität und gesicherter Qualität häufig nur mit einer wesentlichen Verbesserung der

Informationsverarbeitung durch den Einsatz umfassender DV-gestützter Systeme möglich. Beispiele für solche strategisch bedeutsamen Anwendungen sind von Mertens/Plattfaut dargestellt (MERTENS/PLATTFAUT, 1986, S. 7-13). Das IS hat sich damit vom einfachen Rationalisierungswerkzeug zu einem "**strategischen Instrument der Unternehmensführung**" (SCHEER, 1989, S. 56; weiter McFARLAN, 1984; PARSONS, 1983) entwickelt. Der Umgang mit Informationen bekommt wesentlichen Einfluß auf die Wettbewerbsposition und damit die Erreichung der verfolgten Ziele (SCHOLZ, Ch., 1988a, S. 57).

b. Informationstechnologische Entwicklungen

Bei den **Möglichkeiten**, die für die Gestaltung des IS zur Verfügung stehen, ergeben sich wesentliche Einflüsse aus den Entwicklungstrends der zugrundeliegenden Informationstechnologie. Hier sind zwei Hauptbereiche zu unterscheiden. Zum einen entstehen **neue technologische Möglichkeiten** (VENITZ, 1990, S. 24-34; WOLLNIK, 1988, S. 36-37), wie etwa

- Dezentralisierung von Rechnerleistung bis zur Arbeitsplatzebene,
- Verteilung von Datenbanken,
- grafische Benutzeroberflächen,
- Entwicklungswerkzeuge für Expertensysteme und
- Endbenutzer-orientierte Instrumente.

Diese technologischen Möglichkeiten eröffnen Optionen für die **Gestaltung von Anwendungen**, so daß sich hier neue Gebiete erschließen (z.B. Einsatz von Expertensystemen für schlecht strukturierte Probleme) oder veränderte Lösungen möglich werden (z.B. grafische Oberfläche für Reihenfolgeplanung).

Den zweiten wesentlichen Bereich in der Entwicklung der Informationstechnologie bilden die Bestrebungen zur Definition **offener Standards**, d.h. also herstellerneutraler Normierungen von DV-technischen Bestandteilen eines IS (BRUNS, 1988, S. 17). Beispiele sind hier etwa Festlegungen für einzelne Komponenten wie

- Betriebssystem -> Unix,
- Benutzeroberfläche -> Windows,
- Datenbankschnittstelle -> SQL und
- Kommunikationsprotokoll -> MAP.

Solche Standards, die zur Zeit in vielen Bereichen erarbeitet werden, erlauben dem Anwender durch die Definition von normierten Schnittstellen eine einfachere **Verknüpfung von unterschiedlichen DV-technischen Komponenten**, als dies bei Verwendung herstellerspezifischer Konzepte möglich ist. Damit können leichter eingesetzte Produkte ausgetauscht und neue integriert werden, was eine erhöhte Flexibilität für diesbezügliche Entscheidungen bedeutet.

c.   Umfassende Anwendungskonzepte

Die **Möglichkeiten**, die sich für die Gestaltung des IS ergeben, werden nicht nur von den informationstechnologischen Entwicklungen bestimmt, sondern entscheidend auch durch die zur Verfügung stehenden **Anwendungskonzepte**, die Nutzungsformen der Technologie beschreiben. Neben Ansätzen wie etwa Manufacturing Ressource Planning (WIGHT, 1983) oder belastungsorientierte Auftragsfreigabe (WIENDAHL, 1987) für die Produktionsplanung und -steuerung sind auch umfassende Konzepte entwickelt worden, die eine ganzheitliche Sicht des Unternehmens beinhalten.

Hier ist zum einen **Computer Integrated Manufacturing (CIM)** zu nennen, das alle planenden, steuernden und ausführenden Funktionen im Zusammenhang mit der Herstellung von Produkten beinhaltet (SCHEER, 1988a, S. 3). Seine Hauptelemente sind

- Produktionsplanung und -steuerung (PPS),
- Computer Aided Engineering (CAE),
- Computer Aided Design (CAD),
- Computer Aided Planning (CAP),
- Computer Aided Manufacturing (CAM) und
- Computer Aided Quality Assurance (CAQ).

CIM steht dabei für die Integration dieser Funktionsbereiche über eine gemeinsame, durchgängige Datenbasis und die Verknüpfung der einzelnen Bearbeitungen logisch zusammenhängender Prozesse. Dies bedeutet ein engeres Zusammenwachsen zwischen betriebswirtschaftlichen und technischen Funktionen und auch zwischen Planungs-, Steuerungs- und Ausführungsebene. Damit werden Bereiche in einen Gesamtzusammenhang gestellt, die traditionell nur lose miteinander verbunden waren und deren Anwendungssysteme sich häufig unabhängig voneinander entwickelt haben.

Ein weiteres umfassendes Konzept zum Einsatz der Informationstechnologie wird mit den Begriffen **Office Automation** oder **Bürokommunikation** (PICOT/REICHWALD, 1985) bezeichnet. Es umfaßt die Unterstützung aller Büroaufgaben, die nicht durch fest definierte, funktionale Anwendungssysteme abgedeckt werden können. Wesentliche Elemente sind:

- Text-, Grafik- und Bildverarbeitung,
- Kommunikation (unternehmensintern und -extern),
- Zugang zu den Datenbeständen der Anwendungssysteme,
- individuelle Auswertung und Verarbeitung dieser Daten und
- Verwaltung individueller Daten.

Damit soll eine Infrastruktur aufgebaut werden, die eine effiziente Abwicklung der Bürofunktionen erlaubt. Wichtig sind deshalb die Durchgängigkeit über alle beteiligten Unternehmensbereiche und die DV-technische und funktionale Integration mit den Anwendungssystemen.

d.   Entwicklungsschwerpunkte

Zur Feststellung des erreichten **Niveaus der Nutzung von Informationstechnologie** hat Nolan (NOLAN, 1979) einen Entwicklungspfad beschrieben, bei dem er sechs Stufen für den Wachstumsprozeß hin zu einem ausgereiften IS unterscheidet. Jede einzelne Stufe ist durch eine Kombination von Merkmalen gekennzeichnet und mit spezifischen Planungs- und Entwicklungsproblemen verbunden (Darstellung in Kap. 4.2.2.2).

Vor dem Hintergrund einer solchen Beschreibung kann der **heutige Realisierungsstand** in größeren Unternehmungen durch folgende Aspekte charakterisiert werden:

- Die daten- und rechenintensiven Massenbearbeitungsaufgaben, z.B. in den Bereichen des Rechnungswesens, der kaufmännischen Auftragsbearbeitung oder der Produktionsplanung, sind weitgehend automatisiert.

- In den technisch orientierten Anwendungsgebieten wie Produktentwicklung, Arbeitsplanung oder Prozeßsteuerung existieren Einzellösungen, die jedoch noch keine durchgängige Unterstützung bieten.

- Die individuelle Datenverarbeitung mittels Endbenutzer-geeigneten Instrumenten nimmt sehr stark zu. Probleme bestehen hier hinsichtlich der Datenversorgung aus den Anwendungssystemen und der Kommunikation zwischen den einzelnen Arbeitsplätzen.

- Die Hardware- und Systemsoftwarebasis des IS ist durch eine Heterogenität gekennzeichnet, die aus den Umständen der Entstehung der einzelnen Komponenten (Zeitpunkte, verantwortliche Einheiten im Unternehmen, Marktangebot) erklärbar ist.

Diese Kennzeichen der heutigen Situation führen dazu, daß sich für den weiteren Wachstumsprozeß des IS im Unternehmen neue **Entwicklungsschwerpunkte** herausbilden. Diese können folgendermaßen charakterisiert werden:

- Wesentliche Verbesserungen in der Unterstützung der Benutzer ergeben sich weniger aus der isolierten Optimierung der einzelnen Systeme, sondern eher aus ihrer verstärkten Integration, die die Gestaltung durchgängig DV-gestützter Vorgangsketten (SCHEER, 1987, S. 27) ermöglicht. Dies erfordert die Verbindung bisher getrennter Anwendungen aus kaufmännischem und technischem Bereich sowie der individuellen Datenverarbeitung.

- Die verstärkte Integration der Anwendungen setzt eine entsprechende Kompatibilität der Hardware- und Systemsoftware-Komponenten voraus. Hier muß die bestehende Heterogenität in Richtung auf durchlässige Architekturen hin fortentwickelt werden, die auch die einfache Einbindung neuer Produkte erlauben.

- Weiterhin kann eine Integration der Anwendungen nur sinnvoll auf einer entsprechend strukturierten Datenbasis erfolgen. Dies verlangt die Sicht der Daten als eigenständiges Gestaltungsobjekt, unabhängig von einzelnen verwendenden Funktionen. Hier ist gegebenenfalls ein Unternehmensdatenmodell (SCHEER, 1988c) zu entwickeln, das aus einer logischen Perspektive die Datenbasis des Unternehmens beschreibt und als Leitlinie für die weitere Entwicklung verwendet werden kann.

1.2 Konsequenzen für die Gestaltungsentscheidungen

Aus den aufgezeigten Charakteristika der Planungssituation, nämlich

- strategische Bedeutung der Information,
- informationstechnologische Entwicklungen,
- umfassende Anwendungskonzepte und
- veränderte Entwicklungsschwerpunkte

ergeben sich **Konsequenzen für die Entscheidungen**, die vom Unternehmen im Zusammenhang mit der Gestaltung seines zukünftigen IS zu treffen sind. Es handelt sich dabei um Entscheidungen mit

- Einfluß auf die gesamte Unternehmensstrategie;

- starker Interdependenz zu anderen Bereichen der Unternehmenspolitik, wie Produktspektrum, Technologie, Marktbearbeitung oder Organisation;

- gesamthaften, nicht bereichsbezogenen Veränderungen der Unternehmensprozesse;

- starker Ausrichtung auf qualitative Verbesserung der Leistungsfähigkeit des Unternehmens, nicht primär auf unmittelbare Kostensenkung;

- mittelfristigen, nicht kurzfristigen Auswirkungen;

- hohem Investitionsvolumen und längeren Realisierungszeiträumen und

- schwieriger ökonomischer Bewertung.

Diese Charakterisierung der zu treffenden Entscheidungen weist zugleich auf die Anforderungen an den entsprechenden **Planungsprozeß** hin. Hier handelt es sich um ein Problemfeld, das aufgrund seiner Komplexität und der Reichweite seiner Auswirkungen nicht allein den Spezialisten des EDV-Bereichs überlassen werden kann, sondern das die gesamthafte Perspektive der Unternehmensleitung verlangt. Insofern scheint es berechtigt, vom IS als einem Gegenstand der strategischen Planung zu sprechen (SZYPERSKI/KOLF, 1978, S. 62-66).

1.3 Ziel und Aufbau der Arbeit

Ziel dieser Arbeit ist es, ein **Konzept für die Strategische Informationssystem-Planung (SISP)** zu entwickeln. Unter der SISP wird dabei die grundlegende Gestaltung der weiteren IS-Entwicklung verstanden, die in enger Verbindung mit der Strategischen Unternehmensplanung (SUP) erfolgt. Die SISP setzt nach einer Analyse der Möglichkeiten, die die Informationstechnologie für die Unternehmensentwicklung insgesamt bietet, die formulierten strategischen Unternehmensziele in spezifische IS-Ziele um und erarbeitet aus der Gegenüberstellung dieser Ziele zur Ausangssituation eine Architektur für das zukünftige IS.

Für diesen Planungsprozeß wird ein Konzept entwickelt, das folgende jeweils voneinander abgeleitete Aspekte umfaßt:

Ziele

Welche Ziele werden mit der SISP verfolgt, d.h. welche Festlegungen muß sie für die weitere IS-Entwicklung treffen?

Inhalte

Welche Inhalte umfaßt die SISP, d.h. welche Themengebiete muß sie behandeln oder berücksichtigen zur Formulierung entsprechender Ziele?

Aufgaben

In welche Aufgaben läßt sich die Behandlung des Gesamtinhalts der SISP gliedern, welche Fragestellungen sind dabei jeweils zu bearbeiten und welche Ergebnisse zu erzielen? Wie fließen Ergebnisse einer Aufgabe in andere ein, d.h. welche logischen Verbindungen bestehen zwischen den einzelnen Aufgaben?

Verfahren

Welche Verfahren können im SISP-Prozeß eingesetzt werden und welche Aufgaben werden von ihnen unterstützt?

Entsprechend dieser Aspekte ist auch der **Aufbau der Arbeit** gestaltet, der sich nach einem Kapitel, in dem Ziele und Inhalte der SISP in Form von Anforderungen an den Planungsprozess beschrieben werden, im weiteren an der Aufgabenfolge der SISP orientiert.

In **Kap. 2** werden ausgehend von den Dimensionen des IS und den mit seinem Einsatz im Unternehmen verfolgten Zielen Anforderungen an eine Planung abgeleitet, die die Gestaltung eines optimalen IS unterstützt. Die Anforderungen, die generelle Ziele und Inhalte der IS-Planung bestimmen, werden dann unter Berücksichtigung der besonderen Aspekte der strategischen Planungsebene in Komponenten der SISP umgesetzt. Diese Komponenten sind eine erste grobe Strukturierung der SISP-Aufgaben und bilden den Rahmen für die weitere Darstellung. In diesem Kapitel erfolgen auch die notwendigen begrifflichen Klärungen und Abgrenzungen.

Die **Kap. 3, 4 und 5** beschreiben die Bestandteile des Planungsprozesses, nämlich Analyse der Ausgangssituation, Formulierung der strategischen IS-Ziele und Erarbeitung der IS-Strategie, entsprechend der vorgenommenen Gliederung der SISP-Komponenten. Sie sind formal jeweils identisch aufgebaut: Nach einer Einordnung in den SISP-Gesamtzusammenhang werden für die einzelnen Teilaufgaben Aufgabenstellung, Vorgehensweise (mit detaillierten Teilschritten) und einsetzbare Verfahren dargestellt und die Verfahrensunterstützung bewertet. In diesen Kapiteln ist somit der gesamte SISP-Prozeß mit seinen Einzelelementen behandelt.

In **Kap. 6** erfolgt abschließend eine Zusammenfassung der Ergebnisse, die die erarbeiteten Anforderungen an den SISP-Prozeß und das daraus abgeleitete Planungskonzept mit seinen Teilschritten und Verfahren in Übersichtsform darstellt.

2.   Anforderungen an die Strategische Informationssystem-Planung (SISP)

Nachdem das aktuelle Umfeld der IS-Planung charakterisiert wurde, sind daraus
wesentliche Anforderungen für eine Planungsmethodik abzuleiten. Für deren
Formulierung können zwei wesentliche Bereiche unterschieden werden (LINDHEIM,
1988, S. 13-18):

-     **Allgemeine Planungsgrundsätze**

Sie legen allgemeine Anforderungen an eine Planungsmethodik fest, die unabhängig von einem bestimmten Planungsgegenstand immer zu berücksichtigen sind.
Beispiele solcher allgemeiner Planungsgrundsätze sind Vollständigkeit, Strukturiertheit, Systematik und Wirtschaftlichkeit der Planung (LINDHEIM, 1988,
S. 13-15). Diese allgemeinen Planungsgrundsätze sollen im weiteren nicht
vertieft diskutiert und für die IS-Planung konkretisiert werden, müssen aber
bei der Formulierung der Planungsmethodik berücksichtigt werden.

-     **Planungsfunktionen**

Sie beschreiben die Ziele, die mit der Durchführung der Planung verfolgt werden, und zwar Ziele für die Durchführung selbst als auch für die zu errei-
chenden Ergebnisse. Planungsfunktionen können zum Beispiel die Strukturierung
des Problemlösungsprozesses oder die Bestimmung von zukünftigen Handlungs-
alternativen sein. Aus diesen Funktionen lassen sich dann entsprechende
inhaltliche Anforderungen an die Ausgestaltung eines Planungsvorgehens
ableiten.

Die Planungsfunktionen selbst jedoch sind weitgehend bestimmt durch die **Art
des Planungsgegenstands** und die **Ziele**, die mit diesem verfolgt werden. Im
folgenden werden daher aus den Merkmalen des Planungsgegenstands "Informati-
onssystem" (Kap. 2.1) und den mit seiner Gestaltung von der Unternehmung verfolgten Zielen (Kap. 2.2) die Anforderungen an die Planungsmethodik (Kap.
2.3/2.4) abgeleitet.

2.1   Dimensionen des IS

Unter dem **IS eines Unternehmens** werden alle Elemente der technischen Infrastruktur zur Unterstützung und Durchführung von Informationsverarbeitungsaufgaben verstanden sowie die zur Bereitstellung dieser Infrastruktur notwendigen personellen Ressourcen. Erst das Zusammenwirken von DV-technischen und personellen Komponenten ergibt die Gesamtheit des IS und bestimmt seine Leistungsfähigkeit für den Anwender, die sich letztlich im **Informationseinsatz** niederschlägt. Darunter soll die Verwendung von Informationen für die Bearbeitung der betrieblichen Aufgabenstellungen verstanden werden (WOLLNIK, 1988, S. 37). Dafür sind neben der vom IS bereitgestellten Unterstützung in Form von Daten und Funktionen auch weitere Informationsquellen und Kenntnisse des Anwenders von Bedeutung. Abb. 2.1 zeigt die Zusammenhänge.

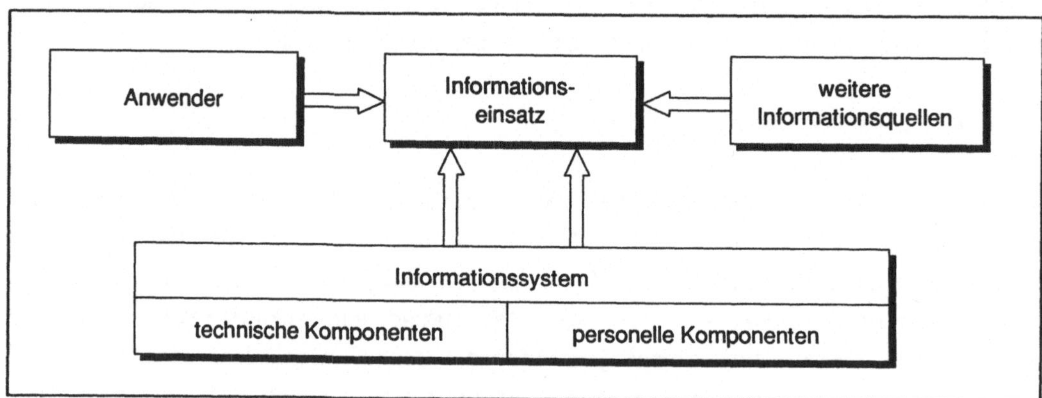

Abb. 2.1:   Bestimmungsfaktoren des Informationseinsatzes

Das IS selbst mit seinen technischen und personellen Komponenten kann in mehrere Dimensionen untergliedert werden, denen jeweils eigene Aufgaben zukommen.

-    **Hardware**

Die Hardware umfaßt alle physischen Bestandteile eines IS wie z.B. CPU, Speicherperipherie, Benutzerperipherie, Netzsteuerungen und Verkabelung.

- **Systemsoftware**

Die Systemsoftware umfaßt alle Softwarekomponenten, die zum Betrieb der Hardware und als Basis für Anwendungen benötigt werden, ohne direkt eine betriebswirtschaftliche oder technische Aufgabenstellung des Unternehmens zu
unterstützen. Dazu gehören z.B. Betriebssysteme, Datenbanken, Kommunikationssoftware, Entwicklungswerkzeuge.

- **Daten**

Die Daten beschreiben für den Leistungserstellungsprozeß relevante Gegenstände innerhalb des Unternehmens oder aus seiner Umwelt und bilden die Basis
für Funktionen zu ihrer Erfassung, Umformung und Darstellung. Wichtige
Bestandteile dieser Dimension sind die inhaltliche und formale Definition der
Daten und ihre speicherungstechnische Organisation.

- **Anwendungssoftware**

Die Anwendungssoftware umfaßt alle Softwarekomponenten, die direkt Fach- oder
Kommunikationsaufgaben in den einzelnen Funktionsbereichen des Unternehmens
unterstützen. Beispiele sind etwa Systeme für Finanzbuchführung, Computer-Ai-
ded Design (CAD), Electronic Mail oder auch Tabellenkalkulation. Bei den
letztgenannten Systemen für vom Endanwender individuell zu erstellende Anwendungen wird die Abgrenzung unscharf zur Systemsoftware.

- **Organisation**

Die Organisation umfaßt die personellen Ressourcen, die für Entwicklung und
Bereitstellung des IS zur Verfügung stehen, die Zuordnung von IS-bezogenen
Aufgaben zu einzelnen Stellen und die Regeln/Methoden zur Aufgabenerfüllung.

Diese fünf einzelnen Dimensionen des IS können noch unterschiedlich zusammengefaßt werden. Hardware und Systemsoftware bilden gemeinsam die **DV-technische
Basis**, Daten und Anwendungssoftware die **Anwendungs-Basis**. DV-technische Basis, Anwendungs-Basis und Organisation bezeichnen die **DV-tech-
nisch/organisatorische Implementierung** des IS. Dabei kommt der Anwendungssoftware eine doppelte Rolle zu, da sie zum einen Bestandteil der technischen
Ebene ist, zum anderen aber auch über ihre Funktionalität die bestimmende
Größe für die Unterstützung der betrieblichen Informationsverarbeitungsaufga-

ben ist und damit den Informationseinsatz beeinflußt. Abb. 2.2 verdeutlicht diese Zusammenhänge.

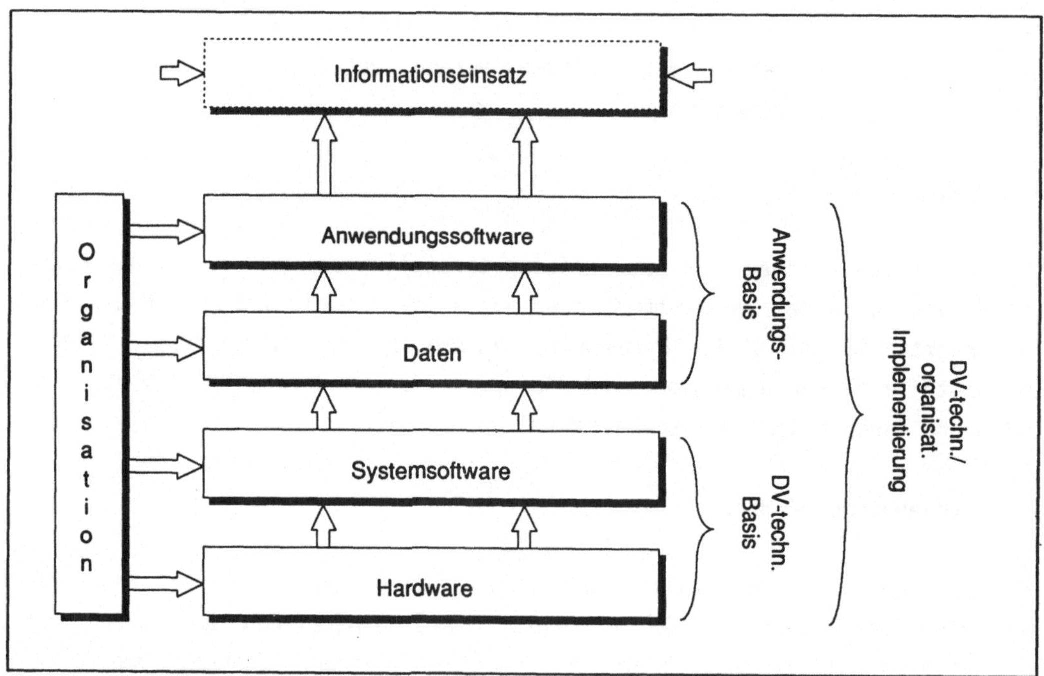

Abb. 2.2:   Dimensionen des IS

2.2   Ziele des IS

2.2.1 Gesamtzielsetzung des IS

Im Zuge der Entwicklung von Informationen zum Erfolgs- (ÖSTERLE, 1987) und Produktionsfaktor (SCHEER, 1988a, S. 1) für das Unternehmen wird die gezielte Planung und Steuerung ihrer Bereitstellung und Nutzung zu einem eigenen Bereich der Unternehmenssteuerung. In der wissenschaftlichen Betrachtung setzt sich für diesen Bereich zunehmend die Bezeichnung **"Informations-Management"** (WOLLNIK, 1988) durch.

Zur Entwicklung der Ziele, die mit der Gestaltung des IS in einem Unternehmen verfolgt werden, soll als Ausgangsbasis auf ein einfaches **Modell der Produktionstheorie** zurückgegriffen werden (WÖHE, 1986, S. 485-488). Wenn Informationen als Produktionsfaktor anzusehen sind, ist ihr Einsatz nach den gleichen Regeln zu steuern wie der anderer Produktionsfaktoren. Die folgende Abbildung zeigt ein einfaches Beispiel der wesentlichen Zusammenhänge (WÖHE, 1986, S. 487):

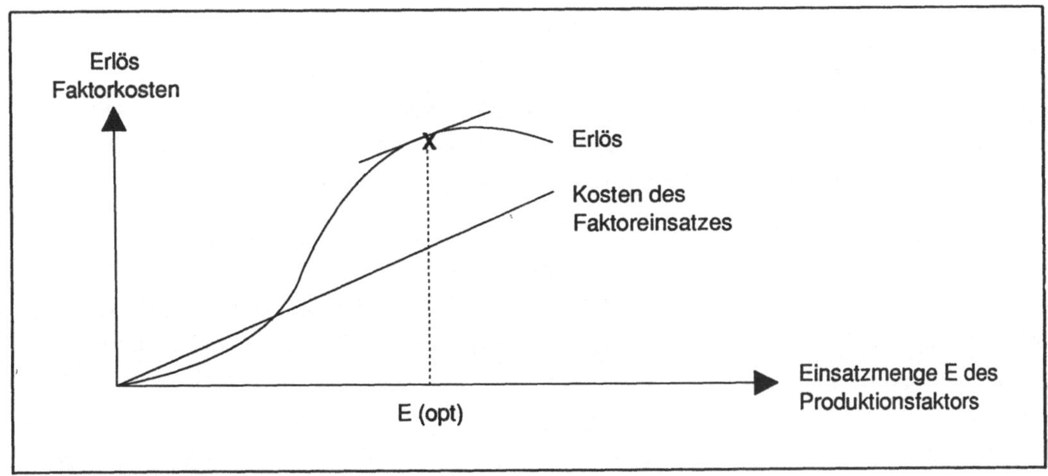

Abb. 2.3:   Modell der Faktoreinsatzoptimierung

Die **Erlösfunktion** gibt den Zusammenhang an zwischen der Einsatzmenge des betrachteten Produktionsfaktors (bei konstantem Einsatz eventueller weiterer Produktionsfaktoren) und der mit Marktpreisen bewerteten Ausbringung des herzustellenden Produkts.

Die Linie aus dem Ursprung gibt die **Kosten des Faktoreinsatzes** an. Ihre Steigung entspricht dem Preis pro Faktoreinheit. Die **optimale Faktoreinsatzmenge** E(opt) ist dort erreicht, wo die Steigung von Erlösfunktion und Faktorkostenfunktion übereinstimmen, was inhaltlich bedeutet, daß der Nutzen (= bewerteter Zuwachs der Ausbringungsmenge) einer zusätzlichen Faktoreinheit mit deren Kosten (= Preis für die Faktoreinheit) übereinstimmt.

Die wesentlichen Elemente des Modells sind somit:

-   Beitrag des Faktoreinsatzes zur Herstellung eines Produkts
    =>   **Zielbeitrag/Nutzen des Produktionsfaktors**

-   Kosten der Verwendung des Produktionsfaktors im Produktionsprozeß
    =>   **Kosten des Produktionsfaktors**

-   Optimale Faktoreinsatzmenge aus Optimierung von Zielbeitrag und Kosten
    =>   **Optimale Faktoreinsatzmenge.**

Übertragen auf das Problem des optimalen Einsatzes von Informationen als Produktionsfaktor im Leistungserstellungsprozeß der Unternehmung ergibt dies eine erste **Bestimmung für die Gestaltung des IS:**

Zielsetzung des IS ist es, einen optimalen Beitrag zu den angestrebten Zielen der Unternehmung zu leisten. Die Optimalität des Beitrags und daraus abgeleitet die optimale Ausprägung des IS bestimmen sich über Zielbeitrag und Kosten, die mit dem IS-Einsatz verbunden sind.

Die Analogie zur Produktionstheorie läßt sich auch durch Übertragung von Abb. 2.3 mit modifizierten Bezeichnungen auf das IS-Einsatzproblem verdeutlichen.

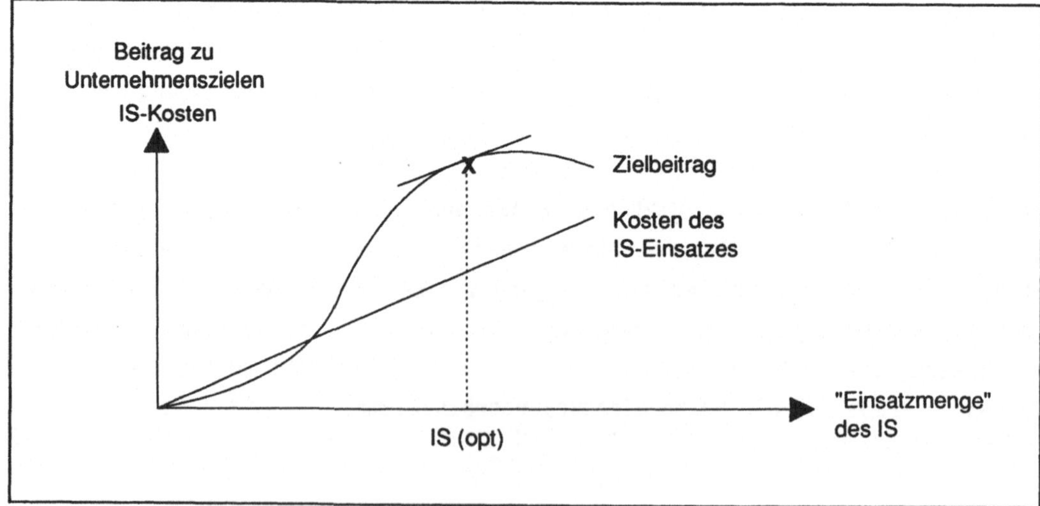

Abb. 2.4:   Modell der IS-Einsatzoptimierung

Eine einfache **praktische Anwendung** des Modells zur Bestimmung eines optimalen
IS ist wegen der gegenüber den Modellannahmen (WÖHE, 1986, S. 477-478 und S.
487) wesentlich komplexeren Situation nicht möglich. Als Beispiele dafür
seien genannt: IS ist kein homogener, in Mengeneinheiten einsetzbarer Produktionsfaktor; es gibt keine fest zugeordneten Kosten zu einem bestimmten IS-
Niveau; der IS-Nutzen läßt sich nicht einfach eindimensional in Form einer
wertmäßigen Ausbringung messen.

Jedoch zeigt die Analogie auf, daß
-       Entscheidungen über den Einsatz von IS-Elementen grundsätzlich genauso
        zu behandeln sind wie bei anderen Produktionsfaktoren,
-       Kosten-Nutzen-Aspekte die oberste Stufe der IS-Zielsetzung ausmachen
        und alle sonstigen IS-Ziele (z.B. technische Ziele) letztendlich darauf
        zurückgeführt werden müssen.

Das Modell kann deshalb für die weitere Konkretisierung der IS-Ziele in der
Art verwendet werden, daß seine für die Optimierung verwendeten Komponenten
Beitrag zu den Unternehmenszielen und **Kosten** genauer präzisiert und
aufgeschlüsselt werden. Im folgenden werden deshalb die Fragen beantwortet,
worin Nutzen und Kosten eines IS bestehen und wodurch sie determiniert
werden.

2.2.2   Nutzen des IS

2.2.2.1   Systematisierung

a.   Unternehmensziele

Wenn der Nutzen eines IS in seinem Beitrag zu den Unternehmenszielen besteht,
müssen diese zunächst systematisiert werden. Ein Ansatz hierfür ist es, die
langfristige **Gewinnmaximierung als oberstes Unternehmensziel** zu unterstellen
und davon ausgehend Unterziele abzuleiten.

Die Diskussion der Gewinnmaximierung als alleinige Unternehmenszielsetzung in der Betriebswirtschaftslehre (WÖHE, 1986, S. 45-47) und die vorgenommenen Differenzierungen und Ergänzungen können hier außer Betracht bleiben, da es zunächst nur um einen gedanklichen Ordnungsrahmen zur Strukturierung der relevanten Zielgrößen geht. Die nachfolgende Ableitung der ökonomischen Teilziele aus dem Gewinnmaximierungsziel impliziert also nicht, daß in jedem Fall die Gewinnmaximierung als oberstes Ziel verfolgt wird. Sie zeigt nur die zwischen den Teilzielen bestehenden Verbindungen auf und läßt auch die Verfolgung einzelner Teilziele zu.

In einem konkreten Entscheidungszusammenhang, in dem von der Gewinnmaximierung **abweichende Ziele** gegeben sind, können diese bei der Bewertung des IS-Nutzens entsprechend berücksichtigt werden. Dazu muß dann der Beitrag des IS zu den jeweils verfolgten Zielen (z.B. Umsatzsteigerung) gemessen werden. Außerökonomische Ziele werden hier nicht näher betrachtet, da ihnen für das betrachtete Gestaltungsproblem - strategische IS-Planung - keine große Bedeutung zukommt.

Zur Ableitung der **Bestimmungsgrößen des Gewinns** kann für die IS-bezogene Analyse die Erfolgsgleichung aus der Kostenrechnung

$$\text{Betriebsergebnis} = \text{Leistung ./. Kosten}$$

verwendet werden, weil sie konsequent eine betriebswirtschaftliche Perspektive verfolgt, ohne von sonstigen externen Aspekten (z.B. Gesetze) beeinflußt zu sein.

Die **Leistung** wiederum setzt sich zusammen aus

- Umsatzerlösen,
- Bestandserhöhungen und
- innerbetrieblichen Erträgen (WÖHE, 1986, S. 887).

Für die **Umsatzerlöse** gilt die Bestimmungsgleichung

$$\text{Umsatzerlös} = \text{Preis x Menge.}$$

Die von der Unternehmung beeinflußbaren Determinanten des erzielbaren Preises können in der Marktposition zusammengefaßt werden, d.h. der Summe aller auf den Markt wirkenden Kräfte der Unternehmung (z.B. Produktqualität, Marktmacht, Lieferfähigkeit).

Für die absetzbare Menge sind die Bestimmungsgrößen das Auftragsvolumen vom Markt und die verfügbare Produktionskapazität. Die restriktivere der beiden Größen begrenzt den Absatz. Das erreichbare Auftragsvolumen wird über die Marktposition und zusätzlich über die Kosten (= Preisuntergrenze) bestimmt, für die vorhandene Kapazität sind - ohne Berücksichtigung von Erweiterungen der bestehenden Basis - der Verbrauch an Produktionsfaktoren pro produzierter Einheit und damit wiederum die Kosten maßgebend.

Innerbetriebliche Erträge entstehen, wenn Ergebnisse der betrieblichen Leistungserstellung nicht in Form von Verkäufen über den Markt zu Umsatzerlösen führen, sondern im Unternehmen selbst für den Betriebsprozeß genutzt werden (z.B. selbsterstellte Werkzeuge). Die Maximierung des Betriebsergebnisses verlangt dabei eine Herstellung dieser innerbetrieblich genutzten Wirtschaftsgüter zu minimalen Kosten, um ihr Nutzungspotential der Unternehmung so günstig wie möglich bereitzustellen (-> Senkung der Kosten künftiger Perioden). Insofern können die Ziele bezüglich der innerbetrieblichen Erträge unter die nachfolgend beschriebenen Kostenziele subsumiert werden und bilden keine eigenständige Zielkategorie.

Die Berücksichtigung von **Bestandsveränderungen** entsteht aus dem Problem der periodenbezogenen Erfolgsermittlung mit entsprechender Abgrenzungsnotwendigkeit. Von daher können sie für die Systematisierung der Unternehmensziele außer Acht gelassen werden, da sie kein eigenständiges Ziel darstellen. Dies erlaubt für die weitere Betrachtung eine Gleichsetzung von Leistung und Umsatz.

Die **Kosten** lassen sich nach der Art der verbrauchten Produktionsfaktoren (WÖHE, 1986, S. 1141) in folgende Kategorien unterscheiden:

- Personalkosten,
- Sachkosten (Materialkosten und Abschreibungen),
- Kapitalkosten,
- Kosten für Dienstleistungen Dritter und
- Kosten für Steuern, Gebühren und Beiträge.

Daraus ergibt sich folgende einfache Systematik der Unternehmensziele:

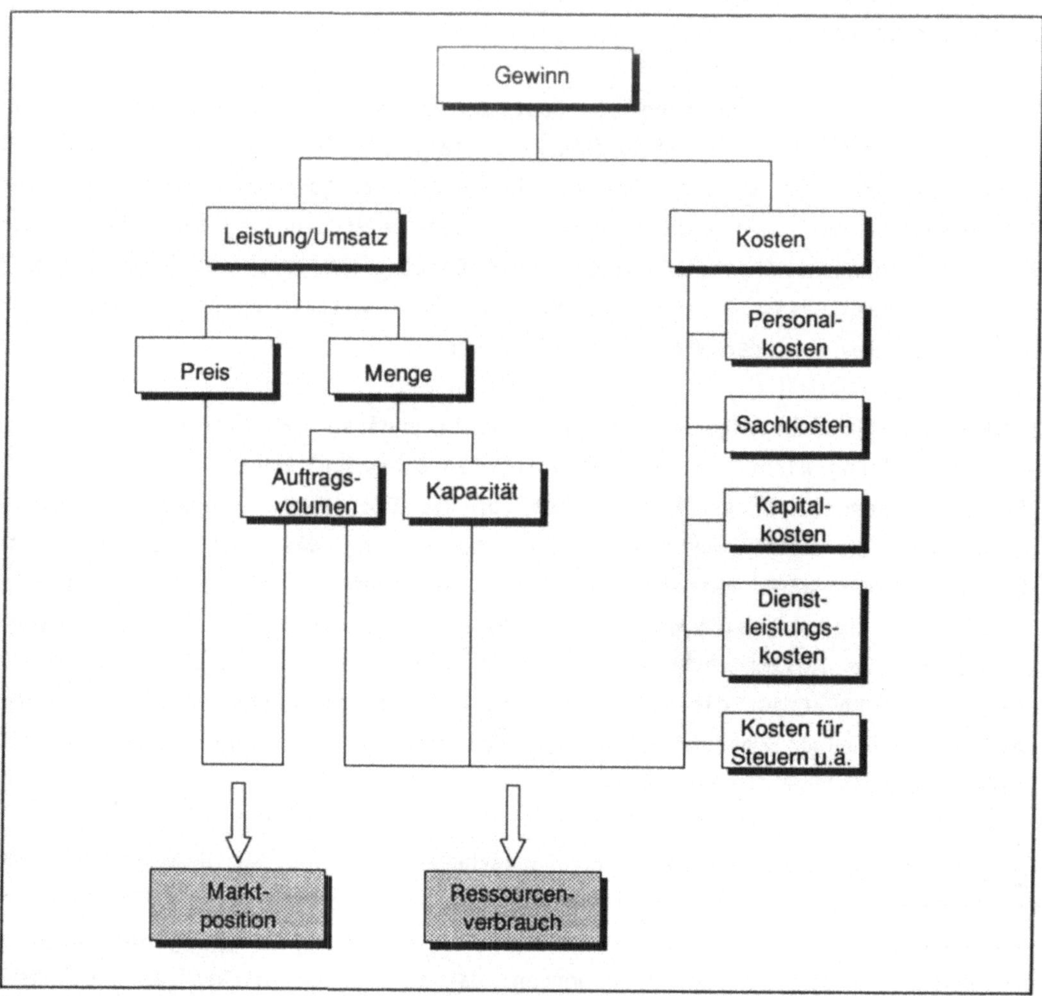

Abb. 2.5:   Struktur der Unternehmensziele

In jedem Schritt von übergeordneter zu untergeordneter Stufe ist jeweils eine Zerlegung der betrachteten Größe in ihre Bestimmungskomponenten vorgenommen. Die daraus resultierende mehrstufige Struktur von Unternehmenszielen ist auf der untersten Ebene noch einmal zu zwei Hauptkategorien **Marktposition** und **Ressourcenverbrauch** verdichtet. Der nach außen gerichtete Aufbau einer starken Marktposition und die primär nach innen gerichtete Reduzierung des Ressourcenverbrauchs pro produzierter Einheit mit ihren nach außen wirksamen Effekten auf verfügbare Kapazität und Preissetzungsmöglichkeiten werden damit als die beiden wesentlichen Zielbereiche der Unternehmung betrachtet.

Für die **Einordnung konkret verfolgter Zielsetzungen** der Unternehmung in die dargestellte Struktur ist zu beachten, daß dazu die einzelnen Zielbereiche noch weitergehend aufgegliedert werden müssen. So muß etwa für die Marktposition gesagt werden, welche einzelnen Merkmale sie ausmachen, wie z.B. Flexibilität der Fertigung. Eine Investition in eine moderne Fertigungsanlage kann also das Ziel verfolgen, über eine erhöhte Fertigungsflexibilität zu einer verbesserten Marktposition zu gelangen, um damit gegenüber heute höhere Preise oder auch mehr Aufträge zu erreichen bzw. ein gegebenes Niveau gegen die Bemühungen der Konkurrenten für die Zukunft zu sichern.

Diese weitergehende Aufgliederung bereitet wegen der starken Verzweigungen Schwierigkeiten hinsichtlich einer vollständigen Darstellung und ist auch nicht notwendig für die nachfolgende Betrachtung des IS-Nutzens.

b.   Nutzenbereiche des IS

Da der Nutzen eines IS in seinem **Beitrag zu den Unternehmenszielen** besteht, können auch beide - Unternehmensziele und IS-Nutzen - nach der gleichen Systematik gegliedert werden. Somit gibt die dargestellte Strukturierung der Unternehmensziele bereits die möglichen Nutzenbereiche an, die mit einem IS erreicht werden können. Eine ähnliche Systematik leitet auch Anselstetter aus einer Analyse von Literaturquellen ab (ANSELSTETTER, 1986, S. 25-37). Zwei Hauptbereiche sind also zu unterscheiden:

-    **Beiträge des IS zum Aufbau einer Marktposition**

Das IS trägt dazu bei, die Position des Unternehmens am Absatzmarkt zu verbessern oder zu sichern. Beispiele hierfür wären etwa ein System zur Auftragsabwicklung per elektronischer Datenübertragung, das es dem Kunden erlaubt, jederzeit seine Aufträge zu übermitteln und bei Standardartikeln auch direkt eine Meldung über die Verfügbarkeit am Lager zu erhalten, oder ein CAD-System, das die Erarbeitung von Zeichnungen verkürzt und somit gegenüber dem Kunden eine schnellere Angebotsabgabe ermöglicht.

-   Beiträge des IS zur Reduktion des Ressourcenverbrauchs

Das IS trägt dazu bei, den Verbrauch von Ressourcen pro produzierter Einheit zu reduzieren. Beispiele hierfür wären etwa ein System zur Qualitätskontrolle, das durch Überprüfung der eingesetzten Rohstoffe und Halbfertigwaren zu frühzeitiger Erkennung von schlechten Teilen und damit zur Senkung der Ausschußquote im Weiterverarbeitungsbereich führt, oder ein Fertigungssteuerungssystem, das durch Algorithmen zur Maschinenbelegungsplanung zu einer verbesserten Auslastung und damit zur Reduktion der Maschinenzahl beiträgt.

Wichtig ist es zu betonen, daß mit **einem** Teilelement des IS durchaus Effekte bezüglich **beider** Nutzenbereiche verbunden sein können. Im genannten Beispiel eines Systems zur Qualitätskontrolle kann dieses System neben seiner Wirkung auf den Ressourcenverbrauch auch einen Imageeffekt auf die Kunden haben ("konstante, gute Qualität der hergestellten Produkte") und damit zur Verbesserung der Marktposition beitragen.

2.2.2.2   Wirkungszusammenhänge

Für die Ableitung der Nutzenwirkungen ist es notwendig, eine Beziehung zwischen den **unmittelbaren Ergebnissen des IS** und der **Beeinflussung der angestrebten Unternehmensziele** herzustellen. Dabei sind zwei Probleme zu beachten:

-   Dimension der Messung

Ein IS führt bestimmte Informationsverarbeitungsaufgaben selbst vollständig durch oder stellt Informationen zur Verfügung, die von einem menschlichen Bearbeiter weiterverwendet werden. In beiden Fällen ist sein Output Informationen. Die Unternehmensziele hingegen werden letztlich als Geldgrößen gemessen. Dieser **Dimensionsunterschied** zwischen Informationen einerseits und Geldgrößen andererseits muß für die Nutzenbestimmung überbrückt werden (Problem der Informationsbewertung).

-   Mehrstufigkeit der Wirkungsbeziehung

Zwischen den Informationen, die das IS bereitstellt, und den in Geld bewerteten Konsequenzen für die Unternehmensziele kann häufig **keine direkte Beziehung** aufgestellt werden. Dies kommt zum einen daher, daß oft ein menschlicher Informationsverwender dazwischengeschaltet ist, dessen Qualität der Informationsnutzung die Auswirkungen auf die Unternehmensziele wesentlich mitbestimmt.

Zum anderen kann der Einfluß auf die Ziele von einer Folge von Kausalbeziehungen abhängen, die erst in ihrem Zusammenspiel die Gesamtwirkung ergeben. Von daher ist es häufig nötig, zunächst die durch Informationen bewirkten Veränderungen von organisatorischen Abläufen und Entscheidungen in Form von z.B. zeit- oder mengenorientierten Größen zu bewerten, um über diese Zwischenziele zu den letztlich angestrebten Geldgrößen zu gelangen (SCHEER, 1978, S. 311-313).

Eine solche mehrstufige Kausalkette kann wiederum am Beispiel eines Systems zur Qualitätskontrolle dargestellt werden. Dieses liefert u.a. die Qualitätsdaten aus der Wareneingangsprüfung. Der Einkäufer kann diese in eine verbesserte Lieferantenüberwachung und -auswahl umsetzen, was dann wiederum über eine bessere Lieferqualität zu einer Senkung des materialbedingten Ausschusses und damit der Materialkosten führen kann.

Ein konzeptionelles Modell der Zusammenhänge zwischen dem IS und seinem Nutzen stellt die **Wirkungskette** dar (SCHEER, 1978, S. 311-312; SCHREUDER/ UPMANN, 1988, S. 200), die in Abb. 2.6 (s.u.) dargestellt ist.

Von einem IS gehen aufgrund der Funktionalität der Anwendung **unmittelbare informatorische Wirkungen** aus, d.h. es erfüllt bestimmte Informationsverarbeitungsaufgaben vollständig (z.B. Erstellung einer Verkaufsstatistik aus Auftrags- und Rechnungsdaten) oder stellt unterstützende Informationen für den menschlichen Informationsverwender bereit (z.B. nach Prioritäten geordnete Übersicht zu bearbeitender Aufträge für den Produktionsplaner).

Als Folge ergeben sich auf beiden Wegen zunächst **Veränderungen organisatorischer Abläufe und Entscheidungen.** Diese können zum einen darin bestehen, daß bestimmte Aufgaben ganz entfallen (z.B. das Erstellen der Verkaufsstatistik) oder zum anderen ihre Abwicklung sich aufgrund der verbesserten informatorischen Basis verändert (z.B. Möglichkeit zur rüstzeitminimierenden Einplanung durch höhere Transparenz über die zu bearbeitenden Aufträge).

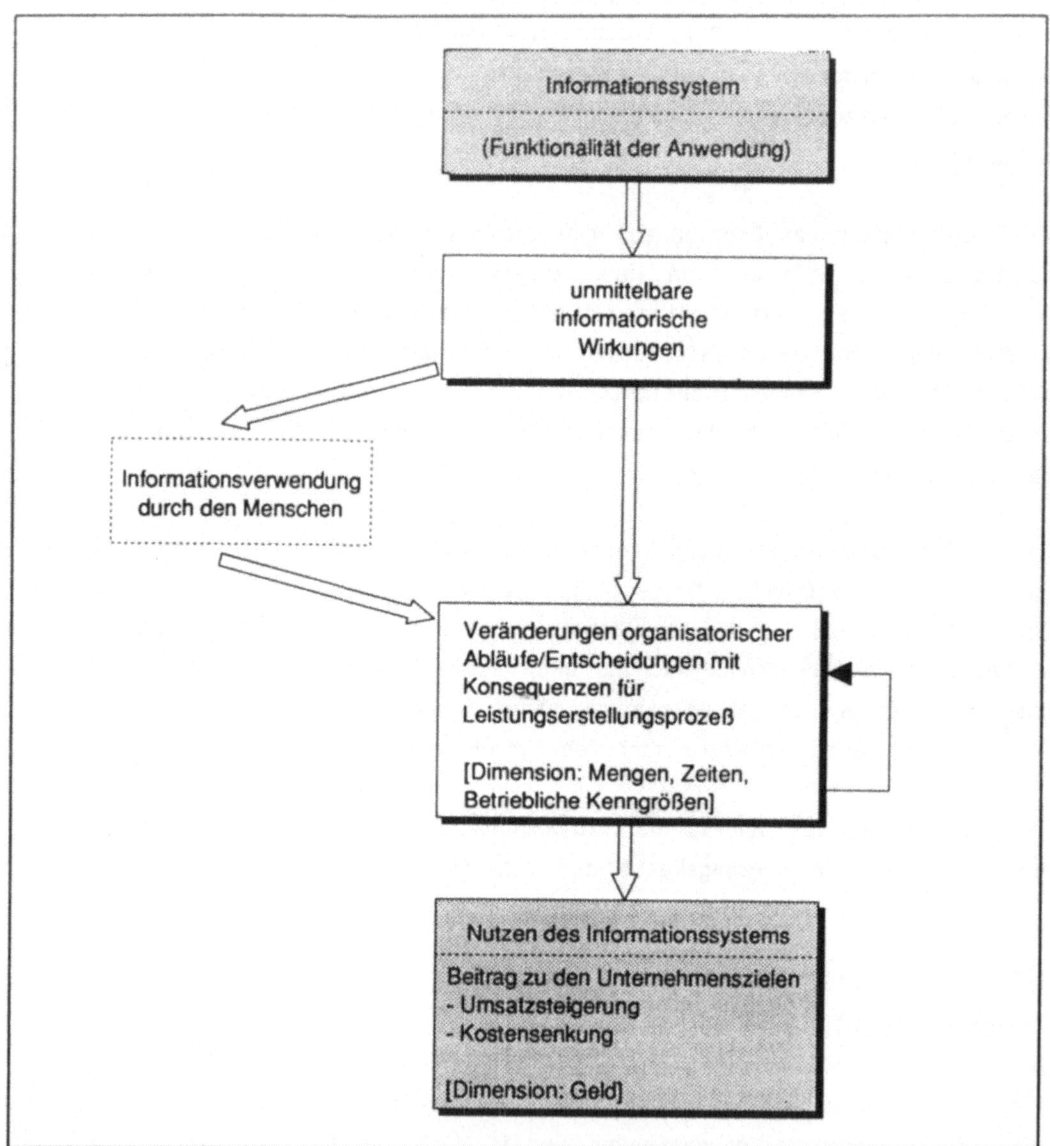

Abb. 2.6:   Wirkungskette des Nutzens von Informationssystemen

Diese Veränderungen der Abläufe und Entscheidungen führen zu **Konsequenzen im Leistungserstellungsprozeß**, die zunächst in "physikalischen Größen" (SCHEER, 1978, S. 311) gemessen werden können (z.B. Reduktion der Rüstzeiten und damit

Steigerung der Nutzungszeiten einer Anlage um 10 %). Hier kann auch eine mehrstufige Wirkungskette über mehrere betriebliche Kenngrößen gegeben sein.

Um letztlich zum **Nutzen eines IS** in Geldgrößen zu kommen, müssen die gemessenen/geschätzten physikalischen Größen entsprechend bewertet werden (z.B. Senkung der Zwischenlagerbestände um 10 % bedeutet Senkung des gebundenen Kapitals um 200 TDM; bei einem Lagerkostensatz von 15 % p.a. bedeutet dies eine Kostensenkung um 30 TDM p.a.).

Das Modell der Wirkungskette zeigt die logischen Zusammenhänge zwischen dem IS und seinen Beiträgen zu den monetären Unternehmenszielen auf. Es macht keine Aussagen darüber, wie diese Zusammenhänge in der Realität gemessen werden können. Sein Wert besteht in einer Orientierungsfunktion für die Analyse von Beziehungen zwischen Informationen, physikalischen und monetären Größen, indem es die verschiedenen Wirkungsstufen nennt. Eine reale Analyse kann von daher auch auf der vormonetären Ebene der physikalischen Größen stehenbleiben, wenn eine ökonomische Bewertung nicht möglich ist.

2.2.3   Kosten des IS

2.2.3.1   Systematisierung

Nach der Strukturierung des mit einem IS verbundenen Nutzens und seiner Ableitung aus den entsprechenden IS-Eigenschaften ist die **parallele Betrachtung** für die Kostenseite anzustellen, um damit die beiden bestimmenden Momente eines optimalen IS zu erfassen.

Kosten sind "... in Geld ausgedrückter Wert des Verbrauchs betrieblicher Wirtschaftsgüter... im Verfolg der betrieblichen Wirtschaftsziele" (MENRAD, 1975, Sp. 2282; ähnlich auch WÖHE, 1986, S. 446). Bezogen auf das IS bedeutet dies, daß die IS-Kosten den bewerteten Verbrauch von Wirtschaftsgütern umfassen, der im Zusammenhang mit dem Einsatz eines IS anfällt.

Wichtig für die Abgrenzung der **relevanten Kosten** ist der Aspekt, daß nicht nur die Kosten zu betrachten sind, die in der organisatorischen Einheit "EDV-Bereich" anfallen, sondern auch die Kosten, die in den Anwenderabteilungen in Verbindung mit dem IS-Einsatz entstehen. Hier sind als Beispiele Kosten zu nennen, die bei der Mitarbeit an der Spezifikation einer Software entstehen oder etwa bei der Teilnahme an Schulungsmaßnahmen.

Für die IS-Kosten werden die gleichen Systematisierungen und Verrechnungsverfahren vorgeschlagen wie sie auch in der sonstigen betrieblichen Kostenrechnung verwendet werden. Die Bildung von **Kostenarten**, die sich an der Art der verbrauchten Ressource orientiert, unterscheidet dabei z.B. auf der obersten Ebene in

- Betriebsmittelkosten,
- Datenübertragungskosten,
- Sachmittelkosten,
- Personalkosten,
- Fremdleistungen und
- Aus- und Weiterbildungskosten

(ARBEITSKREIS PIETZSCH, 1969, S. 568-573; BOTTLER/HORVATH/KARGL, 1972, S. 187-189; DWORATSCHEK/DONIKE, 1972, S. 30-31; EDV-KENNZAHLEN, 1981, S. 27-29; KARGL, 1976, S. 540-543).

Die an Entwicklung und Betrieb des IS beteiligten organisatorischen Bereiche des Unternehmens werden in **Kostenstellen** unterteilt, z.B. Leitung, Systemanalyse, Entwicklung und Rechenzentrum, denen die entstehenden Kosten zugeordnet werden und für deren Leistungen Bezugsgrößen zur Ermittlung von Verrechnungssätzen definiert werden (ARBEITSKREIS PIETZSCH, 1969, S. 573-577; BOTTLER/HORVATH/KARGL, 1972, S. 190; EDV-KENNZAHLEN, 1981, S. 29-30).

Die **Kostenträger** werden dann mit den von ihnen verursachten Kosten belastet, wobei als Kostenträger z.B. die Anwenderbereiche vorgeschlagen werden (BOTTLER/HORVATH/KARGL, 1972, S. 191-196; EDV-KENNZAHLEN, 1981, S. 31).

Für die **Unterstützung von Entscheidungen** (SELIG, 1986, S. 169-170) über die Gestaltung des IS muß eine derartige Kostengliederung insbesondere bezüglich der Kostenstellen und Kostenträger in einer adäquaten Weise definiert sein, um die relevanten Informationen liefern zu können.

Entscheidungen beziehen sich hier zum einen auf die **Realisierung neuer Anwendungsgebiete**, für die die benötigten Informationen aus vergleichbaren Daten der Kostenträgerrechnung abgeleitet werden müssen. Dies bedingt eine Bildung von Kostenträgern im Sinne einzelner Anwendungsgebiete, die gleichzeitig auch die Ebene der Nutzenbetrachtung darstellen, womit eine direkte Gegenüberstellung von Kosten und Nutzen möglich wird.

Zum anderen betreffen Entscheidungen die **Gestaltung der Implementierung**, d.h. die DV-technischen und organisatorischen Aspekte des IS. Hier müssen die aus Gestaltungsentscheidungen für einzelne IS-Komponenten resultierenden Kostenkonsequenzen erkennbar sein. Dies bedingt eine entsprechend differenzierte Bildung von Kostenstellen. Für die weitere Betrachtung wird dafür eine **Strukturierung der Kostenbereiche** in folgender Weise vorgeschlagen:

- **IS-Dimensionen und -Komponenten**

Die entstandenen Kosten werden über alle verbrauchten Ressourcen hinweg der **IS-Dimension** zugeordnet, mit deren Gestaltung sie zusammenhängen. Dies ergibt

- Kosten der DV-technischen Basis
  - Hardware
  - Systemsoftware
- Kosten der Anwendungs-Basis
  - Daten
  - Anwendungssoftware
- Kosten des Informationseinsatzes.

Die Ebene des **Informationseinsatzes** gehört zwar nicht mehr zum IS selbst, sie ist jedoch notwendig, um die Kosten zu erfassen, die in den Anwenderbereichen anfallen. Die Kosten für die **organisatorisch-personelle Basis** werden nicht als isolierter Kostenbereich betrachtet, sondern in die jeweilige IS-Dimension miteinbezogen, die sie verursacht.

Innerhalb einer IS-Dimension müssen die Kosten nach den **einzelnen Komponenten** differenziert werden. Diese Gliederung erlaubt es , die Ausprägung von Dimensionen bzw. Komponenten und die zugehörigen Kosten einander direkt gegenüberzustellen. Sie unterstützt dadurch die Zurechnung von Kosten zu den Aufgabenbereichen (WOLLNIK, 1988, S. 39-42), die mit dem IS verbunden sind.

-   Lebenszyklusphasen

In dieser Ebene werden die Kosten danach unterschieden, in welcher **Phase des Lebenszyklus einer IS-Komponente** sie anfallen. Betrachtet werden die Kosten folgender Phasen:

-       Kosten der erstmaligen Realisierung,
-       Kosten des laufenden Einsatzes,
-       Kosten der Anpassung an veränderte Bedingungen.

Dies erlaubt es, alle Kosten zu erfassen, die im gesamten Lebenszyklus einer IS-Komponente entstehen, was eine entscheidende Voraussetzung für eine wirklich kostenoptimale Gestaltung der Implementierung ist. Diese für den Softwarebereich seit langem angewandte Erkenntnis, die sich in der Diskussion um die Wartungskosten ausdrückt (KURBEL, 1983, S. 98-100; GRIESE u.a., 1987, S. 529-537), gilt in analoger Weise auch für die anderen IS-Dimensionen.

Damit ergibt sich eine Gliederung der IS-Kostenbereiche wie in Tab. 2.1 dargestellt.

IS-Dimension / Phase im Lebenszyklus	Realisierung	Einsatz	Anpassung
DV-techn. Basis - Hardware - Systemsoftware			
Anwendungsbasis - Daten - Anwendung			
Informations-einsatz			

Tab. 2.1:   Gliederung der IS-Kostenbereiche

Diese Gliederung kann als Ergebnis einer Kostenerfassung angesehen werden, die eine entsprechende **Systematisierung von Kostenstellen** verwendet. Dabei müssen als Kostenstellen bzw. als tiefer gegliederte Kontierungseinheiten (Unterkostenstellen) einzelne IS-Komponenten mit ihren Lebenszyklusphasen unterschieden werden, also z.B. die Realisierungskosten für den Einsatz eines neuen Rechners (Beschaffung und Installation) im Gegensatz zu den Kosten für die Anpassung eines bestehenden an veränderte Anforderungen (Aufrüstung oder Austausch gegen ein größeres Modell).

Diese Gliederung der Kostenbereiche ermöglicht es zu untersuchen, wie die IS-Kosten durch die Ausprägung der IS-Dimensionen und -Komponenten über die einzelnen Lebenszyklusphasen hinweg beeinflußt werden, um aus diesen Wirkungszusammenhängen entsprechende Ziele für die zukünftige IS-Planung abzuleiten.

Zunächst soll sie jedoch dadurch veranschaulicht werden, daß zu den einzelnen Bereichen die wichtigsten Kostenelemente, d.h. kostenverursachenden Aspekte, genannt werden (s. nachfolgende Tab. 2.2). Dies sind zum einen **Tätigkeiten**, die im wesentlichen zu Personalkosten führen, zum anderen sind es **Produkte oder Dienstleistungen Dritter**, die zu den übrigen Kostenarten führen. Die meisten Elemente sind ohne weitere Erläuterungen verständlich, deshalb werden im folgenden nur einige Besonderheiten hervorgehoben.

- **DV-technische Basis**

Bei den Kosten der Anpassung sind die gleichen Kategorien zu berücksichtigen wie in der Realisierungsphase. Zu beachten ist jedoch, daß nur die **Differenzkosten** anfallen, d.h. die Kosten, die entstehen, um die bestehende Basis auf die neu zu errichtende anzupassen. Daraus wird deutlich, daß die Ausbaubarkeit der DV-technischen Basis von entscheidendem Einfluß auf mögliche Anpassungskosten ist.

Neben den Kosten, die unmittelbar für die Anpassung der DV-technischen Basis anfallen, sind auch mögliche **Folgekosten in der Anwendungsbasis** zu berücksichtigen. Wenn eine Anpassung der DV-technischen Basis nicht unter Weiterverwendung der gleichen Produkte möglich ist, können daraus entsprechende Umstellungskosten für die Anwendung resultieren, die unter Umständen die Kosten der DV-technischen Basis selbst bei weitem übersteigen können. Auch hier zeigt sich wiederum deutlich der Einfluß, den Ausbaubarkeit und Flexibilität der DV-technischen Basis haben.

Phase im Lebenszyklus IS-Dimension	Realisierung	Einsatz	Anpassung
DV-techn. Basis **- Hardware** **- Systemsoftware**	- Baumaßnahmen - Raumausstattung - Beschaffung/ Installation - Inbetriebnahme - Ausbildung über neue Komponenten	- Miete/Lizenzen/ Leasinggebühren - Versicherung - Wartung - Datenübertragung (DFÜ) - System- management	- gleiche Kategorien wie Realisierung, aber: - <u>Differenzkosten</u> über weiterzunutzende Basis - <u>Folgekosten</u> in der Anwendungs-Basis
Anwendungsbasis **- Daten** **- Anwendung**	- Ausbildung über neue Komponenten - Konzeption mit -- Anforderungs- analyse -- Bewertung Stan- dardsoftware bzw. fachlicher/ DV-techn. Entwurf - Realisierung mit -- Beschaffung Standardsoftware bzw. -- Programmierung/ Dokumentation/ Test -- Integration mit Umsystemen - Einführung mit -- Durchführung Benutzerschulung -- Erarbeitung Ablauforganisation - Datenmanagement	- Standardsoftware- lizenzen - Benutzerbetreuung - Operating - Datenträger- verbrauch (DV-Datenträger/ Papier)	- gleiche Kategorien wie Realisierung, aber: - <u>Differenzkosten</u> über weiterzunutzende Basis - <u>Folgekosten</u> beim Informationseinsatz
Informations- **einsatz**	- Ausbildung über neue Komponenten - Konzeption mit -- Anforderungs- spezifikation -- Beurteilung Standardsoftware/ Realisierungsent- würfe - Einführung mit -- Aufbau Daten- basis -- Teilnahme an Benutzerschulung -- Erarbeitung Ablauforganisation	- Datenerfassung/ Benutzung der Anwendung - Folgen von DV-techn. oder Anwendungsmängeln	- gleiche Kategorien wie Realisierung
—	- externe Beratung	- Management des EDV-Bereichs	

Tab. 2.2: Elemente der IS-Kostenbereiche

- **Anwendungsbasis**

Die für die Realisierungsphase genannten Kostenelemente sind zum Teil alternativ zu sehen für Eigenentwicklungen und Standardsoftwareeinsatz. Für die Anpassungskosten gilt analog zur DV-technischen Basis, daß nur die **Differenzkosten** anfallen. Auch hier ist die Änderbarkeit der Anwendungsbasis von entscheidendem Einfluß auf die Höhe der Kosten.

Zusätzlich sind auch **Folgekosten im Bereich des Informationseinsatzes** zu beachten. Darunter fallen die Kosten, die den Anwenderbereichen entstehen aus verzögerter Realisierung von Anpassungsmaßnahmen. Damit wird auch deutlich, daß sich die IS-Kosten nicht auf den organisatorischen Bereich der EDV-Abteilung beschränken, sondern daß hier auch die Anwenderbereiche miteinbezogen werden müssen.

- **Informationseinsatz**

Unter dieser Dimension sind alle Kosten erfaßt, die den Anwenderbereichen im Zusammenhang mit Realisierung, Einsatz und Anpassung eines IS entstehen. Besonders betont werden sollen hier nur die **Folgekosten**, die aus Unzulänglichkeiten in der bestehenden DV-technischen Basis oder Anwendungsbasis resultieren können. Diese Kosten hat Kurbel für den Softwarebereich als "Kosten aus versteckten Softwaremängeln" (KURBEL, 1983, S. 97-98) bezeichnet. Ein Beispiel aus dem Bereich der DV-technischen Basis wäre etwa die mangelnde Ausfallsicherheit von Hardware-Komponenten, die bei zeitkritischen Anwendungen, etwa im Rahmen der Prozeßsteuerung, zu entsprechenden Kosten führen kann. Diese Kosten, die im Anwenderbereich entstehen, müssen beim Treffen von Gestaltungsentscheidungen ebenfalls berücksichtigt werden.

Ohne Bezug zu einer bestimmten IS-Dimension sind noch die Kosten für **externe Beratung** und das **allgemeine Management des EDV-Bereichs** zu berücksichtigen.

2.2.3.2 Wirkungszusammenhänge

Um die Zusammenhänge zwischen der Ausprägung des IS und den aufgezeigten Kostenbereichen zu untersuchen, ist es zweckmäßig, sich die **Beziehungen zwischen den IS-Dimensionen** zu verdeutlichen.

Die Dimensionen können unterteilt werden in die Ebene der **Anwendung**, die beschreibt, welches Spektrum an Informationsverarbeitungsaufgaben durch das IS unterstützt wird und in die **DV-technisch/organisatorische Implementierung**, die festlegt, mit welchen technischen und organisatorischen Mitteln die Unterstützung erfolgt. Die Anwendungsebene wird durch die Anwendungssoftware bestimmt, zur Implementierung gehören Hardware, Systemsoftware, Daten, Anwendungssoftware und Organisation.

Die Anwendungssoftware ist damit Bestandteil beider Bereiche. Durch ihren **funktionalen Aspekt** der Unterstützung von Informationsverarbeitungsaufgaben bestimmt sie die dem IS-Nutzer bereitgestellte Basis für seine Tätigkeit. Durch ihren **Software-Aspekt**, d.h. die technische Gestaltung dieser Unterstützung mittels Programmiersprachen und -techniken, programmtechnischer Lösungen für bestimmte logische Zusammenhänge, Bildung von Verarbeitungsschritten usw., ist sie aber auch Bestandteil der DV-technischen Implementierung. Die Bedeutung dieser Beziehungen für die Bestimmung der IS-Kosten ist in der nachfolgenden Abb. 2.7 dargestellt.

Die Kosten werden unmittelbar bestimmt durch die **Ausprägung der Implementierungsdimensionen**, wobei für deren Gestaltung jedoch die **Anforderungen der Anwendungsebene** zu berücksichtigen sind (entspricht Pfeil 1 in Abb. 2.7). Denn der Umfang der zu realisierenden Unterstützung für Informationsverarbeitungsaufgaben bestimmt bis zu einem gewissen Grad die Merkmale der Implementierung. Dies gilt insbesondere für Kapazitäten (z.B. CPU-Leistung, Speichervolumen, Ein-/Ausgabe-Peripherie), in geringerem Maße für konkret zu verwendende Technologien (z.B. Netzwerk-orientierte oder relationale Datenbank, Programmiersprache der 3. oder 4. Generation) und Produkte. Hier ist ein größerer Entscheidungsspielraum gegeben.

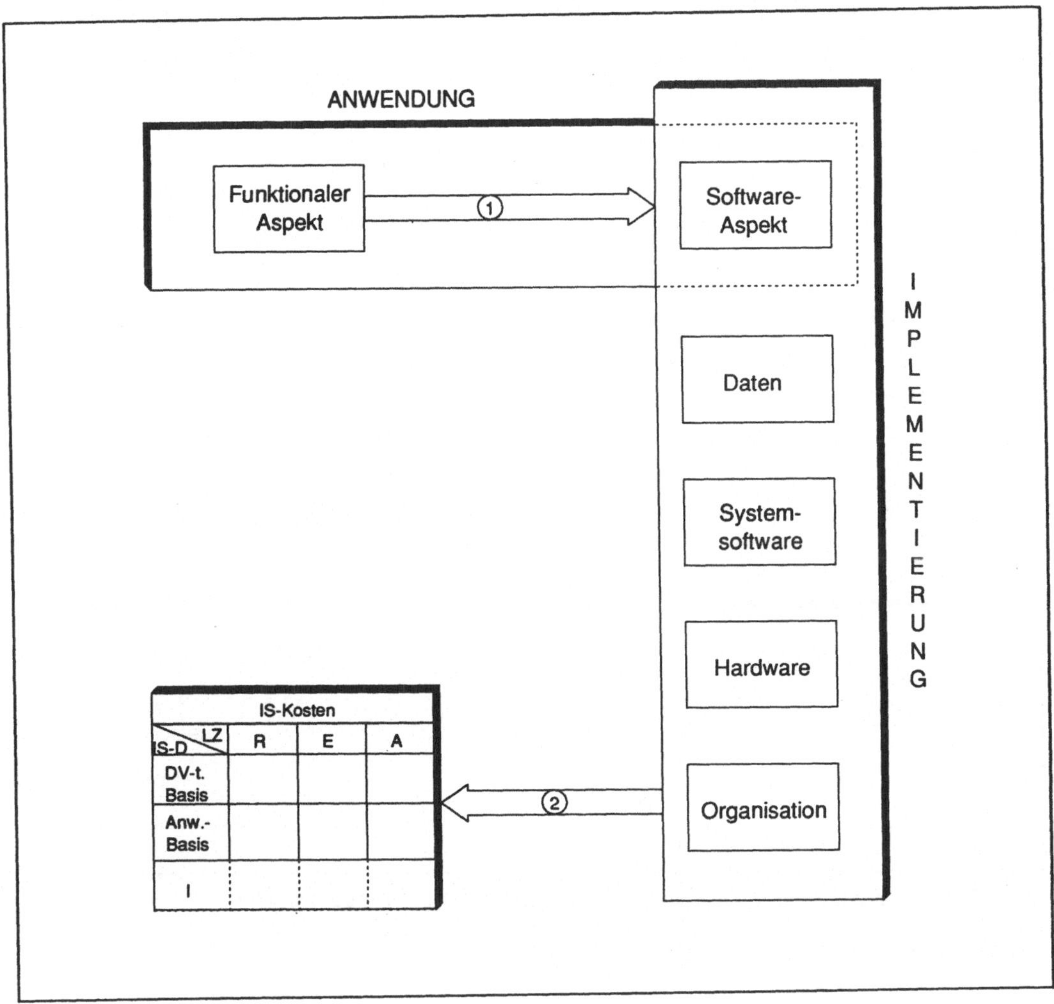

Abb. 2.7:   Kostenbeeinflussung durch IS-Dimensionen

Im weiteren werden deshalb die **Wirkungszusammenhänge** zwischen den **Merkmalen der Implementierungsdimensionen** und den **IS-Kosten** untersucht (entspricht Pfeil 2 in Abb. 2.7).

Analog zur Betrachtung des IS-Nutzens ist auch hier ein **Dimensionsunterschied** zwischen den Implementierungsmerkmalen und den IS-Kosten gegeben. Die technischen Merkmale der einzelnen Dimensionen müssen in Beziehung gesetzt werden zu den durch sie verursachten Kosten, die in Geldeinheiten gemessen werden. Abb. 2.8 zeigt in Analogie zu Abb. 2.6 die entsprechenden Wirkungsbeziehungen:

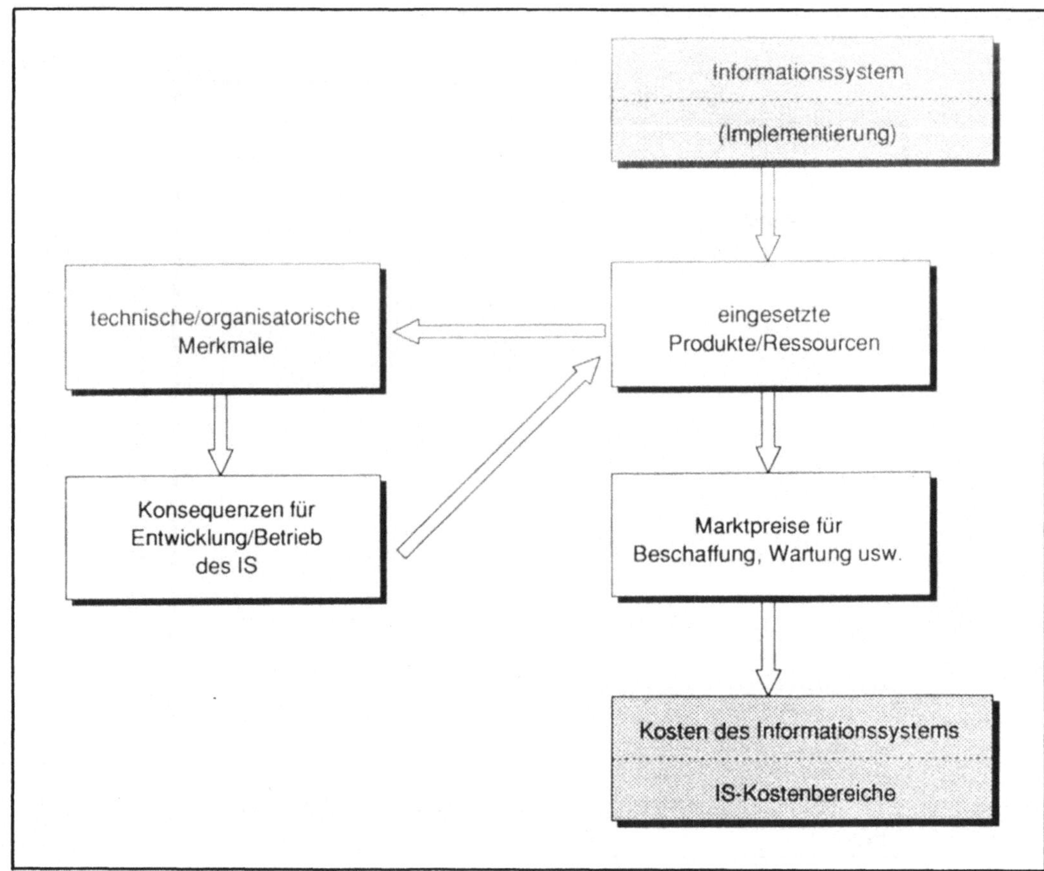

Abb. 2.8:   Wirkungskette der Kosten von Informationssystemen

Von einem IS gehen durch die eingesetzten technischen und personellen Ressourcen, für die Marktpreise existieren, **direkte Kostenwirkungen** aus. Der Bedarf an diesen Ressourcen wird jedoch wesentlich durch ihre technisch/organisatorischen Merkmale bestimmt, die zu entsprechenden Konsequenzen beim Einsatz für Entwicklung und Betrieb eines IS führen. Diese Zusammenhänge müssen also zur Bestimmung der **indirekten Kostenwirkungen** analysiert werden.

Kurbel führt diese Analyse für den Softwarebereich durch, indem er Zielen der Softwaregestaltung, d.h. technischen Merkmalen des zu erstellenden Softwareprodukts, die durch sie verursachten Kostenwirkungen zuordnet (KURBEL, 1983, S. 88-144). Dieser Ansatz ist konsequent auch auf die anderen IS-Dimensionen zu übertragen, um damit technisch/organisatorische Ziele bei ihrer Gestaltung und Kostenziele zu verbinden. Dabei sind jedoch folgende Aspekte zu beachten:

- Zielinterdependenz

Die einzelnen Ziele, die bei der Gestaltung einer IS-Dimension verfolgt werden, beeinflussen sich zum Teil wechselseitig, d.h. sie können in komplementärem oder konfliktärem Verhältnis zueinander stehen. Analysen solcher Beziehungen für den Bereich software-technischer Zielsetzungen finden sich z.B. bei Kurbel (KURBEL, 1983, S. 128-136) oder Gewald/Haake/Pfadler (GEWALD/HAAKE/PFADLER, 1977, S. 41-52). Zur Ermittlung der kostenmäßigen Auswirkungen bestimmter Zielerreichungsgrade müssen diese Abhängigkeiten berücksichtigt werden, und es ist keine isolierte Betrachtung einzelner Ziele möglich.

- Situative Abhängigkeit

Die Bewertung der Kostenwirkungen bestimmter technisch/organisatorischer Ziele kann zunächst nur in einer allgemeinen Weise erfolgen, die von den konkreten Umständen der einzelnen Entscheidungssituation abstrahiert. Infolgedessen kann sie auch nur plausible Tendenzen aufzeigen, deren Gültigkeit für den Einzelfall überprüft werden muß (KURBEL, 1983, S. 142). Dies gilt sowohl für die betroffenen Kostenbereiche als auch für das Ausmaß der Kostenwirkung.

2.3 Anforderungen an die IS-Planung

Um Anforderungen an die IS-Planung aus der Betrachtung von Dimensionen und Zielen des IS abzuleiten, werden die wesentlichen Ergebnisse noch einmal zusammengefaßt und die Zusammenhänge in der nachfolgenden Abb. 2.9 veranschaulicht.

- Ein IS ist durch die **Dimensionen** Anwendungssoftware, Daten, Systemsoftware, Hardware und Organisation gekennzeichnet.

- **Ziel des IS-Einsatzes** ist es, einen optimalen Beitrag zur Erreichung der Unternehmensziele zu leisten.

- Die Beiträge zu den ökonomischen Unternehmenszielen bestehen in **Nutzen** und **Kosten** des IS.

-   Der unmittelbare **Nutzen des IS** besteht in der Durchführung oder Unterstützung von Informationsverarbeitungsaufgaben. Er muß in einem mehrstufigen Messungs- und Bewertungsprozeß in einen ökonomischen Nutzen transformiert werden.

-   Der Nutzen des IS wird damit im wesentlichen durch die **Funktionalität der Anwendung** bestimmt.

-   Die **Kosten des IS** bestehen im Verbrauch von Wirtschaftsgütern in DV- und Anwenderbereichen für Realisierung, Einsatz und Anpassung des IS.

-   Die Kosten sind in direkter Form durch die Art der **DV-technisch/organisatorischen Implementierung** des IS bestimmt. Indirekt bestimmend sind auch die Anforderungen an die Implementierung, die aus der Anwendung resultieren.

-   Funktionale und Implementierungs-bezogene Gestaltungsentscheidungen müssen unter dem Aspekt der **Wirtschaftlichkeit** getroffen werden.

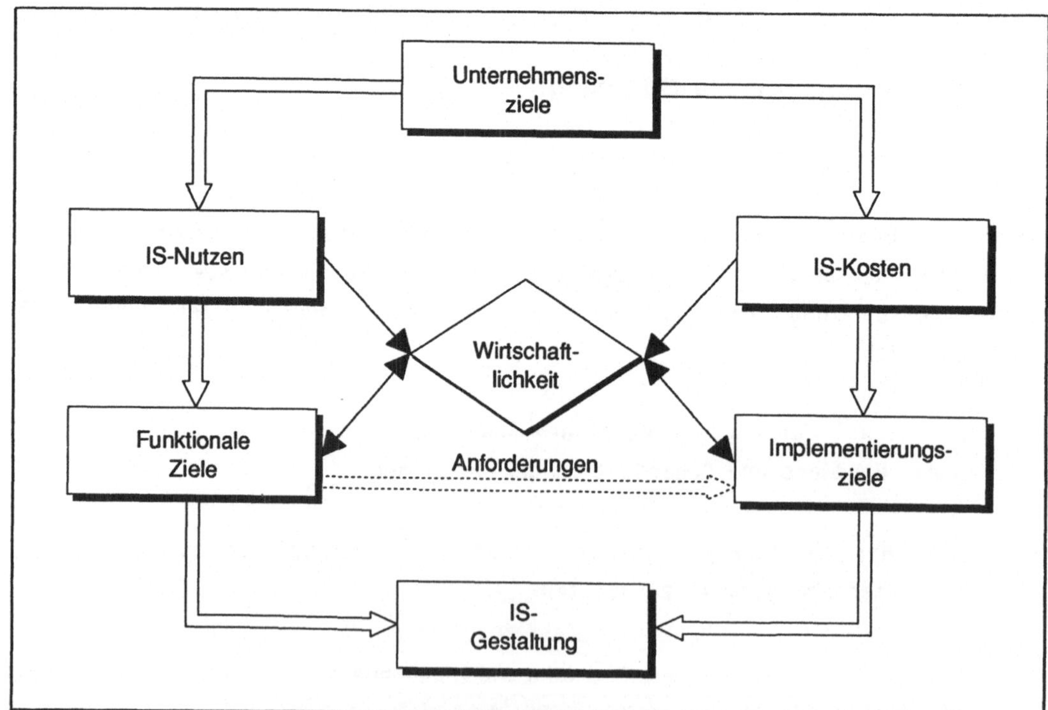

Abb. 2.9:   Zusammenhänge zwischen Unternehmenszielen und IS-Gestaltung

Daraus lassen sich folgende Anforderungen an die IS-Planung ableiten:

- **Hauptaufgabe der IS-Planung**

Hauptaufgabe der IS-Planung ist die Erarbeitung von Gestaltungsempfehlungen für ein IS, das einen optimalen Beitrag zur Erreichung der Unternehmensziele leistet. Aus dieser Hauptaufgabe leiten sich die weiteren Anforderungen ab.

- **Integration in die Unternehmensplanung**

Die IS-Planung muß in die gesamte Unternehmensplanung integriert sein (SZY-PERSKI/KOLF, 1978, S. 78-83). Zum einen muß sie IS-spezifische Optionen in die Definition von Unternehmenszielen miteinbringen, da sich damit unter Umständen neue Handlungsmöglichkeiten für die Unternehmung bieten. Zum anderen muß die IS-Planung dann auf den letztlich definierten Unternehmenszielen basieren, um die darin gesetzten Vorgaben zu unterstützen und um zu einer abgestimmten Entwicklung zwischen IS und anderen Bereichen der Unternehmenspolitik zu gelangen.

- **Definition der funktionalen Ziele**

Die IS-Planung muß aus den Unternehmenszielen anhand der Wirkungsbeziehungen die möglichen Nutzenbeiträge des IS und die dazu notwendige funktionale Unterstützung der Informationsverarbeitung ableiten. Das Ergebnis sind mögliche neue bzw. veränderte Anwendungsbereiche.

- **Definition der Implementierungsziele**

Die IS-Planung muß anhand der angestrebten funktionalen Ziele unter Berücksichtigung der Kostenzusammenhänge entsprechende Ziele für die Weiterentwicklung der DV-technisch/organisatorischen Implementierung definieren. Dies setzt eine Beobachtung und Bewertung der technologischen Entwicklung voraus.

-   Wirtschaftlichkeitsanalyse

Die IS-Planung kann funktionale Ziele und Implementierungsziele nicht unabhängig voneinander definieren, sondern muß sie in simultanen Kosten-Nutzen-Betrachtungen zusammenführen. Nur aus der Gegenüberstellung lassen sich wirtschaftliche Entscheidungen ableiten. Form und Tiefe der Wirtschaftlichkeitsanalyse variieren mit dem Detaillierungsgrad der Planung.

-   Betrachtung aller IS-Dimensionen

Aus den genannten Anforderungen geht implizit schon hervor, daß die IS-Planung alle IS-Dimensionen berücksichtigen muß und sich nicht auf isolierte einzelne Dimensionen beschränken kann.

-   Realisierungsstrategie

Die IS-Planung muß nicht nur Empfehlungen für die Gestaltung des IS erarbeiten, sie muß auch einen Weg aufzeigen, der vom gegebenen Ausgangszustand zum angestrebten Ziel führt. Hierbei sind unter anderem Abhängigkeiten zwischen einzelnen Teilschritten, vorhandene finanzielle und personelle Ressourcen oder Risikoaspekte zu beachten, um zu einer sinnvollen Folge von Realisierungsschritten zu kommen.

2.4   Besondere Anforderungen an die SISP

Für die Strategische IS-Planung (SISP) soll in diesem Kapitel ein grober **konzeptioneller Rahmen** für die nachfolgende detaillierte Behandlung der Planungsmethodik abgesteckt werden. Dazu wird die strategische Planung allgemein anhand verschiedener Merkmale gegen andere Planungen abgegrenzt. Daraus werden dann auf Basis der oben dargestellten speziellen Anforderungen an die IS-Planung die wesentlichen inhaltlichen Komponenten der SISP abgeleitet und mit ihren Beziehungen zueinander beschrieben. Abb. 2.10 verdeutlicht diesen Zusammenhang.

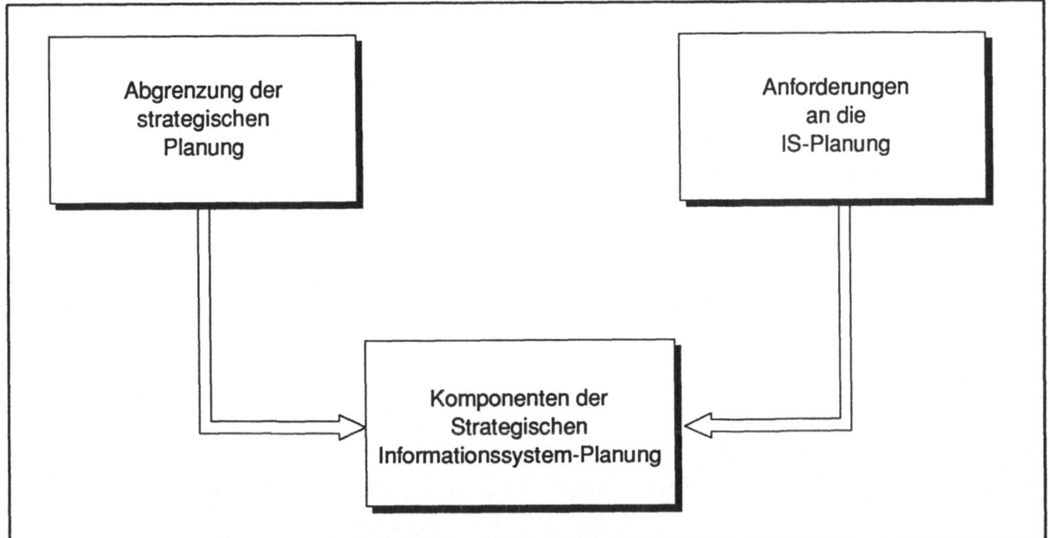

Abb. 2.10: Ableitung der Komponenten der SISP

Besonders diskutiert werden danach noch Aspekte der praktischen Umsetzung des erarbeiteten konzeptionellen Rahmens der SISP.

2.4.1 Abgrenzung der strategischen Planung

Über den **Begriff der strategischen Planung** gibt es eine breite Diskussion in der Literatur, die etwa bei Peter mit entsprechenden Quellenangaben dargestellt ist (PETER, 1983, S. 7-11). Die Gemeinsamkeiten im Begriffsverständnis lassen sich jedoch nicht allein in einer allgemein akzeptierten Definition fassen, sondern müssen durch ergänzende Bestimmungen präzisiert werden.

Als Ausgangspunkt soll eine Definition von Kreikebaum verwendet werden, die wesentliche Elemente jeder strategischen Planung aufzeigt. Nach Kreikebaum gilt: "Strategische Unternehmensplanung ist der Prozeß, in dem eine rationale Analyse der gegenwärtigen Situation und der zukünftigen Möglichkeiten und Gefahren zur Formulierung von Absichten, Strategien, Maßnahmen und Zielen führt" (KREIKEBAUM, 1981, S. 23).

Mit den Definitionselementen

- Analyse der gegenwärtigen Situation,
- Analyse der zukünftigen Möglichkeiten und Gefahren und
- Formulierung von Strategien, Maßnahmen und Zielen

sind bereits wesentliche Komponenten für die strategische Planung genannt, die jedoch durch ergänzende Bestimmungen noch deutlicher gegen andere Planungen abgegrenzt werden kann.

- Planungsebene

Häufig werden Planungssysteme nach dem Kriterium "Problemstufe" (SZY-PERSKI/KOLF, 1978, S. 60) gegliedert, d.h. dem Maß an Freiheitsgraden, das für die Behandlung des Planungsproblems gegeben ist. Unterschieden werden dann mehrere Planungsebenen, die in einem hierarchischen Verhältnis zueinander stehen. Die höhere Ebene definiert jeweils den Rahmen, innerhalb dessen sich die untere zu bewegen hat. Je tiefer die Planungsebene, umso geringer ist also das Maß der vorhandenen Freiheitsgrade (PETER, 1983, S. 11-12)

Nach diesem Kriterium ist die strategische Planung als die oberste Planungsebene zu betrachten. Sie trifft die Grundsatzentscheidungen über anzustrebende Ziele, verfügbare Aktionsräume und einzusetzende Ressourcen (SZY-PERSKI/KOLF, 1978, S. 60), die in den nachfolgenden Planungsebenen dann in konkrete Maßnahmen umgesetzt werden. Sie verfügt somit über das größte Maß an Freiheitsgraden in der Behandlung des Planungsproblems.

- Entscheidungsträger

Aus dem grundsätzlichen Charakter strategischer Planungen und Entscheidungen folgt, daß als Entscheidungsträger letztlich immer die Unternehmensleitung selbst beteiligt sein muß (PETER, 1983, S. 16 Fußnote 8). In die Durchführung der Planung sind jedoch auch andere Gruppen innerhalb des Unternehmens miteinbezogen.

- Zeithorizont

Aus dem Umstand, daß in der strategischen Planung die grundsätzlichen Festlegungen über Ziele, Aktionsräume und Ressourcen getroffen werden, die in den nachfolgenden Planungsebenen noch in konkrete Maßnahmen umgesetzt und dann realisiert werden müssen, läßt sich die eher langfristige Orientierung der strategischen Planung ableiten (PETER, 1983, S. 17). Dies ist jedoch keine notwendige Eigenschaft strategischer Planung (SCHOLZ, Ch., 1987, S. 6).

-   Informationsgrundlage

Die wesentlichen Informationsgrundlagen der strategischen Planung gehen bereits aus der oben zitierten Definition von Kreikebaum hervor. Es handelt sich zum einen um Informationen über die gegenwärtige Situation, d.h. also im wesentlichen um unternehmensinterne Daten, die anhand eines bestimmten Maßstabs (z.B. Konkurrenz, selbst formulierte Ziele des Unternehmens) bezüglich Stärken und Schwächen zu bewerten sind.

Zum anderen sind jedoch auch Informationen über externe Entwicklungen (Produkte, Märkte, Technologien usw.) von zentraler Bedeutung, da es gerade die Aufgabe der strategischen Planung ist, die Position des Unternehmens angesichts solcher erkennbaren Veränderungen der relevanten Umwelt zu definieren. Da diese externen Entwicklungen in ihrem Verlauf und den daraus resultierenden Möglichkeiten und Gefahren für das Unternehmen nur bedingt abzuschätzen sind (PETER, 1983, S. 17), ist auch die Informationsgrundlage der strategischen Planung mit entsprechender Unsicherheit belastet.

Mit diesen zusätzlichen Bestimmungen

- Planungsebene,
- Entscheidungsträger,
- Zeithorizont und
- Informationsgrundlage

ist die strategische Planung gegenüber anderen Planungen genauer abgegrenzt. Im folgenden werden daraus nun die Komponenten der strategischen Planung, zugeschnitten auf den Anwendungsbereich der SISP, abgeleitet und ihre Beziehungen zueinander kurz beschrieben.

2.4.2 Komponenten der SISP

Die wesentlichen Komponenten der SISP sind in Abb. 2.11 dargestellt.

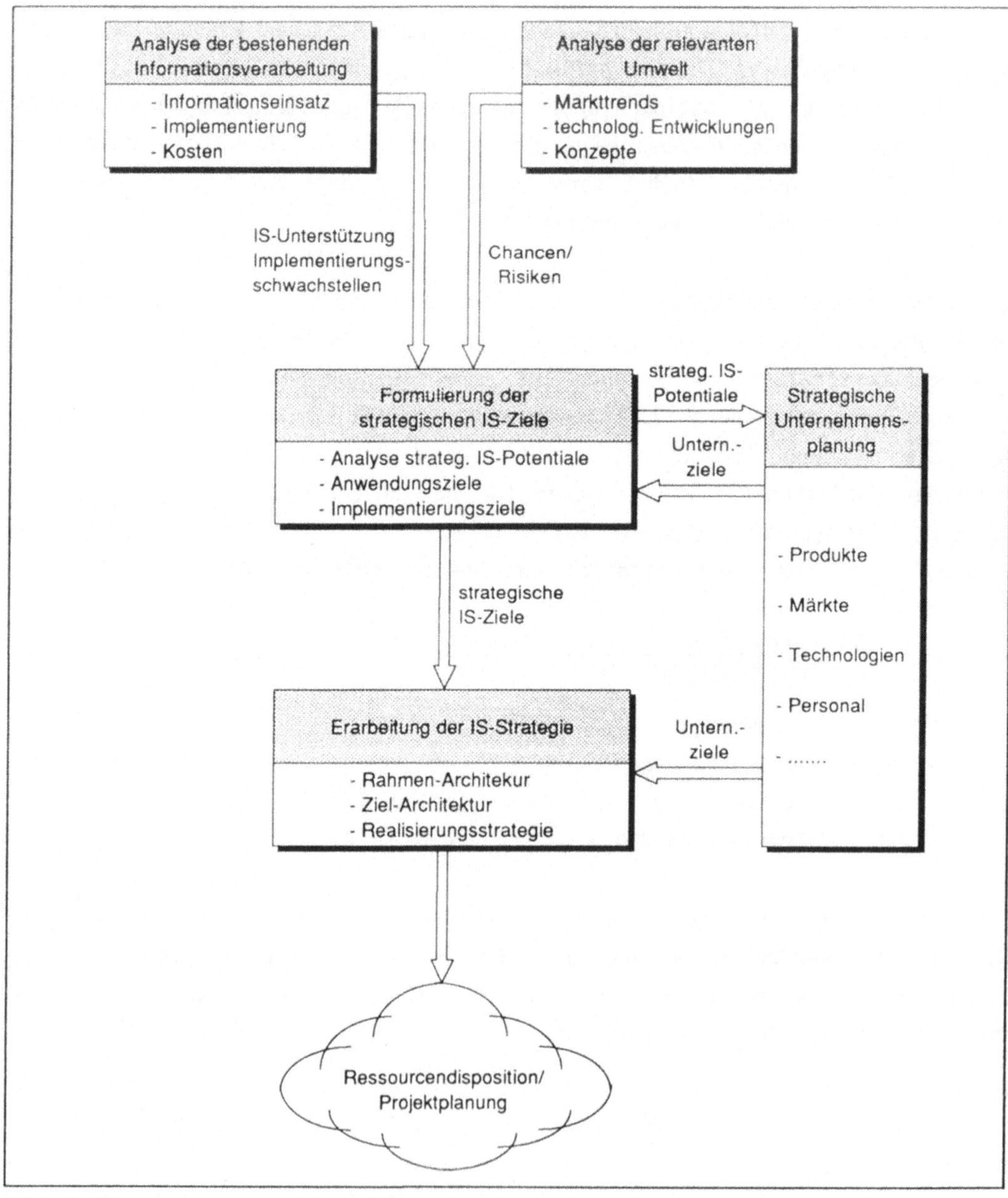

Abb. 2.11: Komponenten der SISP

Ähnliche Schemata finden sich z.B. bei Lindheim (LINDHEIM, 1988, S. 230-234) und Peter (PETER, 1983, S. 188-190). Ausgangspunkt ist die **Analyse der bestehenden Informationsverarbeitung.** Dazu gehört eine Untersuchung des bestehenden IS bezüglich aller Dimensionen unter Einschluß des Informationseinsatzes, d.h. also der Nutzung des IS durch die Anwender. Hier müssen die gegebene Situation und die vorliegenden Planungen erfaßt und bewertet werden. Wichtigster und komplexester Erhebungsgegenstand ist das erreichte IS-Unterstützungsniveau in den einzelnen Informationsverarbeitungsfunktionen; dazu kommen die wesentlichen Aspekte der DV-technisch/organisatorischen Implementierung des IS und die gegebenen Kostenstrukturen.

Ergebnis der Analyse sind Aussagen zum erreichten Anwendungsniveau je Funktionsbereich und daraus folgend auch Anhaltspunkte über noch nicht erschlossene Nutzenpotentiale. Dazu kommen Erkenntnisse über die Stärken und Schwächen der Implementierung, die mit den Kostenstrukturen korrespondieren müßten.

Zusätzlich zu dieser auf die unternehmensinterne Situation gerichteten Untersuchung ist für die SISP jedoch auch eine **Analyse der relevanten Umwelt** (SZYPERSKI/KOLF, 1978, S. 70) notwendig. Hier müssen z.B. Markttrends, neue technologische Entwicklungen oder rechtliche Regelungen erfaßt und beschrieben werden. Anschließend muß eine Bewertung dieser Umweltentwicklungen erfolgen, die ihre Bedeutung für die zukünftigen IS-Gestaltungsmöglichkeiten des Unternehmens in Form von Chancen und Risiken ermittelt.

Die Ergebnisse von IS- und Umweltanalyse sind neben den Unternehmenszielen Basis zur **Formulierung strategischer IS-Ziele.** Diese legen das anzustrebende Anwendungsniveau für bestehende und neue Funktionsbereiche und die zentralen Ziele für die DV-technisch/organisatorische Implementierung fest. Wichtig für diese Phase ist die Einbindung in die strategische Unternehmensplanung.

Danach erfolgt die **Erarbeitung der IS-Strategie,** die die Erreichung der formulierten Ziele ermöglicht. Sie setzt die einzelnen strategischen Anwendungs- und Implementierungsziele in eine gesamthafte Konzeption um, die eine bezüglich aller Dimensionen konsistente Ziel-Architektur des zukünftigen IS beschreibt. Aus der Gegenüberstellung zur Ausgangssituation werden die Maßnahmen zur Erreichung dieser Ziel-Architektur abgeleitet und im Hinblick auf ihre Realisierungspriorität hin bewertet. Ergebnis ist ein grober Plan der zur Umsetzung der IS-Strategie notwendigen Schritte, die in Kurzfrist- und

Projektplanungen weiter detailliert werden. Auch für diese Phase der SISP ist eine enge Anbindung an die strategische Unternehmensplanung sehr wichtig.

Einige Autoren fassen die letzte Phase "Erarbeitung der IS-Strategie" in der hier angestrebten Detailliertheit nicht mehr als Bestandteil der strategischen Planungsebene auf. Sie beschränken diese auf die Zielplanung und die Formulierung grob umrissener Strategien zur Erreichung der Ziele. Die Generierung und Bewertung konkreter strategischer Alternativen und ihre Zusammenstellung zu einer IS-Strategie werden nachfolgenden Ebenen zugewiesen.

Diese nur grob formulierten Strategien lassen im allgemeinen jedoch **so große Freiheitsgrade** für ihre DV-technische Implementierung, daß die damit verbundenen Entscheidungen nach den oben genannten Kriterien als der strategischen Ebene zugehörig charakterisiert werden können. Von daher scheint eine stärkere Berücksichtigung dieser implementierungsbezogenen Gesichtspunkte im Rahmen der SISP notwendig, um für die nachfolgenden Planungsebenen hinreichend präzise Vorgaben machen zu können.

Diese Abgrenzung ist auch vor dem Hintergrund der in Kap. 1.1 aufgezeigten neuen technologischen Entwicklungen und Standardisierungsbestrebungen zu sehen. Dadurch sind Entscheidungen über Implementierungsaspekte zu wichtigen **Infrastrukturentscheidungen** mit weitreichenden Konsequenzen geworden, was eine Zuordnung zur strategischen Ebene hinreichend begründet.

2.4.3   Spezielle Aspekte der SISP

2.4.3.1   Integration in die Strategische Unternehmensplanung

Nach Szyperski/Kolf kann für die Integration von Planungsbereichen zwischen "sachlich-inhaltlichem" und "organisatorischem" Aspekt unterschieden werden (SZYPERSKI/KOLF, 1978, S. 78-79). Hier soll nur der sachlich-inhaltliche Aspekt verfolgt werden, d.h. die Frage, in welchem **logischen Verhältnis** SISP und strategische Unternehmensplanung (SUP) zueinander stehen.

Die **theoretische Antwort** auf diese Frage scheint einfach und unstrittig und ergibt sich schon aus den in Kap. 2.2 gemachten Ausführungen zu den Zielen des IS. Aus der IS-Zielsetzung, einen optimalen Beitrag zur Erreichung der Unternehmensziele zu leisten, folgt zwingend, daß die SUP, deren Aufgabe die Definition eben dieser Unternehmensziele ist, damit die Anforderungen an die SISP vorgibt. Diese muß gemäß dem Prinzip der "strategischen Stimmigkeit" (SCHOLZ, Ch., 1987, S. 66-68) versuchen, durch ihre Planungsergebnisse die IS-Entwicklung so zu steuern, daß sie die Anforderungen der SUP erfüllen kann.

Der Einfluß ist jedoch nicht einseitig in Richtung SISP, sondern umgekehrt beeinflußt auch die SISP die SUP, indem sie aus ihrer Analyse der Umweltentwicklungen neue Strategie-relevante Potentiale aufzeigen kann, die sich für das Unternehmen durch den Einsatz von Informationssystemen bieten. Daraus leitet sich die Forderung ab, **SUP und SISP simultan** und nicht sukzessiv durchzuführen. Diese theoretischen Zusammenhänge sind in Abb. 2.12 grafisch veranschaulicht.

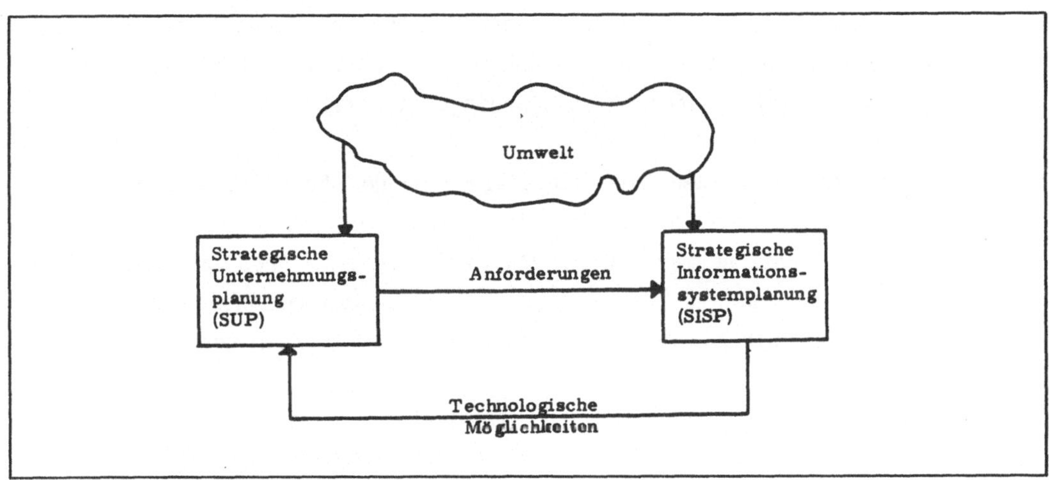

Abb. 2.12:   Zusammenhang zwischen SUP und SISP
(Quelle: SZYPERSKI/KOLF, 1978, S. 79)

Die **praktische Antwort** auf die Frage nach der Verbindung zwischen SUP und SISP ist jedoch durchaus nicht so klar und eindeutig. Peter diskutiert die Probleme, die bei der praktischen Umsetzung der theoretisch erkannten Zusammenhänge auftauchen. Er betrachtet zunächst nur die **Beziehung SUP -> SISP.**

Die Beziehung SISP -> SUP wird von ihm aus Praktikabilitätsüberlegungen nicht sehr betont (PETER, 1983, S. 192). Er nennt zwei Bedingungen für die Ableitung der SISP aus der SUP (PETER, 1983, S. 111):

- Es müssen klare **Ziel-Mittel-Beziehungen** zwischen beiden Planungsbereichen bestehen, d.h. die in der SISP zu formulierenden IS-Ziele müssen wiederum Mittel darstellen zur Erreichung der in der SUP formulierten Unternehmensziele.

- Die übergeordnete SUP muß **präzise und operationale Ziele** vorgeben.

Beide Bedingungen sieht er häufig als nur unzureichend erfüllt an und geht von daher ab von der Forderung eines notwendigen sachlich-inhaltlichen Zusammenhangs zwischen SUP und SISP. Als Minimallösung schlägt er eine Verbindung durch Beteiligung der Unternehmensleitung an beiden Planungen vor.

Dies scheint ein nicht notwendiger Rückzug vor den Problemen der Praxis zu sein. Lindheim weist in seinen diesbezüglichen Überlegungen unter Bezug auf empirische Studien darauf hin, daß die **personelle Integration** des IS-Managements in die SUP wesentlich zum Verständnis und zur Klarheit der strategischen Unternehmensziele beiträgt (LINDHEIM, 1988, S. 227-228). Damit könnte die zweite der von Peter aufgestellten Bedingungen erfüllt werden.

Was die erste Bedingung der Ziel-Mittel-Beziehungen betrifft, so müssen die IS-Ziele über entsprechende **Ableitungen gemäß der Wirkungskette** (s. Kap. 2.2.2.2) aus den Unternehmenszielen ermittelt werden. Probleme können hier aus der mangelnden Kenntnis der genauen Wirkungszusammenhänge entstehen. In der Regel können jedoch zumindest qualitative Einschätzungen gemacht werden.

Probleme können auftauchen, wenn Ziel-Mittel-Beziehungen nur bestehen über sehr viele Zwischengrößen mit unsicheren Zusammenhängen. Dies ist jedoch häufig ein Indiz dafür, daß dem IS keine wesentliche Bedeutung für die Erreichung der Unternehmensziele zukommt. Groß schlägt für solche Situationen eine "opportunitätsorientierte Planung" (GROSS, 1985, S. 46) vor, die nicht an Zielen, sondern an günstigen Möglichkeiten zur Weiterentwicklung des bestehenden IS orientiert ist. Eine Integration in die SUP ist wegen der Schwäche der Ziel-Mittel-Beziehung dann nicht sinnvoll.

2.4.3.2 Einordnung der Zielformulierung im Planungsablauf

Aus den oben dargestellten Komponenten der SISP mit ihren inhaltlichen Beziehungen kann zugleich eine Ablauffolge der einzelnen Planungsschritte abgeleitet werden. Schritte, die Eingangsinformationen für andere bereitstellen, müssen dazu in der Reihenfolge vor den empfangenden angesiedelt sein. Insofern kann Abb. 2.11 als **Phasengliederung für den Planungsprozeß** interpretiert werden mit einer Folge der Schritte entsprechend den Pfeilrichtungen.

Gegenüber dieser Einteilung werden jedoch auch abweichende Gliederungen vertreten, insbesondere was die **Zielformulierung** betrifft, die teilweise als erste Phase im Planungsprozeß gesehen wird. Die Frage nach ihrer zweckmäßigen Einordnung, die auch von Lindheim aufgeworfen wird (LINDHEIM, 1988, S. 31), soll hier unter praktischen Aspekten im Hinblick auf die Durchführung im SISP-Prozeß kurz diskutiert werden.

Die Einordnung der Zielformulierung als erste Phase der SISP bringt den **Vorteil** mit sich, daß die anschließende Analyse der bestehenden Informationsverarbeitung unter Berücksichtigung der verfolgten IS-Ziele durchgeführt werden kann. Das ist insbesondere hilfreich für die Bewertung der erreichten IS-Unterstützung.

Diesem Vorteil stehen jedoch auch **Nachteile** gegenüber. Eine Zielformulierung, die ohne Kenntnis der Ausgangssituation erfolgt, kann nur globale Zielzustände beschreiben, nicht jedoch konkrete Veränderungen des bestehenden IS. Erst aus der Gegenüberstellung von Ziel- und Ist-Zustand lassen sich anhand der Differenzen die notwendigen Schritte und ihre Dringlichkeit ableiten. Dies bedeutet, die ursprünglich formulierten Ziele müssen in jedem Fall nach der Analyse der Ausgangssituation noch einmal präzisiert und mit Prioritäten versehen werden.

Ein weiterer Nachteil ist, daß die in der Analyse der relevanten Umwelt erkannten Chancen und Risiken nicht mit in die Zielformulierung einfließen können. Auch daraus können sich nachfolgend Verschiebungen der ursprünglichen Ziele ergeben.

Beide Aspekte zeigen, daß Ziele, die ohne Berücksichtigung der Ausgangssituation aufgestellt werden, noch in erheblichem Maße Veränderungen unterworfen sein können. Damit relativiert sich zugleich auch der oben genannte Vorteil einer gezielteren Analyse und Bewertung des bestehenden IS. Deshalb wird für die zu erarbeitende Planungsmethodik von einer Einordnung der Zielformulierung **nach** der Untersuchung der gegebenen Informationsverarbeitung und der relevanten Umwelt ausgegangen. Zum gleichen Ergebnis kommt auch Lindheim (LINDHEIM, 1988, S. 234-235).

3. Analyse der Ausgangssituation

3.1 Funktionen im Rahmen des Planungsprozesses

Gemäß der in Abb. 2.11 dargestellten Systematik der SISP-Komponenten stellt die **Analyse der Ausgangssituation** die erste Phase im Planungsprozess dar. Sie gliedert sich in die beiden Bestandteile

- Analyse der bestehenden Informationsverarbeitung mit den Aspekten
    -- Informationseinsatz
    -- Implementierung
    -- Kosten
- Analyse der relevanten Umwelt.

Ihre **Hauptaufgabe** besteht darin, Transparenz zu schaffen darüber, in welchem Maße das bestehende IS die Informationsverarbeitung im Unternehmen bereits unterstützt, wo noch Mängel bestehen und welche Einflüsse aus Umweltentwicklungen für die zukünftige Gestaltung des IS einbezogen werden müssen.

Vor dem Hintergrund der in Kap. 2.2 dargestellten allgemeinen Zielsetzung des IS läßt sich folgende **Einordnung** dieser Aufgabe vornehmen: Um ein IS zu gestalten, das durch seine Nutzen- und Kosteneffekte einen optimalen Beitrag zu den Unternehmenszielen leistet, ist es notwendig, die entsprechenden **Effekte des bestehenden IS** zu bewerten. Denn sie sind der Ausgangspunkt, aus dem sich Verbesserungen im Hinblick auf einen optimalen Zielbeitrag ableiten lassen.

Da sie in vielen Fällen jedoch nicht unmittelbar gemessen werden können, müssen die bestimmenden Faktoren beurteilt werden. Zu deren Ermittlung lassen sich die dargestellten Wirkungsbeziehungen für Nutzen und Kosten verwenden.

Zur Feststellung des erreichten **IS-Nutzens** müssen die Funktionalität der Anwendung und der Informationseinsatz der Benutzer als bestimmende Größen untersucht werden. Diese Untersuchung darf sich nicht auf die bereits IS-gestützten Bereiche der Informationsverarbeitung beschränken, sondern muß alle Bereiche miteinbeziehen, um auch Anhaltspunkte für weitergehende **Nutzenpotentiale** zu erarbeiten.

Zur Beurteilung der **IS-Kosten** müssen als Basis zunächst die bestehenden Kostenstrukturen selbst erhoben werden. Zur Bewertung und Erklärung sowie zur Formulierung von Verbesserungsmöglichkeiten sind jedoch die kostenbestimmenden Aspekte der DV-technisch/organisatorischen Implementierung notwendig. Für jede IS-Dimension müssen operationale Kriterien definiert und damit die bestehende Implementierung gemessen werden.

Zusätzlich zur Analyse der Kosten-Nutzen-Effekte aus dem bestehenden IS müssen die **Entwicklungen der relevanten Umwelt** beobachtet und danach eingeschätzt werden, welche zukünftigen Wirkungen aus ihnen resultieren können. Das können zum einen Nutzeneffekte sein, die aus einer möglichen erweiterten Funktionalität von Anwendungen erwachsen, wie etwa die stärkere Anbindung von Kunden durch elektronischen Austausch auftragsbezogener Daten. Zum anderen können auch Auswirkungen auf die Kosten entstehen mit Möglichkeiten zur Kostensenkung, z.B. durch Einsatz von Softwareentwicklungs-Tools, oder Gefahren von Kostenentstehung, z.B. bei Wegfall der Herstellerunterstützung für eine eingesetzte IS-Komponente.

Beide Analysen - bestehende Informationsverarbeitung und Umweltentwicklung - liefern damit einen Teil der Informationen, die benötigt werden als **Basis für die Formulierung von Zielvorstellungen**, wie das bestehende IS in Richtung auf einen optimalen Beitrag zu den Unternehmenszielen hin weiterentwickelt werden soll.

3.2   Analyse des Informationseinsatzes

3.2.1   Aufgabenstellung

Der Informationseinsatz ist die Ebene des Informationswesens im Unternehmen, in der festgelegt wird, in welcher Art und Weise Informationen von den Aktionsträgern verwendet werden zur Erfüllung der betrieblichen Aufgaben (s. Kap. 2.1). Gegenstand der Analyse sind deshalb die **Prozesse der betrieblichen Informationsverarbeitung**, die auf ihre Unterstützung durch das IS hin untersucht werden.

Dies muß einmal unter einer **Software-orientierten Perspektive** erfolgen, indem die Funktionalität der eingesetzten Anwendungssysteme betrachtet wird. Damit wird die Dimension Anwendungssoftware als Beitrag des IS zur Gestaltung des Informationseinsatzes mit den durch sie bereitgestellten Möglichkeiten bestimmt.

Deren Nutzung durch die Anwender im effektiven Informationseinsatz verlangt zum anderen jedoch auch eine Untersuchung der Informationsverarbeitungsfunktionen des Unternehmens unter **Ablauf-orientierter Perspektive.** Denn nur so kann das effektiv erreichte Niveau der IS-Unterstützung erfaßt und dem von der Funktionalität der Software her möglichen Niveau gegenübergestellt werden. Beide Aspekte zusammen erklären erst die vom bestehenden IS ausgehenden Nutzeffekte. Nachfolgend werden für beide die Vorgehensweise bei Erhebung und Bewertung sowie unterstützende Verfahren beschrieben.

3.2.2 Vorgehensweise und Verfahren

3.2.2.1 Erhebung des Informationseinsatzes

a. Software-orientierte Perspektive

Zur Ermittlung der IS-Unterstützung für die betriebliche Informationsverarbeitung unter **Software-orientierter Perspektive** muß die Funktionalität der

- bestehenden und
- geplanten Anwendungssysteme

erhoben werden. Dazu kann im allgemeinen auf existierende Systemdokumentationen als Ausgangsbasis zurückgegriffen werden (KÜHN/KRUSE, 1985, S. 459).

Für jedes einzelne System sind

-       unterstützte Funktionen,
-       Art und Umfang der Unterstützung und
-       nutzende organisatorische Einheiten

zu erfassen. Diese Analyse ist sowohl für die Anwendungssysteme auf zentrali-
sierten Rechnern als auch für den Bereich der Individuellen Datenverarbeitung
(MIEBACH, 1987, S. 33; POHL, 1987, S. 177; SCHEER u.a., 1984, S. 10; SCHOLZ,
Ch., 1989) durchzuführen, dem ein immer stärkeres Gewicht zukommt, insbesondere im Bereich von Überwachungs- und Entscheidungsunterstützungsaufgaben.

Die Ergebnisse können in tabellarischen Beschreibungen je Anwendung zusammengestellt werden (s. Tab. 3.1), die anschließend für Bewertungszwecke zu Ge-
samtübersichten über das ganze Unternehmen verdichtet werden können.

Merkmal Anwen- dungssystem	Funktion	Unterstützung	Benutzer
Vertrieb	Stammdaten- verwaltung	Verwaltung von - Kunden - Artikeln - Konditionen	Verkauf Rechnungs- wesen
	Auftrags- bearbeitung	Erfassung/Druck von - Auftragsbestätigung - Lieferschein - Rechnung	Verkauf Versand
	Statistik	Absatz/Umsatz/Deckungsbeitrag pro - Artikel(gruppe) - Kunde - Land	Verkauf Unternehmens- leitung

Tab. 3.1:   Funktionalität eines Anwendungssystems

b.   Ablauf-orientierte Perspektive

Ergänzend zur Software-orientierten Betrachtung ist eine Untersuchung des Informationseinsatzes unter **Ablauf-orientierter Perspektive** notwendig. Dazu müssen die Funktionen zur Verarbeitung und Übertragung von Informationen nach folgenden Merkmalen untersucht werden (HAUSMANN u.a., 1988, S. 42-43):

- **Verarbeitungsfunktion**
  - -- Funktionsinhalt
  - -- Operator
  - -- Art der Ausführung
  - -- Häufigkeit der Ausführung

- **Übertragungsfunktion**
  - -- Dateninhalt
  - -- Weg
  - -- Art der Übertragung
  - -- Häufigkeit der Übertragung.

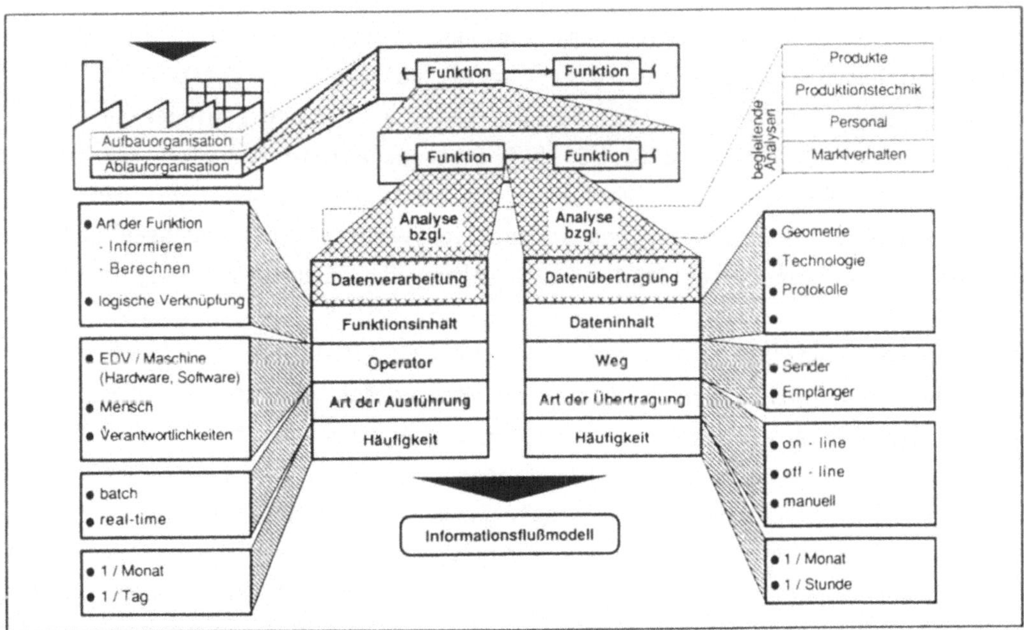

Abb. 3.1:   Merkmale der ablauforganisatorischen Analyse der Informations- verarbeitungsfunktionen
(Quelle: HAUSMANN u.a., 1988, S. 42)

Die Informationen der Ablauf-orientierten Erhebung müssen in **dynamischen Darstellungen** aufbereitet werden, die in der Lage sind, die relevanten Informationen im Hinblick auf die spätere Bewertung abzubilden. Diese Zusammenhänge zeigt Abb. 3.2.

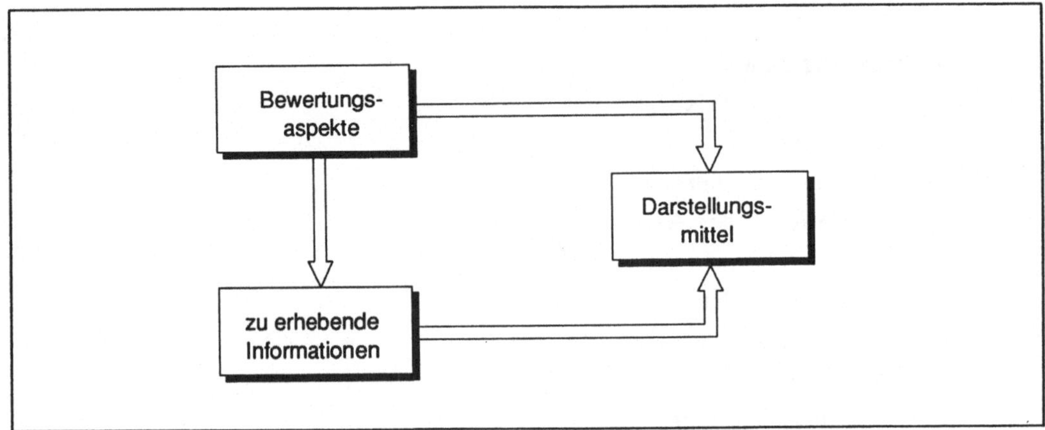

Abb. 3.2:   Bestimmungsgrößen zur Auswahl von Darstellungsmitteln

Im Rahmen des Software Engineering und der Organisationsforschung ist eine Fülle von Beschreibungsverfahren für Arbeitsabläufe entwickelt worden (z.B. BALZERT, 1982 oder ÖSTERLE, 1981 für den Bereich Software Engineering und die bei HILL/FEHLBAUM/ULRICH, 1981, S. 514 angegebene Literatur für den Bereich Organisationsforschung). Die **Verfahren des Software Engineering** zielen dabei speziell auf die Darstellung von Informationsverarbeitungsprozessen und kommen daher in erster Linie für die Beschreibung der IS-Unterstützung in Frage.

Die Eignung einzelner Verfahren, wie etwa Ablaufpläne, Struktogramme oder SADT-Diagramme, soll hier nicht diskutiert werden. Generelles Merkmal ist jedoch, daß sie primär dazu geeignet sind, die einzelnen Arbeitsschritte bei der **logischen Verknüpfung von Informationen** darzustellen, jedoch weniger die DV-technische, zeitliche und organisatorische Dimension dieser Prozesse. Dies erklärt sich aus ihrer Herkunft und Zielsetzung, im Rahmen des Software Engineering den Entwurf und die Entwicklung von Softwaresystemen zu unterstützen, bei der besonders diese Informationsverknüpfung, d.h. die Funktionalität der Systeme, im Vordergrund steht.

Für die **Ablaufanalyse im Rahmen der SISP** ist die Beschreibung der Funktionalität der Anwendungssysteme zum einen jedoch nur auf einem sehr viel groberen Niveau sinnvoll, als dies für die Softwareentwicklung notwendig ist. Zum anderen muß sie ergänzt werden um die anderen Aspekte der Informationsverarbeitungsprozesse (s. Abb. 3.1). Von daher können die Verfahren des Software Engineering in der Regel einen Teil der darzustellenden Aspekte sehr gut abdecken, weisen jedoch Mängel bezüglich der DV-technischen, zeitlichen und organisatorischen Dimension auf. Im folgenden wird deshalb beispielhaft eine Beschreibungsform vorgestellt, mit der es möglich ist, auch die anderen Aspekte besser zu erfassen.

Die **Vorgangskettendiagramme** (SCHEER, 1987, S. 21-24) bilden Arbeitsabläufe mit ihren einzelnen Schritten ab, wobei zu jedem Schritt die Merkmale

-     Bezeichnung des Inhalts,
-     Art der DV-Unterstützung (Dialog; Batch; keine),
-     Input-Datenbestände,
-     Output-Datenbestände und
-     ausführende organisatorische Einheit

angegeben werden. Abb. 3.3 (s. u.) zeigt das Beispiel eines Vorgangskettendiagramms für die Auftragsbearbeitung.

Zur Steuerung der Analyse, insbesondere zur Erreichung einer problemadäquaten **Analysetiefe**, ist es wichtig, neben den je Funktion zu untersuchenden Merkmalen auch die zu betrachtenden Funktionen selbst und damit den Detaillierungsgrad der Untersuchung sinnvoll festzulegen.

Die zu erarbeitende Darstellung des Informationseinsatzes und seiner IS-Unterstützung hat das Ziel, für den Gesamtkomplex der zu planenden organisatorischen Einheit (z.B. Unternehmen, Produktbereich, Werk) die wesentlichen Stärken und Schwächen der gegebenen Situation aufzuzeigen, um so Ansatzpunkte und Bereiche für eine Verbesserung der IS-Unterstützung zu erkennen. In diesen Bereichen, die dann nur noch Ausschnitte des Gesamtzusammenhangs umfassen, müssen zur Formulierung konkreter Maßnahmen noch einmal vertiefende Detailanalysen durchgeführt werden.

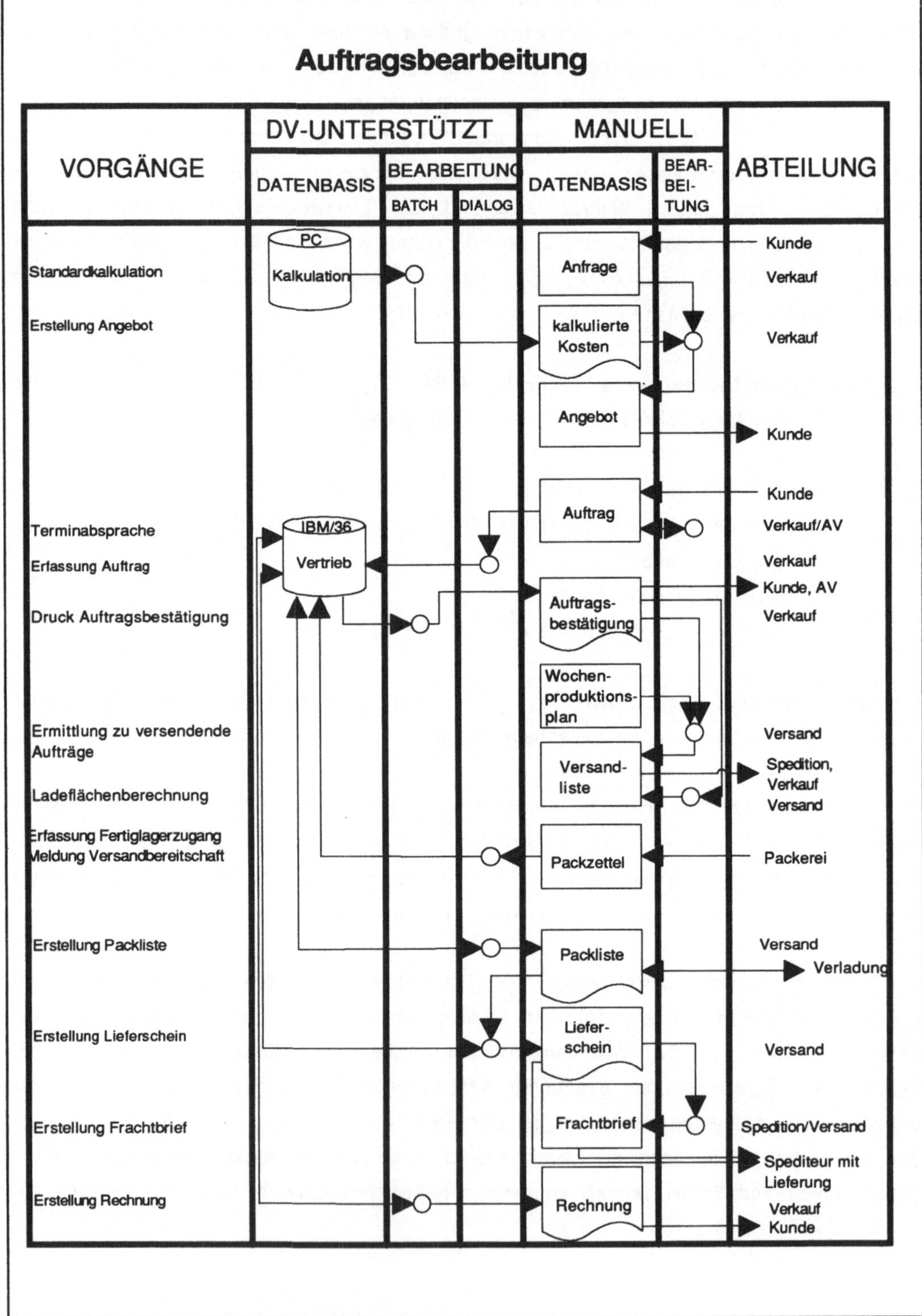

Abb. 3.3:   Vorgangskettendiagramm

Insofern sollte die Gesamtdarstellung nicht zu detailliert sein und sich auf die für ihre Zielsetzung relevanten **wesentlichen Informationsverarbeitungsfunktionen** im Unternehmen beschränken. Wichtig ist, daß sie dabei alle organisatorischen Teilbereiche und alle Managementebenen berücksichtigt und neben bereits IS-unterstützten auch manuell abgewickelte Funktionen (SCHEER, 1988a, S. 67) untersucht.

Zur Identifizierung der zu analysierenden Funktionen können vorhandene **unternehmensspezifische Strukturierungen** oder **allgemeine Modelle des Unternehmensprozesses** verwendet werden.

Ein wesentliches **unternehmensspezifisches Strukturierungsmittel** ist das **Organigramm**. Aus ihm läßt sich die Gliederung der Unternehmenstätigkeit in einzelne Verantwortungsbereiche erkennen, die in der Regel nach funktionalen Kriterien gebildet werden (HILL/FEHLBAUM/ULRICH, 1981, S. 177-179). Es stellt somit eine erste Orientierung über die wesentlichen Unternehmensfunktionen dar und kann als Ausgangspunkt für die Ermittlung der zu untersuchenden Funktionen/Funktionsbereiche der Informationsverarbeitung verwendet werden.

Wichtig ist jedoch, daß durch den Rückgriff auf existierende Unterlagen keine unreflektierte Orientierung an der gegebenen Situation entstehen darf. Es müssen gerade auch solche Funktionszusammenhänge erkannt und untersucht werden, die mehrere organisatorische Teilbereiche betreffen und sich deshalb in der Gliederung des Organigramms meist nicht sehr deutlich widerspiegeln. Oder es müssen auch Funktionen identifiziert werden, die zur Zeit noch gar nicht durchgeführt werden, die aber notwendig für eine Verbesserung der organisatorischen Abläufe sind.

Für diese Zwecke ist es günstig, den Rückgriff auf unternehmensspezifische Strukturierungsmittel zu ergänzen durch den Einsatz von **allgemeinen Modellen des Unternehmensprozesses**. Diese Modelle, die in unterschiedlicher Detaillierung Ausschnitte oder die Gesamtheit der Informationsverarbeitungsfunktionen des Unternehmens in allgemeiner Form beschreiben, können als Hilfsmittel verwendet werden, um die Vollständigkeit der aus den unternehmensspezifischen Unterlagen abgeleiteten Funktionen zu überprüfen.

Ein solches allgemeines Funktionsmodell für die Aufgaben eines Industriebetriebes kommt im Konzept des **Computer Integrated Manufacturing (CIM)** zum Ausdruck (SCHEER, 1988a). In Abb. 3.4 sind die funktionalen Bestandteile von CIM in grafischer Form dargestellt. Diese Übersicht zeigt auf einer noch groben Detaillierungsstufe die Funktionsbereiche, die für eine integrierte IS-unterstützte Produktion relevant sind.

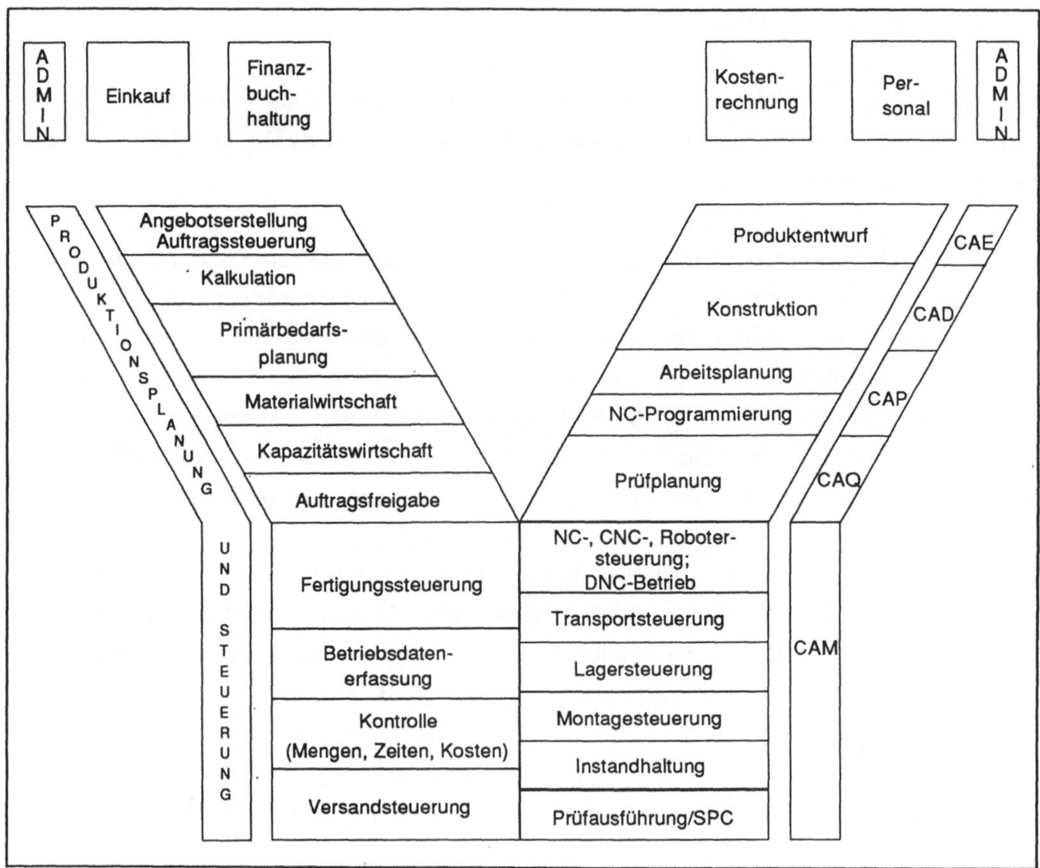

Abb. 3.4: Funktionale Bestandteile von CIM

Eine stärkere Detaillierung und eine Abdeckung aller Unternehmensfunktionen bringen die von Mertens und Griese beschriebenen **Funktionen der Datenverarbeitung im Industrieunternehmen** (MERTENS, 1988 und MERTENS/GRIESE, 1988). Insbesondere für den Bereich der operativen Aufgaben werden entsprechende Übersichten entwickelt, die auch die Verknüpfungen zwischen den einzelnen Funktionen aufzeigen (MERTENS, 1988, Kap. 4).

Das von Grochla und Mitarbeitern entwickelte **Kölner Integrationsmodell (KIM)** geht im Detaillierungsgrad noch eine Stufe weiter (GROCHLA und Mitarbeiter, 1974, S. 189-421). Es beschreibt über 300 einzelne Informationsverarbeitungsaufgaben mit den zwischen ihnen bestehenden Datenflüssen. Eine Verdichtung dieser Aufgaben zu Funktionsbereichen erfolgt nicht. Von daher ist es aufgrund seiner hohen Detaillierung für eine unternehmensweite Identifizierung der wesentlichen Informationsverarbeitungsfunktionen kaum sinnvoll einsetzbar. Seine Verwendung ist eher als Maßstab zur Beurteilung der erhobenen Strukturen bezüglich Vollständigkeit und Integration möglich.

Neben solchen Funktionsmodellen, die wie die drei beschriebenen konkrete inhaltliche Aussagen zu den notwendigen Informationsverarbeitungsfunktionen machen, können auch allgemeinere, nicht informationsbezogene Strukturierungen des Unternehmensprozesses eingesetzt werden. Ein Beispiel für ein solches Strukturmodell ist die von Porter entwickelte **Wertschöpfungskette** (PORTER/MILLAR, 1986, S. 27-28).

Sie unterteilt den Unternehmensprozess in

- **primäre Funktionen**
  interne Logistik, Produktion, externe Logistik, Marketing/Vertrieb, Kundendienst und

- **Unterstützungsfunktionen**
  Personalwesen, Forschung/Entwicklung, Beschaffung, Verwaltung.

Die Unterstützungsfunktionen liefern dabei die Inputs für die primären Funktionen. Hinter jeder einzelnen Funktion stehen Wertschöpfungsaktivitäten, d.h. Tätigkeiten, die zum Entstehen eines ökonomischen Wertes für das Unternehmen führen und die sich gegenseitig in ihren Wirkungen beeinflussen.

Diese Unterteilung kann als Strukturierungshilfe verwendet werden zur **Ableitung der Informationsverarbeitungsfunktionen**, die zur Durchführung der einzelnen Wertaktivitäten notwendig sind. Die Wertschöpfungskette macht damit keine direkten Aussagen zu den Funktionen selbst, sie ist nur Mittel zu ihrer Bestimmung und hilft sicherzustellen, daß alle relevanten Bereiche des Unternehmensprozesses berücksichtigt werden.

Modelle dieser Art geben weniger konkrete Unterstützung für die Identifizierung der wesentlichen Informationsverarbeitungsfunktionen als die inhaltlich spezifizierten Modelle. Ihr Vorteil liegt jedoch darin, daß sie zu einer systematischen Beschäftigung mit den einzelnen Bereichen des Unternehmensprozesses zwingen und von daher mehr Kreativität freisetzen als die Prüfung vordefinierter Funktionen.

3.2.2.2 Bewertung des Informationseinsatzes

Die Bewertung der erhobenen Informationen über die Anwendungssysteme und die ablauforganisatorischen Prozesse der Informationsverarbeitung im Unternehmen hat mehrere Aspekte. Sie soll die **gegebene IS-Unterstützung** für die einzelnen Aufgabenbereiche des Unternehmens bezüglich

- Anwendungs-Basis,
- effektivem Informationseinsatz und
- bestehenden Lücken

aufzeigen. Damit liefert sie im Hinblick auf die Gestaltung eines optimalen IS im Rahmen der SISP die Basis, den bereits erreichten Nutzen zu beurteilen und noch nicht ausgeschöpfte Potentiale zu erkennen. Zur Durchführung der Bewertung ist es notwendig, zunächst die relevanten **Bewertungsmaßstäbe** zu konkretisieren, die zugrundegelegt werden.

Ein erster Maßstab kann die **Unterstützung der gegebenen Abläufe** im Bereich der Informationsverarbeitung sein. Dabei wird das IS dann daran gemessen, inwieweit es die aus diesen Abläufen resultierenden Anforderungen erfüllt. Dafür kann in der Regel auf die Beurteilung der Anwender selbst zurückgegriffen werden. In vielen Fällen dürfte dieser Maßstab alleine aber nicht ausreichend sein, da er keine Hinweise auf Möglichkeiten zur Verbesserung der vorhandenen Abläufe liefert, die häufig gerade durch Mängel in der IS-Unterstützung mitbestimmt sind. Von daher ist ein zweiter, von der Ist-Situation unabhängiger Maßstab zur Bewertung notwendig.

Dieser muß die **Unterstützung der Unternehmensziele** sein und daraus entsprechende Anforderungen an das IS ableiten. Da hier von einer simultanen Durchführung von SUP und SISP ausgegangen wird (s. Kap. 2.4.3.1 und die dort dargestellte Diskussion), müssen zunächst die bestehenden Unternehmensziele als Ausgangsbasis verwendet werden. Die so vorgenommene Bewertung muß für die spätere konkrete Formulierung von strategischen IS-Zielen noch einmal überprüft und gegebenenfalls modifiziert werden vor dem Hintergrund der im laufenden Planungsprozeß festgelegten strategischen Unternehmensziele. Zur Beurteilung kann auch hier zumindest teilweise auf Anforderungen der Anwender zurückgegriffen werden, die diese an eine geeignete IS-Unterstützung für ihre Aufgabe stellen.

Im folgenden werden für beide Analysebereiche - Anwendungssysteme und ablauforganisatorische Prozesse - die zu bewertenden **Aspekte der IS-Unterstützung** beschrieben.

a.   Software-orientierte Perspektive

Zur Beurteilung der von den **Anwendungssystemen** bereitgestellten Basis für den Informationseinsatz sind primär folgende Aspekte zu beachten:

- abgedeckte Funktionsbereiche, Lücken und Überschneidungen,
- Unterstützungsniveau je organisatorischer Einheit und
- Datenintegration zwischen den Anwendungssystemen.

Zur Beurteilung dieser Aspekte eignen sich Matrix-Darstellungen, wie sie z.B. im Zusammenhang mit der Planungsmethode **Business Systems Planning (BSP)** von IBM entwickelt wurden (BUSINESS SYSTEMS PLANNING, 1984, S. 47-48) und die eine Verdichtung der zu den einzelnen Systemen erhobenen Informationen ermöglichen.

Die **Abdeckung von Funktionsbereichen durch Anwendungssysteme** und die dabei bestehenden Lücken und Überschneidungen lassen sich gut in einer Anwendungssystem/Funktionsbereich-Matrix veranschaulichen, wie sie in Tab. 3.2 dargestellt ist.

Anwendungssystem \ Funktionsbereich	Ver-trieb	Produk-tions-planung	Betriebs-daten-erfassung	Quali-täts-sicherung	Material-wirt-schaft	Finanz-buch-führung	Kosten-rech-nung	.....
Auftragsabwicklung	X	X						
Bedarfsrechnung		X			X			
Einkauf					X			
Bestandsführung	X	X			X		X	
Wareneingangs-prüfung				X	X			
Versand	X							
. . .								

Tab. 3.2:   Anwendungssystem/Funktionsbereich-Matrix

Die Abgrenzung der Funktionsbereiche kann sich an der Strukturierung orientieren, die für die Erhebung der ablauforganisatorischen Prozesse getroffen wurden. Die Darstellung zeigt deutlich Lücken und Überschneidungen im bestehenden Anwendungsspektrum auf, wobei die Beurteilung auf einem sehr groben Niveau erfolgt, da nur eine Ja/Nein-Einstufung für eine Anwendungssystem/Funktionsbereich-Kombination möglich ist. Es können daraus also in erster Linie Lücken und Schwerpunkte aus einer globalen Perspektive erkannt werden, aber auch die Verteilung von Funktionen aus einem zusammenhängenden Bereich auf verschiedene Systeme.

Wenn man das gegebene IS stärker unter dem Aspekt der **unterstützten organisatorischen Einheit** betrachtet, kann dies anhand einer Anwendungssystem/organisatorische Einheit-Matrix erfolgen, wie sie in Tab. 3.3 wiedergegeben ist.

Anwendungssystem \ Organisatorische Einheit	Verkauf Inland	Verkauf Export	Produktionsplanung	Produktion	Qualitätswesen	Distribution	Rechnungswesen	......
Auftragsabwicklung	X	X	X			X		
Bedarfsrechnung			X					
Einkauf								
Bestandsführung	X	X	X				X	
Wareneingangsprüfung				X	X			
Versand	X					X		
. . .								

Tab. 3.3: Anwendungssystem/organisatorische Einheit-Matrix

Daraus läßt sich die Verteilung der IS-Unterstützung unter organisatorischen Gesichtspunkten erkennen. Analog zur Funktionsbereichs-orientierten Betrachtung aus Tab. 3.2 können auch hier Schwerpunkte und Lücken identifiziert werden. Aus der unterschiedlichen IS-Durchdringung können Schlußfolgerungen gezogen werden über Erfahrungen und Vertrautheit der Anwender in den einzelnen organisatorischen Bereichen mit der Nutzung von Informationstechnologie. Dies gibt wichtige Hinweise auf die Möglichkeiten zur Weiterentwicklung der Anwendungen, da diese Erfahrungen eine der grundlegenden Voraussetzungen sind für die erfolgreiche Implementierung fortgeschrittener Systeme.

Aus der Matrix ist darüberhinaus ableitbar, mit wievielen unterschiedlichen Systemen ein einzelner organisatorischer Bereich in Berührung kommt bzw. auf wieviele Systeme sein Funktionsspektrum verteilt ist. Das gibt Hinweise auf mögliche Probleme beim Benutzer, wenn er mit vielen und vor allem unterschiedlichen Systemen arbeiten muß, aber auch auf eventuelle Integrationsmängel zwischen den beteiligten Systemen.

Dieser Punkt - die **Datenintegration zwischen den einzelnen Anwendungssystemen** - sollte deshalb auch gesondert untersucht werden. In einem Integrationsmodell können die Datenflüsse zwischen den Systemen mit Inhalten und Aktualität (0 = Online; B = Batch, mit Übertragungshäufigkeit) dargestellt werden (s. Abb. 3.5).

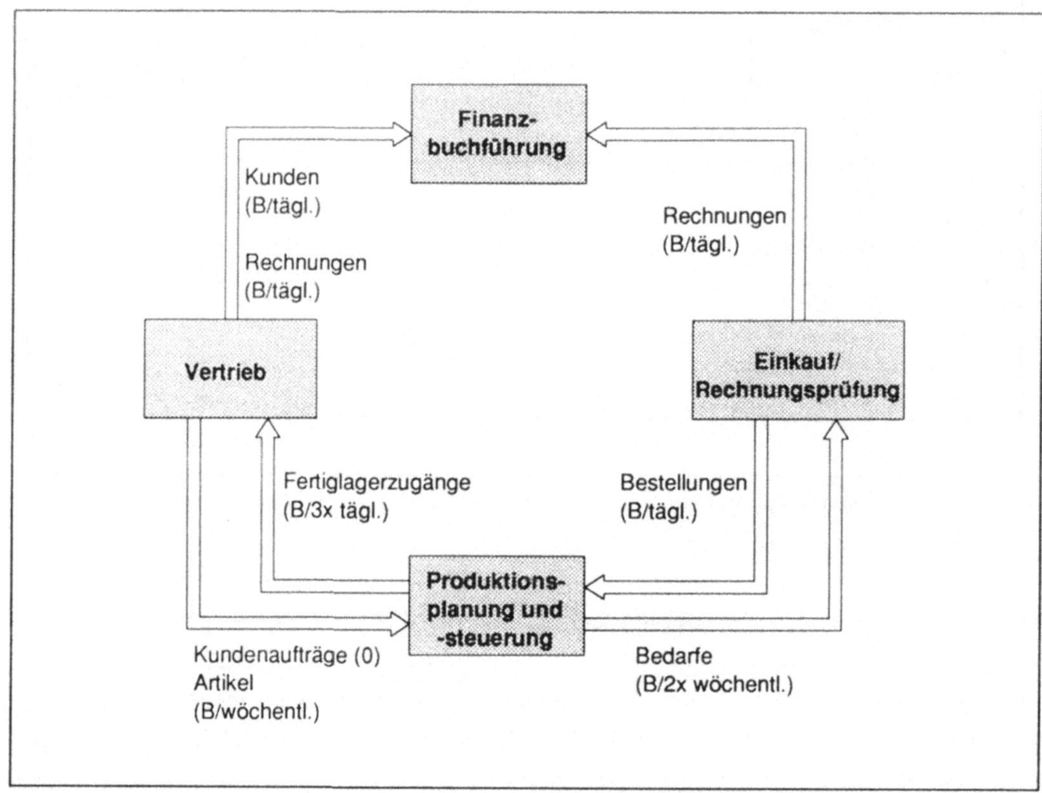

Abb. 3.5:   Datenflüsse zwischen den Anwendungssystemen

Diese Sichtweise ergänzt die ablauforientierte Erhebung des Integrationsgrades um eine systembezogene Betrachtung und verdeutlicht damit die neben der Funktionalität zweite wesentliche Determinante der IS-Unterstützung. Die Bewertung des erreichten Integrationsstandes kann im Rahmen der Ablaufanalyse erfolgen, da dort die resultierenden Konsequenzen für die Erfüllung der betrieblichen Aufgaben herausgearbeitet werden.

b. Ablauf-orientierte Perspektive

Für die Beurteilung der effektiv **erreichten IS-Unterstützung** für den Informationseinsatz gilt, daß sie für die wesentlichen ablauforganisatorischen Prozesse der Informationsverarbeitung erfolgt. Die Bewertungsaspekte umfassen als wesentliche Elemente:

- Funktionalität
    - -- abgedeckter Funktionsumfang
    - -- Qualität der Unterstützung
- Aktualität
    - -- Bearbeitungsfunktionen
    - -- Datenflüsse
- Integration
    - -- Datenebene (SCHEER, 1988a, S. 4-5)
    - -- Funktionsebene (statisch)
    - -- Ablaufebene (dynamisch)
- IS-Nutzungsgrad
    - -- Benutzerkreis
    - -- Funktionsumfang.

Als **Basis** stehen die je Funktion untersuchten Erhebungsmerkmale aus der ablauforganisatorischen Analyse (s. Abb. 3.1) und ihre Aufbereitung in den Vorgangskettendiagrammen (s. Abb. 3.3) zur Verfügung. Anhand dieser erfolgt die Beurteilung der meisten der genannten Bewertungsaspekte.

Hinsichtlich der **Funktionalität** des IS läßt sich der EDV-gestützte Funktionsumfang gegen die manuell durchgeführten Aufgaben abgrenzen. Für die Bewertung muß untersucht werden, inwieweit für derzeit manuelle Tätigkeiten sinnvoll EDV-Systeme eingesetzt werden könnten. Die Qualität, d.h. das funktionale Niveau der einzelnen Systeme, läßt sich im Diagramm nicht darstellen, hierzu sind ergänzende verbale Beurteilungen notwendig.

Die **Aktualität** der IS-Unterstützung kann anhand der Unterscheidung zwischen Dialog- und Batchfunktionen bewertet werden, wobei für die einzelnen Funktionen der notwendige und mögliche Aktualitätsgrad (SCHEER, 1988b, S. 52-53) bestimmt werden muß.

Ergänzend dazu muß jedoch die tatsächliche Häufigkeit der Funktionsausführung betrachtet werden, die im Diagramm nicht dargestellt ist. Denn hier können organisatorische Schwachstellen liegen, die zu Verzögerungen oder unkoordinierten Entscheidungen in den betrieblichen Abläufen führen, ohne daß die Ursache dafür im eigentlichen IS zu suchen ist.

Die **Integration** ist ebenfalls weitgehend anhand des Diagramms zu beurteilen. Für die Integration auf der **Datenebene** ist maßgebend, daß jede Funktion über alle relevanten Daten verfügt. Die Darstellung zeigt hierzu die jeweils verwendeten Input-Datenbestände auf, so daß Doppelerfassungen, redundante Datenbestände, manuell verwaltete Daten oder auch fehlende Daten erkannt werden können.

Zur Beurteilung der statisch orientierten **Funktionsintegration** muß untersucht werden, inwieweit die Funktionen der einzelnen Systeme lückenlos ineinandergreifen und damit eine geschlossene, durchgängige Unterstützung der Arbeitsabläufe gewährleisten. Im Vorgangskettendiagramm können Lücken zwischen den Systemen anhand von manuellen Tätigkeiten identifiziert werden, die zur Überbrückung zwischen zwei IS-unterstützten Bereichen notwendig sind.

Die Integration auf der **Ablaufebene**, bei der das sachliche Ineinandergreifen einzelner Bearbeitungsschritte über Trigger- oder Aktionsnachrichten (SCHEER, 1988b, S. 64-65) betrachtet wird, kann mit Hilfe des Diagramms ebenfalls dargestellt und beurteilt werden, indem einzelne Bearbeitungsprozesse direkt andere anstoßen bzw. entsprechende Nachrichten an die Benutzer ausgeben.

Damit können die wesentlichen Bewertungsaspekte zur Beurteilung der organisatorischen Abläufe mit Hilfe der Vorgangskettendiagramme verdeutlicht werden. Ergänzt um verbale Erläuterungen zur Qualität der funktionalen Unterstützung, zur Ausführungshäufigkeit und zum Nutzungsgrad des IS können sie als den Bewertungszielen adäquate Beschreibungsmethode angesehen werden.

Zusätzlich zu dieser Aufbereitung und Darstellung der erhobenen Ausgangsinformationen **je einzelner Funktion**, die das Ziel hat, den Prozeß der Bewertung zu unterstützen, können auch die Bewertungsergebnisse selbst in eigenen Formen dargestellt werden. Diesen kommt dann die Aufgabe zu, die einzelnen Ergebnisse übersichtlich zusammenzustellen oder zu verdichten, um dadurch die Gesamtsituation besser zu verdeutlichen. Sie bewegen sich auf der Ebene einer **Gesamtdarstellung**, wie sie auch für die SISP angemessen ist.

Zur Darstellung der Qualität der funktionalen Unterstützung kann auf das **Modell der CIM-Funktionen** (s. Abb. 3.4) zurückgegriffen werden. Für jede Funktion wird in Abb. 3.6 durch die Stärke ihrer Unterlegung der Grad der IS-Unterstützung ausgedrückt.

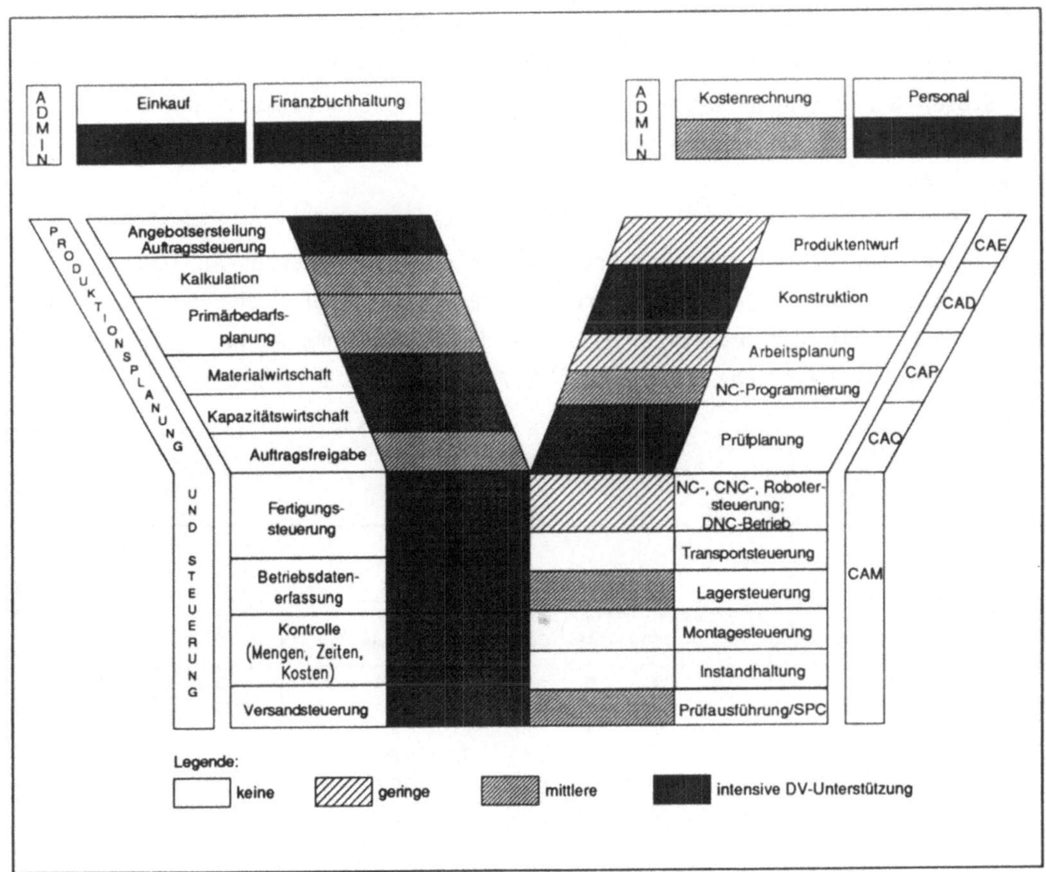

Abb. 3.6:   Qualität der IS-Unterstützung

Diese Darstellung erlaubt es, sofort Lücken und Schwerpunkte über das gesamte CIM-Funktionsspektrum zu erkennen. Durch ihren statischen Charakter ist sie auch eine geeignete Ergänzung der in den Vorgangskettendiagrammen abgebildeten Informationen.

Ein ähnliches Instrument entwickeln auch Schulz/Bölzing in ihrem **Konzept des CIM-Status** (SCHULZ/BÖLZING, 1988; zum Folgenden besonders S. 5-7). Zur Beschreibung der "technologisch-qualitativen" Ausgangssituation für die Einführung von CIM-Technologien verwenden sie ein **"CIM-Profil"**, das den erreichten Stand in den einzelnen Funktionsbereichen bewertet.

Das CIM-Profil ist nicht grafisch, sondern numerisch orientiert und ermittelt aus den gewichteten Bewertungen der Einzelbereiche einen globalen CIM-Faktor für das gesamte Unternehmen. Die Gewichtungen sollen die Bedeutung der einzelnen CIM-Funktionen für das Unternehmen ausdrücken und sind auf Branchenebene empirisch ermittelt mit unternehmensindividuellen Schwankungsbreiten. Mit diesen Gewichtungen kommt jedoch auch bereits ein Element der Zielformulierung zum Tragen, indem Prioritäten für bestimmte Anwendungsgebiete bestimmt werden.

Ergänzender Bestandteil des CIM-Profils ist die Wettbewerber-Analyse, in der die gleichen Bewertungen für mehrere Untenehmen einer Branche vorgenommen werden und damit die relative Position des Unternehmens in bezug auf die Wettbewerber verdeutlicht wird. Abb. 3.7 zeigt das Beispiel eines CIM-Profils.

Unternehmen		Faktoren der Funktionsbereiche									CIM-Faktor
		CAD	CAP	NC	PPS	CAM	CAIM	CAQ	Logistik	kaufm. EDV	
1	Werkzeug–	6	5	6	4	6	5	2	4	6	4,93
2	maschinen	5	2	7	7	8	4	2	4	6	5,25
3		5	4	5	5	4	6	2	4	5	4,78
4		3	0	7	8	5	4	3	5	7	4,98
5		2	6	2	5	4	4	1	4	6	3,95
6		4	4	6	8	9	8	5	7	7	6,83
7	Druck–	5	2	5	6	5	0	2	5	5	3,83
8	maschinen	2	6	5	7	9	6	7	5	7	5,95
9	Elektro–	1	2	3	8	3	9	6	8	6	5,75
10	Kleingeräte	0	0	0	9	2	10	7	9	6	5,70
11	Automobil	8	5	5	8	5	6	3	8	7	6,53
12		0	0	0	8	10	10	6	7	0	5,60
13		8	9	8	9	5	4	5	6	10	6,98
14	übrige	6	3	5	5	4	5	2	4	5	4,63
15		2	5	0	6	4	0	0	2	10	3,18
16		7	7	8	8	8	3	3	5	8	6,25
	Gewichtung	12,5%	7,5%	7,5%	20%	10%	20%	5%	10%	7,5%	$\sum$ 100%

Abb. 3.7:   CIM-Profil
               (Quelle: SCHULZ/BÖLZING, 1988, S. 7)

Der Bezug der beiden Instrumente - CIM-Funktionsmodell und CIM-Profil - auf die Funktionsbereiche des Computer Integrated Manufacturing (CIM) erklärt sich aus der aktuellen Diskussion um dieses Konzept (s. Kap. 1.1). Die prinzipielle Darstellungs- und Bewertungsmethodik ist aber auch auf andere Anwendungsgebiete übertragbar.

3.2.3 Bewertung der Verfahrensunterstützung

Die Verfahrensunterstützung für die Analyse des Informationseinsatzes bezieht sich auf beide Teilbereiche, Erhebung und Bewertung.

Im Bereich der **Erhebung** werden Hilfen gegeben sowohl zur Definition der zu untersuchenden Merkmale als auch zur Strukturierung und Abgrenzung der zu betrachtenden Funktionsbereiche. Damit können die zu erhebenden Informationen bestimmt werden. Auch für ihre Aufbereitung und Darstellung sind entsprechende Verfahren verfügbar, die eine prägnante Wiedergabe der Bewertungs-relevanten Aspekte erlauben.

Dadurch wird auch die **Bewertung** unterstützt. Der eigentliche Beurteilungsprozeß jedoch, d.h. der Vergleich des gegebenen IS mit einem zugrundegelegten Maßstab, kann nur in geringem Maß anhand allgemeingültiger Modelle durchgeführt werden. Hier beschränkt sich der Beitrag der Verfahren auf die Bestimmung der Bewertungsaspekte; die Einstufung einer vorgefundenen Situation als gut oder schlecht muß vor dem Hintergrund der konkreten Aufgabenstellung und Zielsetzung im Unternehmen erfolgen. Die Ergebnisse dieses Prozesses wiederum können in anschaulicher Weise dargestellt werden, so daß eine globale Einstufung der erreichten IS-Unterstützung möglich ist.

Generell ist zu sagen, daß für die Analyse des Informationseinsatzes geeignete Erhebungs- und Darstellungshilfen zur Verfügung stehen, so daß diese Aufgabe im Rahmen der SISP von der Verfahrensseite her als gut unterstützt anzusehen ist.

3.3 Analyse der Implementierung

3.3.1 Aufgabenstellung

Wie bereits aufgezeigt, müssen zur Beurteilung des bestehenden IS hinsichtlich seines Beitrags zu den Unternehmenszielen auch die Aspekte der **DV-technisch/organisatorischen Implementierung** untersucht werden, da sie wesentliche Determinanten für die Kosten darstellen.

Die grundsätzlichen Zusammenhänge zwischen Implementierungsaspekten und Kosten sind bereits erarbeitet worden und in Abb. 2.8 wiedergegeben. Zur Bewertung des existierenden IS müssen dementsprechend zunächst die Ausprägungen der einzelnen IS-Dimensionen betrachtet werden, die die Implementierung ausmachen, nämlich

- Hardware,
- Systemsoftware,
- Daten,
- Anwendungsoftware und
- Organisation.

Diese Ausprägungen sind anschließend hinsichtlich ihrer Konsequenzen für Entwicklung und Betrieb des IS zu beurteilen, wobei zum einen **aktuelle Leistungsmerkmale**, zum anderen aber auch **zukünftige Entwicklungsmöglichkeiten** zu beachten sind. Für hierbei erkannte Schwachstellen, die bis dahin auf einer rein DV-technischen Ebene formuliert sind, muß anschließend anhand der Kostenanalyse (s. Kap. 3.4) überprüft werden, inwieweit sie zu überhöhten IS-Kosten geführt haben bzw. zukünftig führen können.

Die nachfolgend beschriebene Erhebung orientiert sich an den Implementierungsdimensionen, wobei Hardware, Systemsoftware und Anwendungssoftware zusammen behandelt werden, da hier einerseits dimensionsübergreifende Merkmale zu betrachten sind und andererseits auch starke Beziehungen untereinander bestehen. Die einzelnen zu erhebenden Merkmale sind als **wesentliche Basisgrößen der Implementierung** zu verstehen, die dem Betrachtungsziel der SISP entsprechen, gravierende Schwachstellen oder Beschränkungen zukünftiger Entwicklungsmöglichkeiten seitens des bestehenden IS zu erkennen. Im konkreten Anwendungsfall sind die genannten Merkmale unter Umständen zu ergänzen, wenn spezifische Aspekte zu erfassen sind, die in dieser allgemeinen Darstellung nicht abgedeckt sind.

3.3.2 Vorgehensweise und Verfahren

3.3.2.1 Erhebung der Implementierung

a. Hardware, Systemsoftware, Anwendungssoftware

Für die drei IS-Dimensionen Hardware, Systemsoftware und Anwendungsoftware sind die eingesetzten Komponenten mit ihren wesentlichen Leistungsaspekten zu erfassen. Dies sind:

- Konfiguration,
- Auslastung/Erweiterbarkeit,
- Integrationsfähigkeit,
- Portabilität und
- Anwender-bezogene Leistungsmerkmale.

1. Konfiguration

Es ist die Konfiguration mit den Komponenten an Hardware, Systemsoftware und Anwendungssoftware zu beschreiben und die technische Integration zwischen den einzelnen Elementen aufzuzeigen. Bei der **Hardware** sind eingesetzte

- Rechner,
- Speicherperipherie (Platten, Bandstationen usw.),
- Ein-/Ausgabeperipherie (Terminals, Drucker, Plotter usw.) und
- Kommunikatonseinrichtungen (Terminal-Controller, Netzsteuerungsrechner, Netze usw.)

mit Anzahl, Bezeichnung und Standort zu erfassen. Dazu müssen die Verbindungen zwischen den einzelnen Komponenten aufgezeigt werden, also z.B. die Zuordnung von Platten zu einem Rechner.

Die so beschriebene **Hardware-Architektur** kann am übersichtlichsten in grafischer Form dargestellt werden. Die Abb. 3.8 zeigt ein einfaches Beispiel.

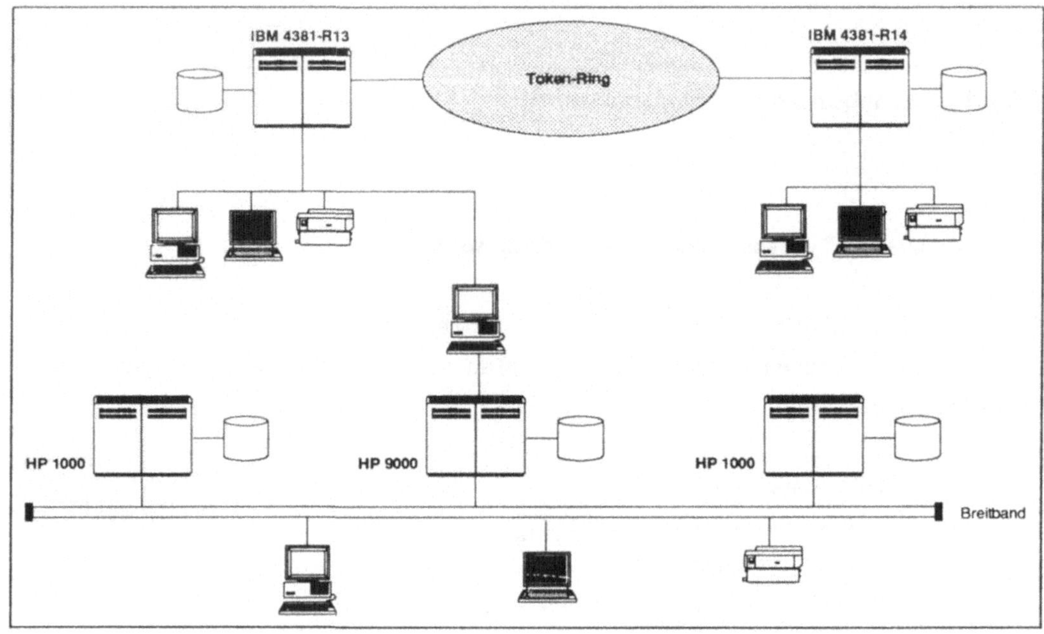

Abb. 3.8:   Hardware-Architektur

Bei der **Systemsoftware** sind eingesetzte

-       Betriebssysteme,
-       TP-Monitore,
-       Datenbanken,
-       Compiler,
-       Editoren,
-       Grafiksoftware,
-       Entwicklungstools,
-       Kommunikationssoftware und
-       weitere Tools (z.B. für Systemmanagement)

jeweils unter Bezug auf den zugrundeliegenden Rechner bzw. Rechnertyp bei mehreren gleichartig ausgestatteten Rechnern zu erfassen.

Bei der **Anwendungssoftware** müssen die in den einzelnen Funktionsgebieten eingesetzten Systeme mit

- Bezeichnung, evtl. Releasestand,
- Individual-/Standardsoftware,
- Ersteller und
- Erstellungsjahr (des eingesetzten Releases)

erhoben werden. Die Beschreibung muß auch die **Zuordnung zu den zugrundeliegenden Hardware- und Systemsoftwarekomponenten** aufzeigen. Abb. 3.9 zeigt das Anwendungsspektrum eines Rechners mit den jeweils verwendeten Komponenten.

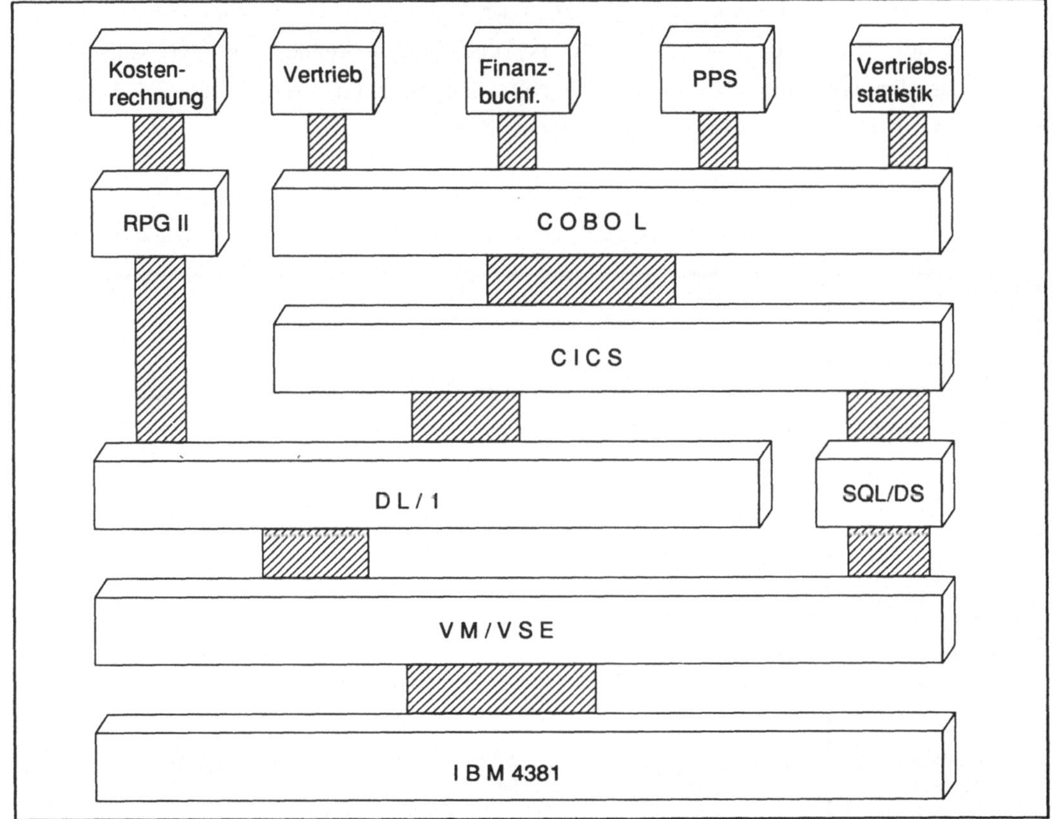

Abb. 3.9:   Anwendungsspektrum eines Rechners

2.   Auslastung/Erweiterbarkeit

Für die eingesetzte DV-technische Konfiguration muß die **Auslastung** durch das bestehende IS und die **Erweiterbarkeit** für zentrale Hardware- und Systemsoftwarekomponenten analysiert werden, bei denen Leistungsrestriktionen bestehen.

Für die **Auslastung** müssen statische Kapazitätsgrößen (z.B. Belegung einer Platte) und dynamische Leistungsgrößen (z.B. abgearbeitete Plattenzugriffe/ Sekunde) gemessen werden. Der festgestellte Wert ist zu einem Richtwert in Beziehung zu setzen (EDV-KENNZAHLEN, 1981, S. 71-72), der ein technischer Wert oder ein Erfahrungswert für die gegebene Konfiguration sein kann. Der gebildete Koeffizient kann als Kenngröße für die Auslastung verwendet werden.

Für die zukünftigen Gestaltungsmöglichkeiten bedeutender ist die **Erweiterbarkeit**. Für die oben genannten zentralen Ressourcen muß daher überprüft werden, inwieweit sie steigende Ansprüche an Kapazität und Leistung abdecken können. Für die Prüfung sind dabei die gleichen Kriterien zu verwenden wie zur Feststellung der Auslastung. Wichtig ist es, dabei zu erkennen, welche Konsequenzen eine Erweiterung für die anderen Komponenten hat. Tab. 3.4 zeigt beispielhaft für einen Rechner Ergebnisse der Analyse.

Kap.-/ Leistungs-merkmal \ Bewertung	Auslastung		Erweiterbarkeit
CPU-Leistung	- durchschnittliche Auslastung:	50%	- Prozessor mit doppelter Verarbeitungsleistung
	- realistischer Grenzwert:	70%	- keine Konsequenzen für andere Komponenten
	(%-Angaben bezogen auf Nennkapazität)		
Kanäle	- belegt:	3	- kein weiterer Ausbau möglich
	- vorhanden:	5	
Peripherie-anschlüsse	- belegt:	36	- Ausbau auf 128 möglich
	- vorhanden:	64	

Tab. 3.4:   Auslastung/Erweiterbarkeit eines Rechners

3. Integrationsfähigkeit

Der bereits erreichte Integrationsstand wird mit der zu seiner Realisierung verwendeten systemtechnischen Basis, also den eingesetzten Hardware- und Software-mäßigen Kommunikationseinrichtungen , bei der Analyse der Konfiguration (s. Punkt 1.) beschrieben. Zur Beurteilung der Weiterentwicklungsperspektiven des IS ist es darüberhinaus aber auch wichtig, die bisher noch nicht genutzten **Integrationsmöglichkeiten** der eingesetzten Hardware-, Systemsoftware- und Anwendungssoftwarekomponenten zu kennen.

Für die **Kopplung von Rechnern** ist deshalb zu prüfen, welche Protokolle von den beteiligten Systemen durch entsprechende Kommunikationskomponenten unterstützt werden und welcher Grad der Integration - z.B. Terminalemulation, File Transfer, Programm-zu-Programm-Verbindung (SCHEER, 1988a, S. 94) - für den Anwender mit diesen zu erreichen ist.

Daneben ist im Hardwarebereich auch die **Integration unterschiedlicher Peripheriegeräte** von Bedeutung, insbesondere wenn bei grafischen Anwendungen erzeugte Elemente auf unterschiedlichen Endgeräten (z.B. Terminal, Plotter) ausgegeben werden sollen. Hier muß untersucht werden, inwieweit die eingesetzten Anwendungssysteme (z.B. CAD) über entsprechend normierte Hardwareschnittstellen verfügen (SCHOLZ, B., 1988, S. 43-44), die die Einbindung unterschiedlicher Peripheriegeräte ermöglichen.

Die direkte **Kopplung von Systemsoftwarekomponenten** ist insbesondere im Datenbankbereich von Bedeutung. Hier ist zu prüfen, ob die eingesetzten Produkte über direkte, vordefinierte Schnittstellen zueinander verfügen oder über Integrationstools miteinander verbunden werden können.

Für die **Verbindung von Anwendungssystemen** sind herstellerübergreifend normierte Schnittstellen von großer Bedeutung. Diese existieren mit unterschiedlicher Einsatzbreite bisher zum einen für den Austausch Geometrie-orientierter Produktdaten zwischen den Anwendungsbereichen Konstruktion, NC-Programmierung und NC-Steuerung (SCHOLZ, B., 1988, S. 44-70; VENITZ, 1990, S. 97-105), zum anderen für den überbetrieblichen Datenaustausch im Rahmen der Auftragsabwicklung (VENITZ, 1990, S. 184-191), der Personalabrechnung (SCHEER, 1988b, S. 462) und des Zahlungsverkehrs.

Eine zweite wichtige Möglichkeit zur Integration von Anwendungssystemen sind sogenannte Standardsoftwarefamilien. Hier verfügen die einzelnen Komponenten zwar nicht über allgemein normierte Schnittstellen, sie sind jedoch seitens des Anbieters so aufeinander abgestimmt, daß zumindest alle Systeme dieser Familie integriert einsetzbar sind.

Diese beiden Aspekte - Bereitstellung herstellerunabhängiger Schnittstellen zu anderen Anwendungsbereichen und Einbettung in eine umfassende Softwarefamilie - müssen für die eingesetzten Anwendungssysteme überprüft werden.

4.   Portabilität

Portabilität bezeichnet "die Eigenschaft von Programmen, auf ein anderes Datenverarbeitungssystem übertragen werden zu können ..." (HEINRICH/ROITHMAYR, 1989, S. 483). Sie ist ein graduelles Merkmal und mißt den Umstellungsaufwand, der bei einer Veränderung der DV-technischen Basis entsteht. Maßgeblich für die Portabilität einer Software ist die Verwendung **standardisierter Schnittstellen** zu anderen Software- und Hardware-Komponenten. Denn dies ermöglicht ihren Einsatz in jeder anderen Umgebung, die die gleichen Schnittstellen bereitstellt.

Eine zweite Möglichkeit zur Erreichung dieses Ziels aus der Perspektive des Anwenders ist dann gegeben, wenn ein Hersteller eine **System- oder Anwendungssoftware auf unterschiedlicher DV-technischer Basis** anbietet. Diese Software muß damit zwar nicht von ihrer Struktur her im oben genannten Sinne portabel sein, für den Anwender ergibt sich jedoch der gleiche Effekt.

Diese beiden Aspekte - Verwendung standardisierter Schnittstellen und mehrfach verfügbare Software-Module - müssen für die eingesetzten Softwarekomponenten untersucht werden.

Im Rahmen der SISP steht dabei zunächst der **Systemsoftwarebereich** im Vordergrund, um die dort eingesetzten Tools daraufhin zu überprüfen, inwieweit sie eine für unterschiedliche Hardware-Entwicklungen offene Basis für zukünftige Anwendungssysteme bieten. Die Portabilität der existierenden Anwendungen ist im Rahmen der SISP nur dann von Interesse, wenn aus anderen Planungsüberlegungen heraus eine Veränderung der vorhandenen DV-technischen Basis zu entscheiden ist, und kann dann in späteren Planungsphasen gezielt untersucht werden.

Tab. 3.5 zeigt beispielhaft für einige Systemsoftwareelemente Ergebnisse der Portabilitätsanalyse

Software-element \ Merkmal	standardisierte Schnittstellen	individuelle Schnittstellen	Verfügbarkeit
COBOL-Compiler	ANSI-Standard 1985	herstellerspezifische Erweiterungen	ANSI-Standard auf allen gängigen kommerziellen Rechnern
4. Generations-sprache	./.	herstellerspezifische Schnittstelle	auf allen Rechnern dieses Herstellers
Datenbank	SQL (Structured Query Language)	direkt aus COBOL-Anwendungs-programmen	SQL-Standard ist mit herstellerspezi-fischen Erweiterungen bei vielen relationalen Datenbanken verfüg-bar

Tab. 3.5:   Portabilität von Systemsoftwareelementen

5.   Anwender-bezogene Leistungsmerkmale

Die Anwender-bezogenen Kenngrößen

- Verfügbarkeit,
- Ausfallsicherheit und
- Antwortzeitverhalten

werden zunächst insgesamt je Rechneranlage ermittelt. Dies entspricht der
Perspektive des Anwenders, für den die einzelnen bestimmenden Komponenten
auch nicht transparent sind. Nur wenn sich bei der globalen Messung Probleme
zeigen, kann das Zustandekommen eines Wertes anhand der Einzelfaktoren analysiert werden. Für die Erhebung können folgende Definitionen verwendet werden:

- **Verfügbarkeit** (EDV-KENNZAHLEN, 1981, S. 64-67)

$$\text{Verfügbarkeit (in \%)} = \frac{\text{effektive Verfügbarkeitszeit/Periode (in Std.)}}{\text{geplante Verfügbarkeitszeit/Periode (in Std.)}} \times 100$$

Unter Verfügbarkeitszeit wird dabei die Zeit verstanden, in der die Rechneranlage inklusive der zugeordneten Speicherperipherie für den **Anwender** zur Bearbeitung seiner Aufgaben zugänglich ist. Die Kenngröße ist damit insbesondere für den online-Betrieb von Bedeutung.

- **Ausfallsicherheit** (EDV-KENNZAHLEN, 1981, S. 67-69)

Die Ausfallsicherheit soll über

- Anzahl/Gesamtdauer aller Ausfälle,
- minimale/maximale/durchschnittliche Dauer eines Ausfalls

gemessen werden. Sie korrespondiert damit stark mit der Verfügbarkeit, indem
sie die Differenz zwischen geplanter und effektiver Verfügbarkeitszeit weiter
aufschlüsselt.

Die Ausfallsicherheit muß als ergänzende Größe zur Verfügbarkeit besonders
bei Anwendungen erhoben werden, deren Ausfall über einen bestimmten Zeitraum
hinaus zu schwerwiegenden betrieblichen Konsequenzen führen kann, also z.B.
bei Anwendungen mit Prozeßsteuerungsfunktionen. Neben der rein zeitlichen Dimension müssen dann auch die wirtschaftlichen Folgen im Benutzerbereich erfaßt werden.

- **Antwortzeitverhalten**

Die Antwortzeit ist die "Zeitdauer zwischen dem Absenden des letzten Zeichens
einer Nachricht zu einem System und der Ankunft des ersten Zeichens der Be-

antwortung" (KONVICKA, 1987, S. 16). Sie ist damit eine wichtige Kenngröße für den online-Betrieb, da sie mißt, ob der Benutzer in einer seiner eigenen Verarbeitungsweise angemessenen Geschwindigkeit unterstützt wird.

Um zu aussagefähigen Daten zu kommen, muß aber das Antwortzeitverhalten gemessen werden, d.h. die Verteilung der durchschnittlichen Antwortzeiten über eine Zeitperiode hinweg. Denn hier treten in der Regel bestimmte Verläufe mit Spitzen und Tälern auf, die aus einer einzigen Durchschnittszahl nicht mehr zu erkennen sind, für den Benutzer jedoch durchaus von Bedeutung sind. Abb. 3.10 zeigt einen typischen Kurvenverlauf für einen Tag.

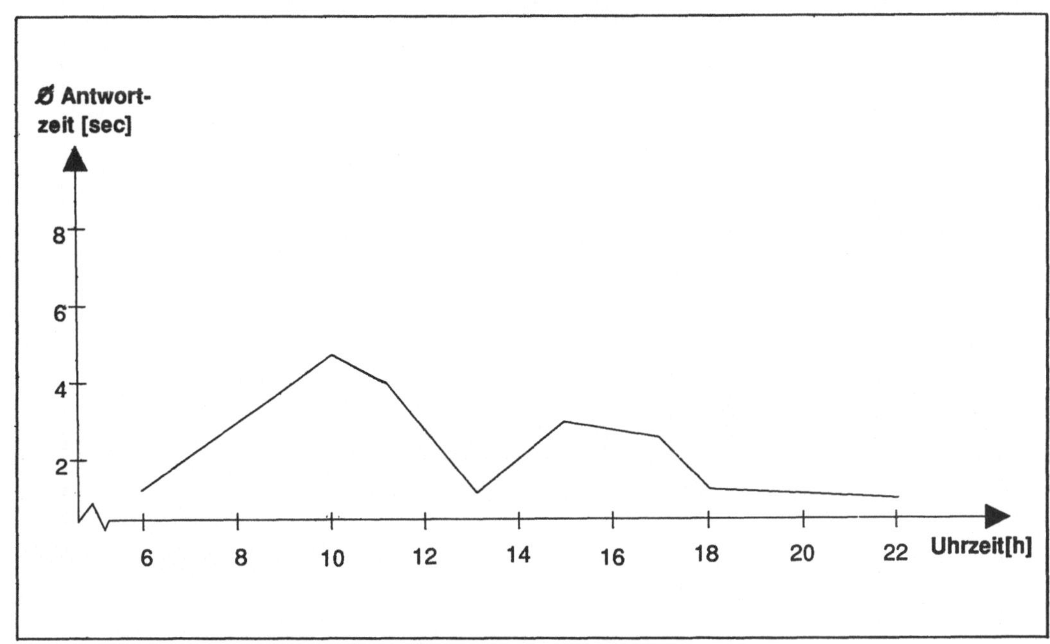

Abb. 3.10: Antwortzeitverhalten im Tagesablauf

Für alle Kennzahlen - Verfügbarkeit, Ausfallsicherheit und Antwortzeit-verhalten - ist die **effektive Situation des Benutzers** zu beurteilen. Daraus können sich Probleme für eine Zeitmessung am Rechner selbst ergeben, wenn aufgrund von Einflüssen durch Kommunikationseinrichtungen (z.B. Ausfall, Übertragungsverzögerungen) die Werte des Rechners und die tatsächlichen Werte für den Benutzer unterschiedlich sind.

b.   Datenbasis

Eine wichtige Größe zur Beurteilung der Leistungsfähigkeit des vorhandenen IS und auch der Ausgangssituation für seine Weiterentwicklung ist die **Datenbasis**, die das Fundament für die darauf aufbauenden Anwendungssysteme darstellt. Tab. 3.6 zeigt beispielhaft Ergebnisse einer Datenanalyse.

Merkmal / Rechner	Datenverwaltungssystem	Datenbestand	Dateninhalte	Zugreifende Anwendungssysteme (L=Lesen, S=Schreiben)
Unternehmensrechner	Netzwerkorientiertes Datenbanksystem	Kunden	- Anschriftsdaten - Konditionen - Statistikdaten	- Auftragsbearbeitung (S) - Finanzbuchführung (L) - Marketinginformationssystem (L)
		Lieferanten (alle)	- Anschriftsdaten - Konditionen - Plan-Umsätze - Einkaufsbewertung	- Einkauf (S) - Finanzbuchführung (L) - Lager (L)
		⋮	⋮	⋮
	Dateiverwaltungssystem	Lieferanten (nur Rohstofflieferanten)	- Anschriftsdaten - Konditionen - lieferbare Qualitäten	- Rohstoffeinkauf (S)
		⋮	⋮	⋮
Werksrechner	Relationales Datenbanksystem	Kunden	- Anschriftsdaten - Liefervorschriften - Qualitätshinweise	- Produktionsplanung (S) - Versand (L) - Qualitätssicherung (S)
		⋮	⋮	⋮

Tab. 3.6:   Ergebnisse der Datenanalyse

Zur **Datenanalyse** im Rahmen der SISP ist es notwendig, die wesentlichen EDV-gestützten Datenbestände mit

- groben Dateninhalten,
- zugreifenden Anwendungssystemen,
- zugrundeliegendem Datenverwaltungssystem und
- zugeordnetem Rechner

zu beschreiben. Eine grobe Analyse der Dateninhalte ist notwendig, um zu erkennen, wenn in identisch bezeichneten Datenbeständen inhaltlich unterschiedliche Daten abgelegt sind oder umgekehrt inhaltlich gleiche Daten in unterschiedlich bezeichneten Datenbeständen.

Zur Hervorhebung besonders interessierender Aspekte können die Ergebnisse der Datenanalyse auch in Matrizen dargestellt werden, die jeweils die Beziehung zwischen zwei Bereichen abbilden. Fragen können hier sein:

- Welche Datenbestände werden von welchen Anwendungssystemen genutzt?
  -> Datenbestand/Anwendungssystem-Matrix
- Welche Dateninhalte sind in welchen Datenbeständen abgelegt?
  -> Dateninhalt/Datenbestand-Matrix

Mit dieser Beschreibung wird die bestehende Datenbasis ganz grob charakterisiert, um insbesondere **Redundanzen** und ihre möglichen Ursachen zu analysieren.

c.   Organisation

Neben den bisher behandelten DV-technischen Dimensionen der IS ist die Organisation, d.h. die personelle Basis und die Regeln für ihre Arbeitsweise, der zweite wichtige Bereich für seine Leistungsfähigkeit und Weiterentwicklungschancen. Diese wird im folgenden getrennt für intern im Unternehmen und extern durch Dritte durchgeführte Aufgaben analysiert.

1.   Interne Organisation

Unter interner Organisation sind nicht nur die Mitarbeiter des EDV-Bereichs
und ihre Tätigkeiten zu sehen, sondern ebenso Mitarbeiter aus den
Fachabteilungen, die Aufgaben im Zusammenhang mit dem IS übernehmen. Zur
Beurteilung der Qualität der organisatorischen Basis müssen deshalb zunächst
für alle mit Entwicklung und Betrieb des IS befaßten **Einheiten**

- Eingliederung in die Unternehmensorganisation und
- Aufgabenzuordnung

beschrieben werden. Der erste Aspekt kann anhand des Unternehmensorganigramms
dargestellt werden, die zugeordneten groben Aufgabenbereiche müssen dazu ergänzt werden. Neben permanenten organisatorischen Einheiten müssen hier auch
temporär zusammentretende Gremien, wie z.B. EDV-Koordinationsausschüsse, berücksichtigt werden.

In einer zweiten Analysestufe müssen die einzelnen Einheiten jeweils näher in
bezug auf ihre **interne Struktur** betrachtet werden. Hier sind

- interne organisatorische Gliederung,
- Aufgabenzuordnung,
- Anzahl Mitarbeiter und
- Qualifikation der Mitarbeiter bezüglich
    -- Ausbildung und
    -- beruflicher Erfahrung

zu erfassen, wobei je nach Anzahl und Größe der zu betrachtenden Bereiche die
Analyse auf Abteilungs- oder Gruppenebene aufsetzen, oder aber - bei kleinen
und mittleren Unternehmen - bis zum einzelnen Mitarbeiter gehen kann. Tab.
3.7 (s. u.) zeigt beispielhaft für den zentralen EDV-Bereich eines solchen
mittleren Unternehmens Ergebnisse dieser **organisatorischen Analyse.**

Neben dieser Betrachtung der organisatorischen Strukturen und der personellen
Basis ist auch eine **Aufgaben-bezogene Analyse** nötig. Hierbei ist für die im
Zusammenhang mit dem IS zu erfüllenden Aufgaben zu untersuchen, von welchen
organisatorischen Einheiten sie in welchem Unfang bearbeitet werden. Dazu muß
auch die externe Unterstützung (s. Punkt 2.) berücksichtigt werden.

Merkmal organisat. Einheit	org. Eb. [1]	Anzahl Mitarbeiter	Qualifikation o Ausbildung o Stelleninhaber/Berufs- erfahrung (in Jahren)	Aufgabenbereiche
1. ORG/DV	HA			
- Leitung		1	o Dipl.-Kaufmann o 10 Jahre/25	o Leitung Hauptabteilung o IS-Entwicklungsplanung o Projektverfolgung
- Stab		1	o Dipl.-Kaufmann o 2 Jahre/12	o Koordination zu EDV- Abteilungen der Werke
1.1 Anwendungs- **entwicklung** - Leitung	A	1	o Dipl.-Informatiker o 4 Jahre/16	o Leitung Abteilung o Planung Entwicklungs- methodik /-tools

1.1.1 Standard-
software
	G	4	o Dipl.-Informatikerin
			o 1 Jahr/1
				o Benutzerbetreuung
				o Software-Anpassung/
				  - Erweiterung für die
				Bereiche
				  - Vertrieb
				  - Beschaffung
				  - Rechnungswesen
				  - Personal

			o Dipl.-Informatiker o 4 Jahre/10	
			o DV-Kaufmann o 3 Jahre/8	
			o Dipl.-Kaufmann o 5 Jahre/12	o Ablauforganisation o Systemeinführung

1.1.2 Individual-
systeme
	G	2	o Programmierer
			o 15 Jahre/20
				o vollständige Betreu-
				ung der Bereiche
				  - Rohstoffeinkauf
				  - Controlling

			o Dipl.-Informatiker o 6 Jahre/6	
1.2 Systembetrieb - Leitung	A	1	o Dipl.-Informatiker o 6 Jahre/14	o Leitung Abteilung o Planung systemnahe Software
1.2.1 System- **programm-** **mierung**	G	2	o Dipl.-Informatikerin o 3 Jahre/3	o Installation system- nahe Software o Pflege
			o Systemprogrammierer o 10 Jahre/18	
1.2.2 Rechen- **zentrum**	G	6	o 3 DV-Kaufleute o 2 Operator o 1 Bürokaufmann	o Arbeitsvorbereitung o Operating o Datensicherung

1) organisatorische Ebene - HA:Hauptabteilung, A:Abteilung, G:Gruppe

Tab. 3.7:   Organisatorische Analyse des EDV-Bereichs

Zur **Identifizierung der Aufgaben** können die Dimensionen des IS mit ihren einzelnen Komponenten und ein erweitertes Lebenszyklusmodell mit den Phasen Planung - Realisierung - Einsatz - Anpassung, überlagert von einer Koordinationsaufgabe, verwendet werden (s. Tab. 3.8)

IS-Dimension \ Lebenszyklusphase	Planung	Realisierung	Einsatz	Anpassung	Koordination
Hardware					
Systemsoftware					
Daten					
Anwendungssoftware					
Organisation					

Tab. 3.8:   Systematik zur Ableitung der IS-bezogenen Aufgaben

Für jedes Feld der Tabelle ist zu fragen, welche Aufgaben hier anfallen, und ihre Bearbeitung durch die verschiedenen organisatorischen Einheiten ist dann entsprechend zu charakterisieren. Die **Koordinationsaufgabe** ist dabei in zweifacher Hinsicht zu sehen: **vertikal** über die einzelnen IS-Dimensionen und ihre Komponenten und **horizontal** über mehrere eigenständige Einheiten im Unternehmen, z.B. mehrere Werke mit jeweils eigenem IS.

Ergänzend zu diesen strukturellen Analysen bezüglich organisatorischer Gliederung, Mitarbeiter und Aufgaben müssen zur Beurteilung der Qualität der organisatorischen Basis des IS noch entsprechende Informationen zur erbrachten **Leistung** erhoben werden. Diese beziehen sich darauf, inwieweit die aktuelle Bereitstellung einer anforderungsgerechten IS-Unterstützung durch entsprechende Anwendungssysteme erreicht wird. Die DV-technische Basis, die Grundlage der entsprechenden IS-Unterstützung ist und zu deren Bereitstellung die Organisation natürlich auch einen Beitrag leistet, ist bereits oben bei den Anwender-bezogenen Leistungsmerkmalen behandelt worden, so daß hier nur die direkte Unterstützung beim Informationseinsatz relevant ist.

Orientiert an den **Phasen im Lebenszyklus einer Anwendung** kann die Leistung an folgenden Größen gemessen werden:

- Realisierungsphase
    -- realisierte Projekte mit Anwendernutzen
    -- Termineinhaltung bei Realisierung
    -- Dauer von Nachbesserungen nach Systemeinführung
    -- anstehende Vorhaben, Beantragungszeitpunkt

- Einsatzphase
    -- schnelle und gute Auskunftsfähigkeit bei auftretenden Problemen

- Anpassungsphase
    -- erledigte Anpassungsanforderungen
    -- durchschnittliche Zeitdauer zwischen Beantragung und Erledigung
    -- offene Anpassungsanforderungen, mit Priorität.

Zum Teil können die Größen direkt aus entsprechenden Projektsteuerungsunterlagen abgeleitet werden, zum Teil sind sie über Befragung zu erheben.

2. Externe Unterstützung

Zur Beurteilung der externen Unterstützung sind für die außerhalb des Unternehmens durchgeführten **Funktionen**, die mit den einzelnen IS-Komponenten in Verbindung stehen, jeweils

- externe Partner,
- Art und Umfang der Unterstützung und
- Sicherheit der Unterstützung in der Zukunft

zu erheben. Damit ist neben der Beurteilung der aktuellen Situation auch die Erkennung von Risiken für die Weiterentwicklung des IS möglich. Solche Risiken sind insbesondere abhängig von der wirtschaftlichen Kraft des Partners, seiner Geschäftsstrategie sowie anderen potentiellen Partnern.

Tab. 3.9 zeigt zusammenfassend alle zu erhebenden **Merkmale der DV-technisch/ organisatorischen Implementierung des IS.** Die Erhebungseinheit bezeichnet die Gegenstände, für die die Merkmale jeweils gemessen werden müssen.

Implemen- tierungsaspekt	Erhebungs- einheit	Implementierungsmerkmal
Konfiguration	Gesamtkonfiguration mit allen Komponenten	o Hardware-Komponenten o Systemsoftware-Komponenten o Anwendungssoftware-Komponenten
Auslastung/ Erweiterbarkeit	Zentrale Hardware-/ Systemsoftwarekomponente	o effektive Kapazitäts-/Leistungswerte o Richtgrößen für Kapazität/Leistung o Erweiterungsmöglichkeiten
Integrations-fähigkeit	Hardware-, System-software-, Anwendungs-softwarekomponente	o unterstützte Kommunikationsprotokolle o standardisierte Schnittstellen o Standardsoftwarefamilie
Portabilität	Systemsoftwarekomponente	o standardisierte Schnittstellen o Verfügbarkeit auf verschiedenen Rechnern
Anwender-bezogene Leistungs-merkmale	Rechneranlage, evtl. differenziert nach Rechnerzugang	o Verfügbarkeit o Ausfallsicherheit o Antwortzeitverhalten
Datenbasis	EDV-gestützter Datenbestand	o Dateninhalte o zugreifende Anwendungssysteme o Datenverwaltungssystem o zugeordneter Rechner
Interne Organisation	mit IS befaßte organisatorische Einheit	o organisatorische Struktur
	IS-bezogene Aufgabe	o Aufgabenzuordnung
	mit Anwendungsent-wicklung befaßte orga-nisatorische Einheit	o Leistung
Externe Unterstützung	extern durchgeführte Funktion	o externer Partner o Art/Umfang der Unterstützung o Sicherheit der Unterstützung in der Zukunft

Tab. 3.9:   Zu erhebende Implementierungsmerkmale

3.3.2.2 Bewertung der Implementierung

Die Bewertung der erhobenen Informationen hat das **Ziel**, die aus der gegebenen Implementierung resultierenden Konsequenzen für Betrieb und Weiterentwicklung des IS aufzuzeigen. Sie muß dabei insbesondere

- Handlungsbedarfe aufgrund gravierender vorhandener Schwachstellen und
- Beschränkungen für zukünftige Entwicklungen

herausarbeiten, die Einfluß auf die im Rahmen der SISP zu treffenden Entscheidungen haben. Diese Betrachtung, die zunächst auf der DV-technisch/organisatorischen Ebene erfolgt, muß anschließend durch eine Analyse der entsprechenden Kosten (s. Kap. 3.4) ergänzt werden.

Der erste Aspekt, die Erkennung **vorhandener Schwachstellen**, zielt darauf, anhand von Implementierungsmerkmalen Erklärungen für mangelnde Unterstützung des Informationseinsatzes und auch Hinweise auf mögliche negative Auswirkungen bei den Kosten zu erhalten. Hier sind solche Aspekte zu identifizieren, die Indikatoren für Leistungsmängel und suboptimale Kosten sein können.

Der zweite Aspekt, die Erkennung von **Beschränkungen für zukünftige Entwicklungen**, ist weniger an den aktuellen Leistungen und Kosten orientiert. Hier geht es vielmehr darum, Situationen zu erkennen, die Hindernisse für die Erreichung künftiger IS-Ziele sein können und dann dabei zu erhöhten Kosten führen. Hier sind solche Implementierungsmerkmale zu identfzieren, die Indikatoren für eine begrenzte Flexibilität in der IS-Gestaltung sein können.

Zur konkreten Analyse der Implementierung müssen nun die **Bewertungsaspekte** aufgezeigt werden, die zu den Indikatoren für Schwachstellen oder Beschränkungen führen. Sie sind nachfolgend beschrieben, wobei sich die Reihenfolge der Beschreibung an der Gliederung der zu erhebenden Implementierungsmerkmale (s. Tab. 3.9) orientiert.

Zum **Bewertungsmaßstab** für die Beurteilung der Implementierung gilt, daß erkannte DV-technisch/organisatorische Schwachstellen immer durch eine parallele Kostenbetrachtung überprüft werden müssen. Es ist also zu fragen, ob eine andere Art der Implementierung eine günstigere Realisierung der angestrebten IS-Unterstützung ermöglicht. Erst auf der Kostenebene nämlich sind begründete Urteile über eine Weiterentwicklung der Implementierung möglich, die zu einem optimalen Beitrag des IS zu den Unternehmenszielen führt.

Die Abschätzung der zukünftigen Kostenkonsequenzen von Implementierungsmerkmalen zur **Identifizierung vorhandener Schwachstellen** ist mit Unsicherheit behaftet und wird vielfach nur eine grobe Annäherung sein können. Dennoch muß sie erfolgen, um zu einer Basis für Entscheidungen zu gelangen, die nicht allein aufgrund DV-technisch/organisatorischer Aspekte getroffen werden können.

Für **Beschränkungen zukünftiger Gestaltungsmöglichkeiten** können die Kostenwirkungen noch schwieriger abgeschätzt werden, da die Konsequenzen aus mangelnder Flexibilität der Implementierung von der tatsächlichen IS-Weiterentwicklung abhängt, über die erst im Rahmen der Zielformulierung nachgedacht wird. Dies bedeutet, daß solche Beschränkungen hier zunächst ohne Bewertung als Information an die anschließenden SISP-Phasen weitergegeben werden, in denen dann eine Beurteilung vorgenommen werden muß.

a. Hardware, Systemsoftware, Anwendungssoftware

1. Konfiguration

Die Beschreibung der Konfiguration beinhaltet eine Darstellung der eingesetzten Hardware-, Systemsoftware- und Anwendungssoftwarekomponenten mit den zwischen ihnen bestehenden Verbindungen. Spezielle Leistungsmerkmale, z.B. Antwortzeitverhalten oder Auslastung, werden als eigenständige Implementierungsaspekte beschrieben und sind auch dort zu bewerten. Die Bewertung der Konfiguration und der erreichten Integration bezieht sich also nur auf die Art der eingesetzten Elemente und ihre Verbindung untereinander. Folgende Aspekte sind dabei zu betrachten:

- **Homogenität**

Werden homogene Hardware- und Systemsoftwarekomponenten innerhalb der gesamten Konfiguration oder zumindest in Bereichen mit gleichem Aufgabenspektrum eingesetzt?

Inhomogene Strukturen, wenn sie nicht durch unterschiedliche Leistungsanforderungen erzwungen werden, können wegen des daraus resultierenden erhöhten Know-how- und damit Personalbedarfs sowie möglicher Integrationsprobleme als Indikator für nicht-optimale Kosten angesehen werden.

- **Durchgängigkeit**

Inwieweit unterstützt die bestehende Hardware- und Systemsoftware-Architektur den Zugriff vom einzelnen Arbeitsplatz aus auf alle eingesetzten Rechner bzw. sind zumindest die aktuellen und absehbaren Zugriffsanforderungen erfüllt?

Mängel in der Durchgängigkeit bedeuten entweder, daß erhöhter Aufwand bei Netzen und Endgeräten für den Rechnerzugang nötig ist, z.B. in Form von parallel verlegten Terminalnetzen zweier unterschiedlicher Recher, oder daß dem Benutzer bestimmte gewünschte Anwendungen nicht zur Verfügung stehen.

- **Vollständigkeit**

Werden alle Aufgaben im Zusammenhang mit Systemmanagement, Datenverwaltung und Anwendungsentwicklung in sinnvollem Umfang durch entsprechende Systemsoftwaretools unterstützt?

Lücken in der EDV-Unterstützung können auf erhöhte Kosten wegen verringerter Produktivität bei den betreffenden Aufgaben hindeuten.

- **Technologischer Stand**

Inwieweit entsprechen alle eingesetzten Komponenten dem aktuellen technologischen Stand?

Veraltete Technologien bedeuten geringere Leistungsfähigkeit gegenüber den aktuellen und können damit Hinweise auf erhöhte Kosten bei den betroffenen Aufgaben geben.

2. Auslastung/Erweiterbarkeit

Zur Bewertung von Auslastung und Erweiterbarkeit sind zwei Aspekte von Belang:

-   Leerkapazitäten

Gibt es Komponenten innerhalb der Konfiguration, primär Hardwarekomponenten, deren Auslastung so gering ist, daß sie durch kleinere ersetzt werden könnten oder die Last von anderen mitübernommen werden könnte?

In die Beantwortung dieser Frage ist die absehbare Entwicklung der Auslastung miteinzubeziehen. Festgestellte Leerkapazitäten sind Hinweise auf möglicherweise überhöhte Kosten.

-   Engpässe

Gibt es Hardware- oder Systemsoftwarekomponenten, deren aktuelle oder zukünftige Beanspruchung die Leistungsfähigkeit der gegebenen Konfiguration übersteigt und bei denen kein weiterer Ausbau möglich ist oder nur unter erheblichen Konsequenzen für die übrigen Komponenten?

Solche Engpässe stellen Beschränkungen für die Weiterentwicklungsmöglichkeiten des IS dar.

3.   Integrationsfähigkeit

Zur Bewertung der Integrationsfähigkeit im Hinblick auf die weitere Entwicklung des IS muß folgender Aspekt beurteilt werden:

-   Einbindung neuer IS-Komponenten

Inwieweit bieten die eingesetzten Hardware-, Systemsoftware- und Anwendungssoftwarekomponenten die Voraussetzungen, neue Komponenten zu integrieren?

Sind diese Voraussetzungen nur in geringem Maß gegeben, können daraus Hindernisse für die Weiterentwicklung des IS folgen. Entweder entstehen sehr hohe Aufwendungen für individuelle Integrationslösungen, wenn die Systeme hierzu keine Standardmöglichkeiten bieten, oder eine den Anforderungen entsprechende Integration ist überhaupt nicht realisierbar.

4. Portabilität

Zur Bestimmung der möglichen Portabilität bei neuen Anwendungssystemen ist folgender Aspekt zu bewerten:

- **Bindung an DV-technische Basis**

Inwieweit bieten die eingesetzten Systemsoftware-Komponenten die Möglichkeit für Erstellung und Einsatz von Anwendungssystemen, die auch auf einer anderen DV-technischen Basis ablauffähig sind?

Erlauben die vorhandenen Systemsoftwarekomponenten nur eine geringe Portabilität, ist dies ein Hinweis auf mögliche Beschränkungen der Weiterentwicklung des IS durch eine starke Bindung an die bestehende DV-technische Basis. Diese Bindung entsteht daraus, daß die sehr kurzen Zyklen DV-technischer Änderungen keine zwischenzeitliche Amortisation größerer Softwareinvestitionen zulassen, andererseits aber die notwendige Weiternutzung nicht portabler Software auf einer veränderten DV-technischen Basis zu hohen Übertragungskosten führen würde (MERKEL, 1987, S. 41-42).

5. Anwender-bezogene Leistungsmerkmale

Zur Bewertung der Anwender-bezogenen Leistungsmerkmale des IS ist folgender Aspekt zu bewerten:

- **Anforderungsgerechte Unterstützung**

Bietet die eingesetzte Konfiguration eine Leistung für den Anwender, die seinen aus der Aufgabenstellung erwachsenden Anforderungen gerecht wird?

Ungenügende Verfügbarkeit und Ausfallsicherheit führt durch Ausfälle und fehlende IS-Unterstützung zu negativen Kostenkonsequenzen für den EDV-Bereich und insbesondere für die Fachabteilungen. Diese werden auch durch schlechtes Antwortzeitverhalten in ihrer Tätigkeit behindert. Grenzwerte hierfür können aus entsprechenden Untersuchungen entnommen werden (HASLINGER, 1987, S. 10; NONHOFF, 1989, S. 35 und die dort angegebene Literatur), müssen jedoch nach Anwendungsbereichen differenziert werden.

b.   Datenbasis

Die Bewertung der in der Datenanalyse erhobenen Informationen zur Datenbasis kann anhand eines zentralen Aspektes erfolgen:

-    **Redundanzarmut**

Inwieweit ist Redundanzarmut erreicht, d.h. sind vorhandene Daten im Regelfall nur einmal gespeichert und für alle Systeme verfügbar, die sie benötigen?

Gravierende Verletzungen der Redundanzarmut und vor allem auch systemmäßig nicht kontrollierte Redundanz, d.h. unabhängige Verwaltung identischer Daten in verschiedenen Datenbeständen, sind zum einen Hinweise auf negative Kostenwirkungen. Diese entstehen durch Mehrfacharbeit bei der Datenpflege, gravierender aber noch durch Fehlentscheidungen in betrieblichen Prozessen aufgrund inaktueller oder inkonsistenter Daten. Zum anderen deuten sie aber auch auf Restriktionen für die Weiterentwicklung des IS hin, die darin bestehen, daß keine geschlossene und konsistente Datenbasis vorhanden ist, auf der neue Systeme aufsetzen können.

Die Beschränkung der Bewertung auf den Aspekt der Redundanzarmut ist deshalb möglich, weil sich in diesbezüglichen Mängeln auch viele andere Schwachstellen ausdrücken, z.B. fehlende Anwendungsunabhängigkeit, mangelnde Flexibilität der Datenstrukturen oder Heterogenität und ungenügende Durchgängigkeit der eingesetzten Datenverwaltungssysteme.

c.   Organisation

1.   Interne Organisation

Die Bewertung der internen organisatorischen Basis muß deren Struktur- und Leistungsdimension erfassen, wobei im einzelnen folgende Aspekte zu beachten sind:

- **Lücken/Redundanzen**

Existieren unter Einbeziehung der externen Unterstützung Lücken oder Redundanzen in der Abdeckung der einzelnen IS-Aufgabenbereiche?

Lücken, d.h. nicht abgedeckte Aufgaben, sind Hinweise auf Leistungsmängel bzw. auch nicht-optimale Entscheidungsgrundlagen mit möglicherweise daraus resultierenden negativen Auswirkungen auf die Kosten. Sie sind insbesondere in den Bereichen zu erwarten, die für den täglichen Betrieb des IS nicht unbedingt erforderlich sind, z.B. konzeptionell orientierte Planungs- und Koordinationsaufgaben.

Redundanzen, d.h. im Unternehmen mehrfach durchgeführte Aufgaben, sind ebenfalls Indikatoren für überhöhte Kosten. Sie können z.B. entstehen aus unzureichender horizontaler Koordination.

- **Entscheidungsprozesse**

Sind die wesentlichen Entscheidungsprozesse (HILL/FEHLBAUM/ULRICH, 1981, S. 510-512) im Zusammenhang mit Betrieb und Weiterentwicklung des IS problemadäquat geregelt? Hierunter fallen Aspekte wie

- Beteiligung aller betroffenen Stellen gemäß ihrer Kompetenz,
- Sicherstellung der erforderlichen Koordination mit anderen Entscheidungsbereichen und
- hierarchische Einordnung der Entscheidungsträger gemäß Tragweite der Entscheidungen.

Organisatorische Regelungen, die der Art des Entscheidungsproblems nicht gerecht werden, deuten auf suboptimale Entscheidungen hin und sind damit zugleich Indikatoren für negative Kostenwirkungen und Beschränkungen der weiteren IS-Entwicklung.

- **Leistungsfähigkeit**

Wie gut ist die strukturelle Leistungsfähigkeit der organisatorischen Basis für die Weiterentwicklung des IS? Hierunter fallen Aspekte wie

- der Aufgabenstellung entsprechende Anzahl von Mitarbeitern in den organisatorischen Einheiten,
- angemessene Qualifikation und Erfahrung der Mitarbeiter und
- beanspruchte Mitarbeiterkapazität für Betrieb und Wartung des bestehenden IS (GRIESE u.a., 1987, S. 529-535).

Diese Beurteilungen geben wichtige Hinweise auf eventuell bestehende Beschränkungen für die Weiterentwicklung des IS seitens der organisatorischen Basis.

- Benutzerbezogene Leistung

Wie gut werden die Anforderungen des Benutzers in bezug auf die IS-Unterstützung befriedigt?

Ungenügende Leistungen drücken sich im Bestehen eines Anwendungsstaus aus, der Hinweis auf entstehende Kosten bzw. entgangenen Nutzen in den Anwenderbereichen infolge der verzögerten Bereitstellung von IS-Unterstützung sein kann.

2. Externe Unterstützung

Für die Bewertung der externen Unterstützung sind folgende Aspekte relevant:

- Umfang/Qualität

Sind durch die externe Unterstützung die vorhandenen Aufgaben abgedeckt oder bestehen Lücken zwischen intern und extern bearbeiteten Bereichen? Ist die Qualität der Unterstützung zufriedenstellend?

Zur Beantwortung dieser Fragen müssen auch die Ergebnisse der Organisationsanalyse miteinbezogen werden. Mängel in Umfang oder Qualität der externen Unterstützung deuten auf Risiken hin. Denn hier können Störungen für Entwicklung und Betrieb des IS entstehen, die zu negativen Kostenwirkungen für EDV-Bereich und Fachabteilungen führen können.

- Sicherheit

Ist die notwendige externe Unterstützung abgesichert für die Zukunft?

Unsicherheit bezüglich der zukünftigen Verfügbarkeit der benötigten externen Unterstützung weist auf mögliche Beschränkungen für die Weiterentwicklung des IS, wenn z.B. davon betroffene IS-Komponenten abgelöst werden müssen.

Die nachfolgende Tab. 3.10 zeigt in Ergänzung zu Tab. 3.9 die einzelnen zu erhebenden Implementierungsmerkmale mit den zugehörigen Bewertungsaspekten im Überblick.

3.3.3 Bewertung der Verfahrensunterstützung

Für die zur Analyse der Implementierung durchzuführenden Aufgaben ist die Verfahrensunterstützung für die einzelnen Teilschritte zu beurteilen. Die **Erhebung** der wesentlichen Implementierungsaspekte kann als fundiert angesehen werden durch die oben dargestellte Strukturierung des Gesamtzusammenhangs in die einzelnen IS-Dimensionen und die Nennung der zentralen Struktur- und Leistungsmerkmale je Dimension. Alle Merkmale sind zudem in operationaler Form angegeben, so daß die Erhebung kein methodisches Problem darstellt.

Differenziert ist die Verfahrensunterstützung für die **Bewertung** der bestehenden Implementierung zu beurteilen, wo Aspekte und Maßstab der Bewertung zu definieren sind. Die einzelnen **Aspekte**, die als Indikatoren für vorhandene Schwachstellen oder Beschränkungen zukünftiger Möglichkeiten verwendet werden können, sind aus den Leistungsanforderungen ableitbar, die aus der angestrebten IS-Unterstützung und -Flexibilität resultieren. In Tab. 3.9 sind zentrale Aspekte für die verschiedenen IS-Dimensionen zusammengestellt, wobei diese in einer konkreten Beurteilungssituation unter Umständen um besondere Gesichtspunkte ergänzt werden müssen. Dieser Aufgabenbereich kann somit durch die erarbeitete Systematik als relativ gut unterstützt angesehen werden.

Implemen- tierungsaspekt	Implementierungsmerkmal	Bewertungsaspekt
Konfiguration	o Hardware-Komponenten o Systemsoftware-Komponenten o Anwendungssoftware-Komponenten	o Homogenität o Durchgängigkeit o Vollständigkeit o technolog. Stand
Auslastung/ Erweiterbarkeit	o effektive Kapazitäts-/Leistungswerte o Richtgrößen für Kapazität/Leistung o Erweiterungsmöglichkeiten	o Leerkapazitäten o Engpässe
Integrations- fähigkeit	o unterstützte Kommunikationsprotokolle o standardisierte Schnittstellen o Standardsoftwarefamilie	o Einbindung neuer IS-Komponenten
Portabilität	o standardisierte Schnittstellen o Verfügbarkeit auf verschiedenen Rechnern	o Bindung an DV- technische Basis
Anwender- bezogene Leistungs- merkmale	o Verfügbarkeit o Ausfallsicherheit o Antwortzeitverhalten	o Anforderungs- gerechte Unterstützung
Datenbasis	o Dateninhalte o zugreifende Anwendungssysteme o Datenverwaltungssystem o zugeordneter Rechner	o Redundanzarmut
Interne Organisation	o organisatorische Struktur o Aufgabenzuordnung o Leistung	o Lücken/Redundanzen o Entscheidungs- prozesse o Leistungsfähigkeit o Benutzerbezogene Leistung
Externe Unterstützung	o externer Partner o Art/Umfang der Unterstützung o Sicherheit der Unterstützung in der Zukunft	o Umfang/Qualität o Sicherheit

Tab. 3.10: Zu erhebende Implementierungsmerkmale und Bewertungsaspekte

Schwieriger ist die Festlegung des konkreten **Maßstabes** für die Bewertung. Ziel der Gestaltung der Implementierung ist es, die aus der angestrebten Funktionalität des IS resultierenden DV-technisch/organisatorischen Leistungsanforderungen möglichst kostengünstig zu realisieren (s. Abb. 2.9).

Eine Schwachstelle in diesem Zusammenhang ist also dann gegeben, wenn eine günstigere Implementierung als die vorhandene für die verlangte Leistung möglich wäre, wobei hier nur zukünftige Kosten entscheidungsrelevant sind.

Dieser Bewertungsmaßstab, die Bestimmung der kostenoptimalen Realisierung der geforderten Leistung, ist nicht unproblematisch in der praktischen Anwendung. Zum einen ist hier die Unsicherheit zu sehen, die bezüglich der weiteren IS-Entwicklung gegeben ist, die wiederum einen wichtigen Einfluß auf die tatsächlich entstehenden Kosten hat. Zum anderen sind die Beziehungen zwischen Implementierungsmerkmalen und daraus entstehenden Kosten nur sehr wenig transparent. Für den Bereich der Software-Kosten existieren auf einer qualitativen Ebene einzelne Aussagen (z.B. KURBEL, 1983, S. 88-144) und werden auch Ansätze zu einer Quantifizierung gemacht (z.B. GRIESE u.a., 1987, S. 516-520; BOEHM, 1981, insbesondere S. 371-466). Diese Beziehungen sind jedoch bestimmt von einer Fülle von Einflußfaktoren, so daß es sehr schwierig ist, zu präzisen Ergebnissen zu kommen, die auch auf andere Situationen als die in der Untersuchung gegebene übertragbar sind. Insgesamt ist deshalb die Unterstützung durch allgemeine Verfahren und Festlegungen für die Bestimmung des Bewertungsmaßstabes schwierig, so daß das planende Unternehmen weitgehend auf eigene Abschätzungen angewiesen ist, die auch die individuelle Kostensituation berücksichtigen müssen.

3.4   Analyse der Kosten

3.4.1 Aufgabenstellung

Als dritter Bereich nach Informationseinsatz und DV-technisch/organisatorischer Implementierung müssen zur Beurteilung des bestehenden IS auch die entsprechenden **Kosten** betrachtet werden. Sie sind unmittelbarer Ausdruck der mit dem IS verbundenen negativen Beiträge zu den Unternehmenszielen. An ihnen müssen zum einen Hinweise auf Schwachstellen aus der Analyse der Implementierung überprüft werden, zum anderen aber auch die Effizienz der Leistungserstellung insgesamt.

3.4.2   Vorgehensweise und Verfahren

3.4.2.1   Erhebung der Kosten

Die **Gliederung der Kosten**, die mit Entwicklung und Einsatz eines IS verbunden sind, ist bereits in Kap. 2.2.3.1 erarbeitet worden und in den Tab. 2.1 und 2.2 in allgemeiner und inhaltlich spezifizierter Form dargestellt. Aus dieser Gliederung sind die zu erhebenden Informationen abzuleiten, wobei dafür zwei Aspekte zu berücksichtigen sind:

- Welche Informationen werden für die Zwecke der SISP in dieser Planungsphase benötigt?
- Wie tief gegliederte Kosteninformationen sind im Unternehmen mit vertretbarem Aufwand zu gewinnen?

Die zweite, eher pragmatisch ausgerichtete Überlegung ist für einige Kostenbereiche von Bedeutung, wie noch gezeigt wird. Die in Kap. 2.2.3.1 verwendeten Gliederungsmerkmale

- Art der verbrauchten Ressource,
- IS-Dimension und -Komponente und
- Lebenszyklusphase

und die dort bei den einzelnen Merkmalen gebildeten Kategorien werden im folgenden konkretisiert für die Kostenerhebung im Rahmen der SISP.

a.   Art der verbrauchten Ressource

Die an der verbrauchten Ressource orientierte Einteilung von Kostenarten kann wie beschrieben angewendet werden. Probleme für die Ermittlung entsprechender Informationen dürften sich dabei kaum ergeben, zumindest soweit es die im EDV-Bereich entstehenden Kosten betrifft. Die in den Fachabteilungen anfallenden Kosten sind dagegen schwerer zu erfassen. Denn hier stellen die IS-bezogenen Aufgaben häufig nur einen Teilbereich der Tätigkeiten eines

Mitarbeiters dar, so daß eine Abgrenzung der dafür eingesetzten Arbeitszeit notwendig ist, was in der Regel nicht erfolgt.

Ein Lösungsweg, der mit geringem Aufwand wenigstens zu einer Annäherung an diese Kosten führt, besteht darin, die **innerhalb des EDV-Bereichs** angefallenen Kosten für Entwicklung und Einführung eines Anwendungssystems mit einem bestimmten Prozentsatz zu multiplizieren und als Aufwand des Anwenders zu betrachten. Dies entbindet jedoch nicht davon, zur Ermittlung und Überprüfung dieses Faktors zumindest für einige Fälle Aufwandsmessungen durchzuführen.

Für die **Weiterverrechnung der Kostenarten** auf die IS-Dimensionen/-Komponenten und Lebenszyklusphasen stellt sich die Situation sehr unterschiedlich dar. Kosten, die durch die Inanspruchnahme von **externen Leistungen** von Dritten entstehen (z.B. Hardware-Beschaffungskosten), können im allgemeinen gut weiterverrechnet werden, da sie in Höhe (-> Rechnungsbetrag) und Verursachung (-> bezeichnete Leistung in der Rechnung) genau bekannt sind.

Beide Informationen sind für **interne Leistungen,** insbesondere Leistungen durch die eigenen Mitarbeiter, nicht ohne weiteres verfügbar. Um die entstehenden Personalkosten verursachungsgerecht weiterverrechnen zu können, muß entweder eine feste Zuordnung einer Person zu **einem** Kostenbereich, z.B. einem Anwendungssystem, gegeben sein, was häufig nicht der Fall ist, oder es ist eine entsprechend differenzierte Leistungsaufschreibung je Mitarbeiter notwendig.

b.   IS-Dimension und -Komponente

Die Gliederung nach den IS-Dimensionen muß präzisiert werden hinsichtlich der Komponenten, die innerhalb einer Dimension als Erhebungseinheit verwendet werden sollen.

-   DV-technische Basis

Im Bereich der DV-technischen Basis kann als Erhebungseinheit eine Anlage bzw. ein Typ identischer Anlagen, soweit sinnvoll differenziert nach Hardware und Systemsoftware, verwendet werden. Für bestimmte Kostenarten (z.B. Raumausstattung) kann es jedoch günstiger sein, die gesamte Konfiguration eines Rechenzentrums als Basis zu nehmen. Dies ist abhängig davon, für welche dieser unterschiedlichen Erhebungseinheiten sich aufgrund der organisatorischen und technischen Gegebenheiten die Kosten getrennt bestimmen lassen. Eine allgemeine Zuordnung ist somit nicht möglich; Tab. 3.11 (s.u.) zeigt von daher auch nur eine von mehreren möglichen Zuordnungen.

-   Anwendungs-Basis

Im Bereich der Anwendungs-Basis sind die Kosten je Anwendungssystem zu erheben. Für die Datenverwaltung können sie pauschal bestimmt werden, wenn es ein zentrales Datenmanagement gibt. Ist dies nicht der Fall und erfolgt die Datenverwaltung zusammen mit den einzelnen Anwendungssystemen, dürfte eine isolierte Feststellung der Datenverwaltungskosten ohnehin nicht möglich sein.

-   Informationseinsatz

Die im Zusammenhang mit dem Informationseinsatz in den Fachabteilungen anfallenden Kosten sind in erster Linie Personalkosten für Entwicklung und Betrieb der Anwendungssysteme. Sie sind deshalb je System zu erheben.

c.   Lebenszyklusphase

Die Gliederung nach den Lebenszyklusphasen Realisierung, Einsatz und Anpassung hat das Ziel, alle Kosten zu erfassen, die im Verlauf der Nutzung einer IS-Komponente anfallen. Sie kann zu **Problemen für die praktische Ermittlung** dieser Informationen führen. Während Realisierungs- und Einsatzphase anhand der unterschiedlichen Kostenelemente gegeneinander abgegrenzt werden können, kommen in Realisierungs- und Anpassungsphase die gleichen Kostenelemente vor (s. Tab. 2.2). Von daher können diese nicht zur Phasenzuordnung von Kosten verwendet werden.

Selig zeigt für den Bereich der Entwicklung von Anwendungssoftware, zu welchen Problemen eine Abgrenzung zwischen den Lebenszyklusphasen allein schon auf der begrifflich-definitorischen Ebene führt (SELIG, 1986, S. 159-162). Er stellt dazu die verschiedenen Kategorien der Weiterentwicklung eines bestehenden Softwaresystems ("corrective, adaptive, perfective maintenance") gegeneinander und versucht eine Abgrenzung zwischen der **Entwicklung neuer Funktionen**, die der Realisierungsphase zuzurechnen ist, und der **Korrektur**

oder Modifikation bestehender Funktionen, die zur Anpassungsphase gehört. Ein einzelnes Entwicklungsvorhaben kann dabei jedoch Elemente aus beiden Bereichen beinhalten, so daß eine klare Trennung nicht möglich ist. Zu diesen Problemen auf der begrifflichen Ebene kommen noch die Schwierigkeiten einer praktischen Zuordnung konkret angefallener Kosten. Dies gilt analog auch für die anderen IS-Dimensionen.

Von daher kann für die Kostenerhebung im Rahmen der SISP dann auf diese Differenzierung verzichtet werden, wenn entsprechend abgegrenzte Kosteninformationen nicht verfügbar sind. Aus anderen Zielen heraus, z.B. der Verteilung der Softwarekosten auf Neuentwicklung und Anpassung, scheint eine solche Gliederung der Kostenerfassung dauerhaft jedoch in jedem Fall sinnvoll. Tab. 3.11 (s. u.) zeigt zusammenfassend die je IS-Dimension zu erhebenden Kostenelemente mit der jeweiligen Erhebungseinheit.

Die schraffierten Flächen zeigen die wesentlichen **Komponenten der Personalkosten**, die das Gros der intern entstehenden Kosten ausmachen (GRIESE u.a., 1987, S. 540). Zur Vermeidung der oben skizzierten Verrechnungsprobleme für diese Kosten muß ihre Erfassung also zumindest nach der hier aufgezeigten Untergliederung erfolgen. Insbesondere im Bereich der Anwendungs-Basis bedeutet das eine detaillierte Kostenermittlung.

Für alle genannten Kostenelemente muß ihre Entstehung durch interne oder externe Leistungen und gegebenenfalls die Anteile beider Kategorien aufgezeigt werden.

Bei **Investitionen**, z.B. in Hardware und Software, die wegen einer mehrjährigen Nutzungsdauer nicht sofort voll kostenwirksam werden, ist es sinnvoll, neben der Abschreibungsrate auch die entsprechende Gesamtausgabe zu nennen, um eine bessere Vergleichbarkeit zu Preisen möglicher Alternativen herzustellen. In jedem Fall sollten die Kostendaten über eine Reihe von Jahren vorliegen, um Entwicklungen analysieren zu können und Zufälligkeiten eines Jahres zu erkennen.

IS-Dimension	Erhebungseinheit	Kostenelemente	
		Realisierung/Anpassung	Einsatz
DV-technische Basis	Rechneranlage; wenn sinnvoll, Unterscheidung nach o Hardware o Systemsoftware	o Beschaffung/ Installation o Ausbildung o Inbetriebnahme	o Miete/Lizenzen/ Leasinggebühren o Wartung o Systemmanagement
	Gesamtkonfiguration	o Baumaßnahmen o Raumausstattung	o Versicherung o Energie o Datenfernübertragung
Anwendungs-Basis	Datenverwaltungsbereich	o Datenmanagement	
	Anwendungssystem	o Ausbildung o Konzeption o Realisierung o Einführung	o Benutzerbetreuung o Operating
			o Softwarelizenzen
Informations-einsatz	Anwendungssystem	o Ausbildung o Konzeption o Einführung	o Datenerfassung
			(Folgen von DV-techn. oder Anwendungsmängeln)
	IS insgesamt	o Beratung	
–			Management des EDV-Bereichs

Tab. 3.11: Zu erhebende Kostenelemente

3.4.2.2 Bewertung der Kosten

Die Bewertung der erhobenen Kosten verfolgt das Ziel, **gravierende Unwirtschaftlichkeiten** in der Implementierung des bestehenden IS aufzuzeigen, auf die im Rahmen der SISP reagiert werden muß. Dies bedeutet, daß keine sehr tiefgehende und flächendeckende Analyse der Kosten vorgenommen werden muß, wie dies im Rahmen des operativen DV-Controlling (NONHOFF, 1989) erfolgt, sondern eine Konzentration auf die wirklich schwerwiegenden Abweichungen von einer optimalen Gestaltung möglich ist.

Fünf wesentliche **Kategorien** solcher Abweichungen sind zu unterscheiden: Vermeidbare Kosten können enstehen, weil

- **zusätzliche Leistungen** erbracht werden, die bei besserer Implementierung entfallen könnten (Bsp.: hoher Schnittstellenaufwand wegen heterogener Architektur)

- **redundante oder nicht abgestimmte Leistungen** erbracht werden, die mit besserer Koordination reduziert werden könnten (Bsp.: parallele Entwicklung eines Produktionsplanungssystems in zwei vergleichbaren Werken eines Unternehmens)

- **notwendige Leistungen unzureichend** oder überhaupt nicht erbracht werden, was mit entsprechenden Kosten bzw. Kostenrisiken in anderen Bereichen verbunden ist (Bsp.: ungenügende Ausfallsicherheit mit daraus resultierenden Folgekosten im Anwenderbereich)

- **interne Leistungen ineffizient** erbracht werden (Bsp.: Systementwicklung mit geringer Produktivität wegen ungenügender DV-technischer Unterstützung)

- **externe Leistungen zu teuer** beschafft werden (Bsp.: Peripheriegeräte des Rechnerherstellers teurer als ebenfalls verwendbare Geräte anderer Hersteller).

Unter Leistungen ist in diesem Zusammenhang der Einsatz von personellen und sachlichen Ressourcen zu verstehen. Mit Ausnahme der letzten Kategorie können die Ursachen für möglicherweise vermeidbare Kosten bei allen anderen in entsprechenden Implementierungsaspekten erkannt werden. Von daher sollen für die Bewertung keine differenzierten Kennzahlen (z.B. DIEBOLD, 1984) über die gesamten Kostenstrukturen ermittelt werden, sondern es sollen gezielt die **Hinweise auf Schwachstellen** verfolgt werden, die sich aus der Analyse der Implementierung ergeben haben. Die von diesen möglichen Schwachstellen beeinflußten Kostengrößen müssen daraufhin untersucht werden, ob sie eine unwirtschaftliche Art der Implementierung bestätigen.

Für eine solche **Kostenbeurteilung** ist es zum einen nötig, die den Kosten gegenüberstehende Leistung zu spezifizieren, und zum anderen, eine Vergleichsbasis für die Bewertung zu haben. Beide Bedingungen sind in vielen Fällen nicht einfach zu erfüllen, insbesondere die zweite bereitet Probleme, wenn die Vergleichsbasis nicht innerhalb des Unternehmens definiert werden kann. Dies liegt darin begründet, daß für viele Kosten- und Leistungskennziffern aufgrund der vielfältigen Einflußfaktoren keine überbetrieblich gültigen Maßstäbe angegeben werden können und somit keine Bewertung der im Unternehmen festgestellten Größen möglich ist (GRIESE u.a., 1987, S. 516-522; LIPPOLD, 1985, S. 118; NONHOFF, 1989, S. 22).

Die Kosten für **externe Leistungen** sind dabei im allgemeinen einfacher zu bewerten. Hier ist zum einen die erbrachte Leistung in der Regel genau spezifiziert, zum anderen existieren Preise anderer Anbieter, die für einen Vergleich herangezogen werden können. Damit können überhöhte Kosten dieser Kategorie über Marktvergleiche identifiziert werden.

Für die **anderen Kategorien vermeidbarer Kosten** kann das aufgezeigte Problem der Bewertung der erhobenen Informationen jedoch auch anders gelöst werden als über die direkte Kostenbeurteilung. Da es für die SISP nur darum geht, erhebliche Fehlentwicklungen zu erkennen, können diese in einigen Fällen auch ohne detaillierte Kostenvergleiche dadurch nachgewiesen werden, daß günstigere Implementierungsformen aufgezeigt werden. So kann z.B. Schnittstellenaufwand durch homogene Produkte reduziert werden gegenüber einer Situation mit heterogenen Komponenten.

Wenn also keine Maßstäbe zur direkten Bewertung der Kostengrößen zur Verfügung stehen, kann man bei den zugrundeliegenden Leistungen ansetzen und in einer qualitativen **Leistungsanalyse** zu zeigen versuchen, daß vermeidbare Kosten der oben aufgezeigten Kategorien entstehen. Bei einem solchen Vorgehen liefert die Kostenanalyse nur die zur Bewertung notwendigen Beträge; der Nachweis einer möglichen Unwirtschaftlichkeit erfolgt dagegen im Bereich der Leistungen.

Damit sind

- direkte Kostenbeurteilung und
- mit Kosteninformationen gestützte Leistungsanalyse

die beiden Möglichkeiten zum Nachweis von nicht-kostenoptimalen Implementierungsaspekten im Rahmen der SISP. Dabei ist zu beachten, daß die entstandenen Kosten lediglich der Spiegel der Vergangenheit sind, und von daher an ihnen auch nur bereits **manifeste Schwachstellen** erkannt werden können. Drohende Schwachstellen, die noch nicht kostenwirksam sind, können nur aus den Hinweisen der Implementierungsanalyse abgeleitet werden.

3.4.3 Bewertung der Verfahrensunterstützung

Die Bewertung der Verfahrensunterstützung zur Analyse der Kosten entspricht in wesentlichen Aspekten der zur Analyse der Implementierung (s. Kap. 3.3.3). Die **Erhebung** der Kostenelemente kann durch die dargestellte Gliederung der gesamten IS-Kostenbereiche als gut fundiert angesehen werden. Probleme in der praktischen Anwendung können hier aus dem Aufwand entstehen, der für die Messung der einzelnen Kostengrößen je Erhebungseinheit notwendig ist.

Die **Bewertung** der Kostendaten ist in engem Zusammenhang mit der Analyse der Implementierung zu sehen, die wichtige Informationen zur Kostenentstehung liefert. Von daher gelten die aufgezeigten Probleme hinsichtlich der Verknüpfung beider Bereiche auch hier , insbesondere was die Erklärung festgestellter Kostengrößen und die Abschätzung der Auswirkungen einer veränderten Implementierung angeht. Die Leistungsanalyse zum Nachweis von Unwirtschaftlichkeiten ist deshalb auch nur in solchen Fällen anwendbar, in denen eine Veränderung zweifelsfrei zu einem geringeren Ressourceneinsatz führt.

Die direkte Beurteilung von Kostenkennziffern ist problematisch wegen der schwierigen Ermittlung einer sinnvollen Vergleichsbasis. Unternehmensübergreifend ist dies häufig aufgrund der Vielzahl zu berücksichtigender Einflußfaktoren kaum möglich und unternehmensintern ist nicht immer entsprechende Erfahrung verfügbar, z.B. bei der Abschätzung der Effekte einer für das Unternehmen neuen Technologie. Insgesamt ist deshalb die Unterstützung für die Bewertung von Kostengrößen durch allgemeingültige Beziehungen und Richtwerte sehr schwierig, so daß eine Abschätzung im einzelnen Fall erfolgen muß.

3.5 Analyse der relevanten Umwelt

3.5.1 Aufgabenstellung

Neben der bestehenden Informationsverarbeitung mit ihren Aspekten Informationseinsatz, Implementierung und Kosten ist die **relevante Umwelt des IS** der zweite Bereich, der als Ausgangsbasis für den SISP-Prozeß zu analysieren ist (SZYPERSKI/KOLF, 1978, S. 70). Denn Umweltentwicklungen führen zu Chancen und Risiken für die zukünftige Gestaltung des IS, die in den weiteren Planungsphasen zu berücksichtigen sind. Sie sind deshalb hier durch ein entsprechendes "environmental scanning" (SCHOLZ, Ch., 1987, S. 25) zu identifizieren.

3.5.2 Vorgehensweise und Verfahren

3.5.2.1 Erhebung der relevanten Umwelt

Zunächst ist die relevante Umwelt des IS abzugrenzen und zu strukturieren. Dabei ist der in Kap. 2.4.3.1 aufgezeigte Zusammenhang zwischen SISP und Strategischer Unternehmensplanung (SUP) zu beachten, der die SISP als integralen Bestandteil der SUP sieht.

Einige Autoren nennen als zu betrachtende Umweltelemente des IS **Kennzeichen des Unternehmens** selbst oder seiner **Stellung am Markt**. So weisen etwa Hausmann u.a. darauf hin, daß

- Produktspektrum,
- technische Installationen,
- Personal und
- Marktposition

für die Erarbeitung eines CIM-Konzepts begleitend zur eigentlichen Analyse der Informationsverarbeitung betrachtet werden müssen (HAUSMANN u.a., 1988, S. 41). Hargraves dagegen nennt als wesentliche zu analysierende Einflüsse auf die EDV-Strategie

- Lebenszyklusphase einer Branche und
- Wettbewerbsposition des Unternehmens in dieser Branche

(HARGRAVES, 1983, S. 204).

Da hier jedoch die SISP als **integraler Bestandteil der SUP** aufgefaßt und von einer simultanen Durchführung beider Planungen ausgegangen wird, gehören diese Unternehmens- und Marktcharakteristika zu den im Rahmen der SUP zu betrachtenden Größen. Dort fließen sie in die Formulierung der allgemeinen strategischen Unternehmensziele ein, die wiederum Vorgabe für die Ableitung der strategischen IS-Ziele sind. Sie müssen also nicht im Rahmen der SISP gesondert untersucht werden. Der Unterschied zu den genannten Autoren liegt darin begründet, daß diese von einer isoliert durchzuführenden SISP ausgehen, die nicht in den SUP-Gesamtzusammenhang eingebettet ist.

Dem hier zugrundeliegenden Verständnis zufolge sind zur relevanten Umwelt des IS nur solche Bereiche zu rechnen, die unmittelbar mit den IS-Komponenten in Beziehung stehen. Viele Autoren betonen dabei stark die Beobachtung von neuen **Entwicklungen in der Informationstechnologie (IT)** mit ihren einzelnen Teilgebieten (z.B. INFORMATIONS-STRATEGIE-PLANUNG, 1989, S. I.7; KRÜGER/PFEIFFER, 1988, S. 9; LINDHEIM, 1988, S. 204-206; SYNNOTT/GRUBER, 1981, S. 87-93). Dies ist sicherlich ein zentraler Aspekt innerhalb der Umweltanalyse, jedoch gibt es über die rein technologische Ebene hinaus noch andere wichtige Umweltentwicklungen.

Ein **erweiterter Ansatz** wird von Szyperski/Kolf vorgestellt, die - in Analogie zu den Begriffen der SUP - unterscheiden zwischen den Umweltfaktoren

- Kundenstruktur (Benutzerbereich)
- Nachfragestruktur (Requirements, EDV-Dienstleistungen)
- Technologie (IT-Trends)
- Konkurrenz (Externe Berater, Time-Sharing-Dienste, Netzwerke)
- Volkswirtschaft (Arbeitskräfte, Energiesituation) und
- Politik (Datenschutz-Gesetzgebung, Steuergesetze)

(SZYPERSKI/KOLF, 1978, S. 70-71). In inhaltlicher Anlehnung an dieses Verständnis der relevanten Umwelt wird im folgenden eine an den Dimensionen des IS orientierte Gliederung der zu betrachtenden Bereiche vorgeschlagen. Für jeden Bereich werden zentrale Aspekte mit den entsprechenden Fragestellungen sowie Beispiele möglicher Entwicklungen aufgezeigt.

a.   Hardware, Systemsoftware, Daten

Entwicklungen in den Bereichen Hardware, Systemsoftware und Daten betreffen zum einen direkt die Implementierung selbst, indem sich hier neue Möglichkeiten ergeben, zum anderen haben sie indirekt auch Einfluß auf die Anwendungen, wenn aus erweiterten technischen Optionen hierfür neue Chancen enstehen. Wesentliche Entwicklungen sind zu analysieren insbesondere bezüglich der Aspekte

- Produkte und
- Implementierungskonzepte.

Bei den **Produkten** müssen zunächst die Entwicklungen beobachtet werden, die engen Bezug zum bestehenden IS haben, also etwa neue Rechnermodelle der bereits eingesetzten Hersteller oder neue bzw. erweiterte Systemsoftwaretools für die vorhandene Hardwarebasis. Wichtig ist es dabei immer auch, den Grad der Kompatibilität zu den vorhandenen Komponenten zu beurteilen, um daraus die Einsetzbarkeit zu erkennen, aber auch Rückschlüsse auf mögliche Produktstrategien der Hersteller zu ziehen.

Wichtiger noch als diese unmittelbar mit dem bestehenden IS verbundenen Aspekte sind unter strategischem Aspekt die allgemeinen neuen Entwicklungen in der Informationstechnologie. Als Beispiele seien hier genannt Parallelisierung in Hardwarekomponenten, Verteilung von Datenbanken, Anwendung von Methoden der Künstlichen Intelligenz oder Normierung von Schnittstellen und damit Schaffung offener, d.h. herstellerunabhängiger Standards. Solche Entwicklungen müssen erkannt und hinsichtlich ihrer Chancen beurteilt werden.

Implementierungskonzepte beschreiben Methoden oder Vorgehensweisen für Planung, Realisierung und Betrieb eines IS. Sie bewegen sich damit auf einer allgemeineren Ebene als konkrete Produkte, sie können jedoch wichtige neue Möglichkeiten zu einer effizienteren Implementierung aufzeigen. Beispiele solcher Konzepte sind etwa das Unternehmensdatenmodell (SCHEER, 1988c) als Basis für eine gesamthafte Gestaltung der Daten-Dimension in einem Unternehmen oder das Prototyping aus dem Bereich der Softwareentwicklung. Viele Konzepte werden ganz oder teilweise von DV-Komponenten unterstützt (SCHOLZ u.a., 1988).

b. Anwendungssoftware

Die Anwendungssoftware ist die Dimension, die die Funktionalität des IS zur Unterstützung der Unternehmensprozesse bestimmt. Bedeutsame Entwicklungen für ihre Gestaltung sind zu analysieren insbesondere bezüglich der Aspekte

- Produkte,
- Anwendungskonzepte und
- Aktivitäten anderer Unternehmen.

Hinsichtlich der **Produkte** müssen zum einen Entwicklungen erkannt werden, die mit dem bestehenden IS verbunden sind, so z.B. neu verfügbare Komponenten einer bereits eingesetzten Softwarefamilie oder neue Produkte für die eingesetzte Hardware-/Systemsoftwarebasis. Zum anderen sind aber auch davon unabhängige Entwicklungen zu analysieren, wie z.B. Value Added Networks oder externe Datenbanken, die neue Anwendungsmöglichkeiten eröffnen.

Neben den neu entstehenden Möglichkeiten muß auch für die bereits eingesetzten Produkte ihre Situation am Markt und das Verhalten der Hersteller beobachtet werden, um rechtzeitig auftauchende Risiken zu erkennen.

Anwendungskonzepte beschreiben neue Lösungsansätze für betriebswirtschaftliche, technische oder organisatorische Problemstellungen unter Einsatz von Informationssystemen. Solche Entwicklungen müssen sowohl vom EDV-Bereich als auch von den zuständigen Fachabteilungen beobachtet und auf ihre Relevanz für das eigene Unternehmen hin beurteilt werden.

Beispiele sind hier zum einen gesamthaft orientierte Ansätze wie das bereits in Kap. 1.1 vorgestellte Computer Integrated Manufacturing (CIM) oder die Bürokommunikation bzw. -automatisierung. Zum anderen kann es sich aber auch um Konzepte handeln, die stärker auf einzelne betriebliche Bereiche bezogen sind, wie etwa für die Produktionsplanung und -steuerung das Fortschrittszahlenkonzept oder die belastungsorientierte Auftragsfreigabe. Aus solchen Konzepten können Chancen für neue oder veränderte Anwendungslösungen resultieren, die die Leistungsfähigkeit des Unternehmens verbessern.

Die **Aktivitäten anderer Unternehmen** stellen eine dritte wichtige Quelle dar, aus der Anregungen für eine erweiterte IS-Unterstützung gewonnen werden können. In erster Linie sind hier die Unternehmen in der eigenen Branche von Bedeutung, d.h. die Wettbewerber (SCHULZ/BÖLZING, 1988, S. 6), aber auch die Kunden und Lieferanten. Ihre IS-Strategien sind zu beobachten und daraus Ansatzpunkte für die eigene Strategie abzuleiten.

Nutzbringend kann aber auch ein Blick in andere Branchen sein, die besonders fortschrittlich hinsichtlich der Nutzung von IT sind, wie z.B. die Automobilindustrie, da hier unter Umständen Entwicklungen zu erkennen sind, die später auch auf die eigene Branche übergreifen werden und mit deren frühzeitiger Übernahme sich ein Wettbewerbsvorsprung aufbauen läßt.

c.   **Organisation**

Die Organisation als IS-Dimension umfaßt einerseits die personelle Basis in EDV-Bereich und Fachabteilungen, die für Planung, Realisierung und Betrieb des IS benötigt wird, andererseits die Abgrenzung der dabei zu erfüllenden Aufgaben und ihre Zuordnung zu einzelnen organisatorischen Einheiten des Unternehmens. Einflüsse aus Umweltentwicklungen auf die Organisation sind von daher zu analysieren insbesondere bezüglich der Aspekte

- Mitarbeiter und
- Organisationskonzepte.

Bezüglich der **Mitarbeiter**, die im Zusammenhang mit dem IS benötigt werden, sind solche Faktoren von Bedeutung, die Qualifikation und Anzahl der Personen bestimmen, die potentiell als Fachkräfte dem Unternehmen zur Verfügung stehen. Kurzfristig betrachtet ist dies die aktuelle Arbeitsmarktsituation mit ihren Möglichkeiten zur Personalgewinnung. Langfristig müssen hier auch Trends im Ausbildungsbereich beachtet werden, die sowohl die Qualifikation (z.B. starke Verbreitung von UNIX-Kenntnissen bei Informatikern; EDV- und insbesondere PC-Grundwissen bei Betriebswirten/Ingenieuren) als auch die Anzahl (z.B. starke Zunahme der Studentenzahlen in Informatik und Wirtschaftsinformatik) entsprechender Fachkräfte bestimmen.

Organisationskonzepte im IS-Bereich beschreiben neue Lösungsansätze für Abgrenzung und Zuordnung von Aufgaben auf verschiedene Unternehmensstellen. Solche Konzepte können wichtige Anregungen geben für eine effiziente Gestaltung der Organisations-Dimension des IS, indem sie neue Aufgabengebiete oder zweckmäßige Zuordnungen aufzeigen. Dies hat indirekt auch starke Auswirkungen auf die Anwendungs- und Implementierungsebene.

Beispiele für solche Organisationskonzepte sind zum einen der gesamthaft ausgerichtete Ansatz des Informations-Managements (z.B. KRÜGER/PFEIFFER, 1988; WOLLNIK, 1988), zum anderen bereichsbezogene Ansätze wie die Individuelle Datenverarbeitung und ihre organisatorische Unterstützung (z.B. MIEBACH, 1987, S. 36-37; ROHRIG, 1987).

d. **Rahmenbedingungen des IS**

Neben den IS-Dimensionen sind die allgemeinen Rahmenbedingungen zu analysieren, die für den Einsatz des IS gelten. Hier müssen zum einen unternehmensindividuelle Gegebenheiten beachtet werden, wie z.B. die Einstellung des Top Managements zur EDV oder die generelle Art und Weise des Umgangs mit Informationen im Unternehmen, d. h. die Informationskultur (SCHOLZ, Ch., 1988a, S. 61-65). Zum anderen sind aber auch übergreifende Aspekte von Bedeutung wie Datenschutzvorschriften oder tarifvertragliche Vereinbarungen.

3.5.2.2 Bewertung der relevanten Umwelt

Alle relevanten Entwicklungen, die im Rahmen der Umweltanalyse identifiziert werden, sind zu beschreiben und bezüglich der daraus entstehenden Chancen und Risiken für die Gestaltung des zukünftigen IS zu beurteilen. Diese Beurteilung beinhaltet eine **allgemeine Darstellung der veränderten Möglichkeiten**. Für das Beispiel Expertensysteme könnte das etwa so aussehen:

"Expertensysteme erlauben die EDV-mäßige Behandlung schlecht strukturierter oder sehr komplexer Probleme eines klar abgegrenzten Anwendungsbereichs auf dem Kenntnisstand eines menschlichen Experten. Sie sind in der Lage, heuristisches Wissen zu verarbeiten, und können aufgrund der in ihnen abgelegten Kenntnisse über den Anwendungsbereich und der Daten der aktuell zu behandelnden Fragestellung selbständig Problemlösungswege erzeugen und diese auch dem Benutzer erklären."

Die Bewertung der einzelnen Entwicklungen auf ihre **konkrete Verwendbarkeit für das Unternehmen** bei der Gestaltung seines IS erfolgt erst in den nachfolgenden Zielbildungsphasen. Denn der häufig stark innovative Charakter von Umweltveränderungen macht eine Bewertung nur im Zusammenhang mit der Festlegung der grundsätzlichen Unternehmens- und IS-Strategie möglich. So kann etwa über den möglichen Nutzen der DV-technischen Anbindung von Kunden und Lieferanten nicht allein aus informationstechnischer Sicht entschieden werden, sondern sie muß in den Gesamtzusammenhang der Gestaltung der Marktbeziehungen gestellt werden. Die Umweltanalyse hat deshalb für diese späteren Phasen nur eine generelle Beschreibung der neuen Möglichkeiten bzw. auch Risiken zu liefern.

3.5.3 Bewertung der Verfahrensunterstützung

Die Verfahrensunterstützung für die Analyse der relevanten Umwelt des IS bezieht sich auf die zu **beobachtenden Bereiche**, die in grober Form systematisiert werden. Dabei ist diese Systematisierung weniger detailliert als im Bereich der Implementierung, da insgesamt die Umwelteinflüsse bezüglich ihrer möglichen Ansatzpunkte weniger gut in allgemeingültiger Form zu fassen sind als die Implementierungsmerkmale.

Auch für die konkrete **Erhebung der Informationen** stellt sich die Situation anders dar. Während bei der Implementierung die benötigten Informationen überwiegend bereits in Unterlagen vorhanden sind, die für den täglichen IS-Betrieb erstellt werden, und somit kein Datengewinnungsproblem besteht, sind die Quellen für Informationen über Umweltentwicklungen weniger klar zu fassen. Hier sind ausschließlich externe Quellen angesprochen, für die eine große Vielfalt und Heterogenität gegeben ist, was eine Identifizierung der wirklich relevanten Informationen erschwert. Lindheim weist diese Probleme für den Bereich der systematischen Technologiebeobachtung auch empirisch nach (LINDHEIM, 1988, S. 204-206).

Da eine konkrete **Bewertung von Umweltentwicklungen** hinsichtlich ihrer Verwendbarkeit durch das Unternehmen in dieser Planungsphase noch nicht vorgenommen wird, sondern erst im Rahmen der Zielformulierung, treten die entsprechenden Schwierigkeiten einer Beurteilung der Auswirkungen auf die Unternehmensziele auch erst in diesen Phasen auf.

4. Formulierung der strategischen IS-Ziele

4.1 Funktionen im Rahmen des Planungsprozesses

Gemäß der in Abb. 2.11 dargestellten Systematik der SISP-Komponenten stellt die **Formulierung der strategischen IS-Ziele** die zweite Phase im Planungsprozess dar. Ihre **Hauptaufgabe** besteht in der Formulierung von

- Anwendungs-bezogenen Zielen und
- Implementierungs-bezogenen Zielen

für die Weiterentwicklung des IS in Richtung auf einen optimalen Beitrag zu den Unternehmenszielen. Basis dafür sind die Ergebnisse aus der Analyse der Ausgangssituation und der strategischen Unternehmensplanung (SUP).

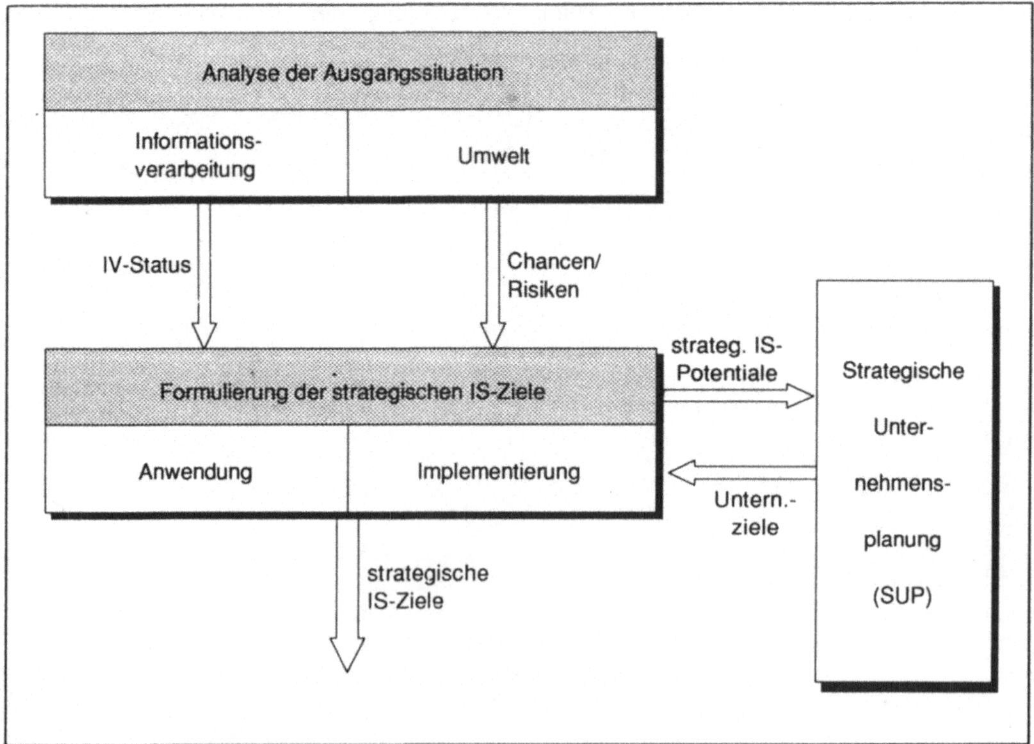

Abb. 4.1:   Zusammenhänge zur Formulierung strategischer IS-Ziele

Die **Analyse der Ausgangssituation** liefert zum einen den aktuellen Status der Informationsverarbeitung im Unternehmen als Basis für die weitere Entwicklung, zum anderen relevante Umwelttendenzen, deren Chancen und Risiken zu erkennen sind.

Für die Integration von SISP und SUP werden diese IS-Umweltentwicklungen daraufhin untersucht, ob sich aus ihnen neue Handlungsmöglichkeiten für das Unternehmen insgesamt ergeben (NAGEL, 1988, S. 25-28). Diese fließen dann als **strategische IS-Potentiale** mit in die SUP ein.

Mit den **Unternehmenszielen**, die aus der ganzheitlichen Betrachtung aller Unternehmensbereiche und der koordinierten Ausrichtung ihrer weiteren Entwicklung im Rahmen der SUP entstehen, sind dann die Anforderungen formuliert, zu deren Erreichung das IS einen optimalen Beitrag leisten soll. Sie sind damit der Maßstab, aus dem die SISP ihre Gestaltungsvorgaben, d.h. die strategischen IS-Ziele, ableitet.

Vor dem Hintergrund der in Kap. 2.2 dargestellten allgemeinen Zielsetzungen des IS läßt sich folgende **Einordnung** dieser Aufgabe vornehmen: Die Gestaltung eines IS, das durch seine Kosten- und Nutzeneffekte einen optimalen Beitrag zu den Unternehmenszielen leistet, ist ein Prozeß der permanenten Weiterentwicklung. Das heißt, das bestehende IS muß immer wieder auf die Wirtschaftlichkeit der Implementierung (-> **Kosten**) und die Unterstützung der Informationsverarbeitungsaufgaben (-> **Nutzen**) hin überprüft werden, da sich beide Beurteilungsmaßstäbe im Zeitablauf verändern.

Aus den Ergebnissen dieser Überprüfung sind dann in einem ersten Schritt **Ansatzpunkte für eine Verbesserung des IS-Beitrags** abzuleiten. Diese Ansatzpunkte, die strategischen IS-Ziele, sind dabei primär Anwendungs-orientiert, d.h. sie leiten aus den Unternehmenszielen Möglichkeiten einer verbesserten IS-Unterstützung ab (KÜHN/KRUSE, 1985, S. 457). Nur bei gravierenden Schwächen des bestehenden IS oder grundlegenden technologischen Neuerungen (LIND-HEIM, 1988, S. 226) werden im Rahmen dieser Planungsphase auch Implementierungs-bezogene Ziele formuliert.

Die strategischen Ziele sind zunächst erste Anhaltspunkte dafür, wie ein verbesserter IS-Beitrag zu erreichen ist. Sie müssen in den nachfolgenden Planungsphasen konkretisiert werden, um bezüglich ihrer Kosten/Nutzen-Effekte genauer beurteilt werden zu können. Das heißt, die weiteren Planungsschritte sind immer detailliertere **Ausarbeitungen der inhaltlichen Vorgaben aus der Zielformulierung** bis hin zu konkreten Entwicklungsmaßnahmen, wobei sich das Beschreibungsniveau und die Methodik zur Beurteilung der wirtschaftlichen Effekte entsprechen müssen.

4.2 Analyse der Planungssituation

4.2.1 Aufgabenstellung

Die erste Phase im Prozess der SISP, die Analyse der Ausgangssituation, hat die wesentlichen Informationen zur Beschreibung der bestehenden Informationsverarbeitung zusammengetragen. Dies erlaubt es nun, vor dem Einstieg in die konkrete Zielformulierung, die dafür relevanten **Randbedingungen** auf globaler Ebene noch einmal näher zu bestimmen. Zwei Aspekte stehen dabei im Vordergrund (KÜHN/KRUSE, 1985, S. 458-459), nämlich

- Bedeutung des IS für den Unternehmenserfolg und
- Reifegrad des IS-Einsatzes.

Die generelle **Bedeutung des IS für den Unternehmenserfolg** läßt Schlußfolgerungen zu für die Gestaltung des weiteren Planungsprozesses im Hinblick auf beteiligte organisatorische Bereiche, inhaltliche Schwerpunkte usw.

Der **Reifegrad des IS-Einsatzes** zeigt zusammenfassend den bisher erreichten Stand auf und gibt globale Hinweise auf daraus möglicherweise resultierende Beschränkungen der strategischen Handlungsmöglichkeiten.

Beide Aspekte haben somit bedeutende Konsequenzen für den weiteren Ablauf der SISP, so daß ihre Analyse vor der Zielformulierung sinnvoll ist.

4.2.2 Vorgehensweise und Verfahren

4.2.2.1 Bedeutung des IS für den Unternehmenserfolg

Die Bedeutung des IS für den Erfolg des Unternehmens ist ein globaler Maßstab dafür, wie eng **Unternehmensziele und IS-Ziele** miteinander gekoppelt sind, d.h. wie wesentlich die Beiträge des IS für die Zielerreichung des Unternehmens insgesamt sind. Sie ist damit ein wichtiger Indikator dafür, wie stark die SISP in die SUP einzubeziehen ist und wie ihre inhaltliche Gestaltung erfolgen sollte.

Da sie der Veränderung im Zeitablauf unterworfen ist, muß sie permanent anhand der aktuell verfolgten Ziele überprüft werden. Diese Überprüfung ist Gegenstand der nachfolgenden Schritte der Zielformulierung, in denen aus den Unternehmenszielen über die Wirkungsbeziehungen die möglichen IS-Beiträge inhaltlich und nach ihrer Stärke spezifiziert werden.

McFarlan u.a. (McFARLAN u.a., 1983) beschreiben ein Vorgehen, das auf der Basis von Informationen über die bestehende Informationsverarbeitung, die im Rahmen der Analyse der Ausgangssituation erhoben werden, eine Abschätzung der strategischen Bedeutung des IS erlaubt. Sie verwenden dazu die beiden Dimensionen

- operative Abhängigkeit von bestehenden Anwendungssystemen und
- strategische Bedeutung des Entwicklungsportfolios.

Die **Abhängigkeit von bestehenden Systemen** mißt, inwieweit das Unternehmen für seine operative Funktionsfähigkeit bereits heute auf fehlerfrei arbeitende Anwendungssysteme angewiesen ist. Dazu werden zum einen die internen Konsequenzen für den betrieblichen Leistungserstellungsprozeß und die externen Konsequenzen seitens der Marktpartner erhoben, die aus einer unzureichenden IS-Unterstützung wegen technischer oder organisatorischer Probleme entstehen könnten. Zum anderen werden die Möglichkeiten des EDV-Bereichs zur Behebung dieser Probleme analysiert.

Die **strategische Bedeutung des Entwicklungsportfolios** versucht zu erfassen, in welchem Umfang die aktuellen Entwicklungsvorhaben (Wartung, Erweiterung und Neuentwicklung) die Wettbewerbsposition des Unternehmens beeinflussen. Dazu werden zum einen die erwarteten ökonomischen Konsequenzen dieser Maßnahmen erfaßt, zum anderen die Verteilung des Entwicklungsbudgets auf Bereiche, in denen das IS wettbewerbsrelevante Beiträge leisten kann, z.B. durch Entscheidungsunterstützung, neue Planungsverfahren oder neue Produkte und Dienstleistungen.

Die Ermittlung der unternehmensspezifischen Position bezüglich der beiden Dimensionen wird durch Fragenkataloge mit vorgegebenen Antwortmöglichkeiten unterstützt. In einer zweidimensionalen Matrix läßt sich dann durch entsprechende Verknüpfung die Bedeutung des IS für den Erfolg des Unternehmens wie in Abb. 4.2 dargestellt verdeutlichen:

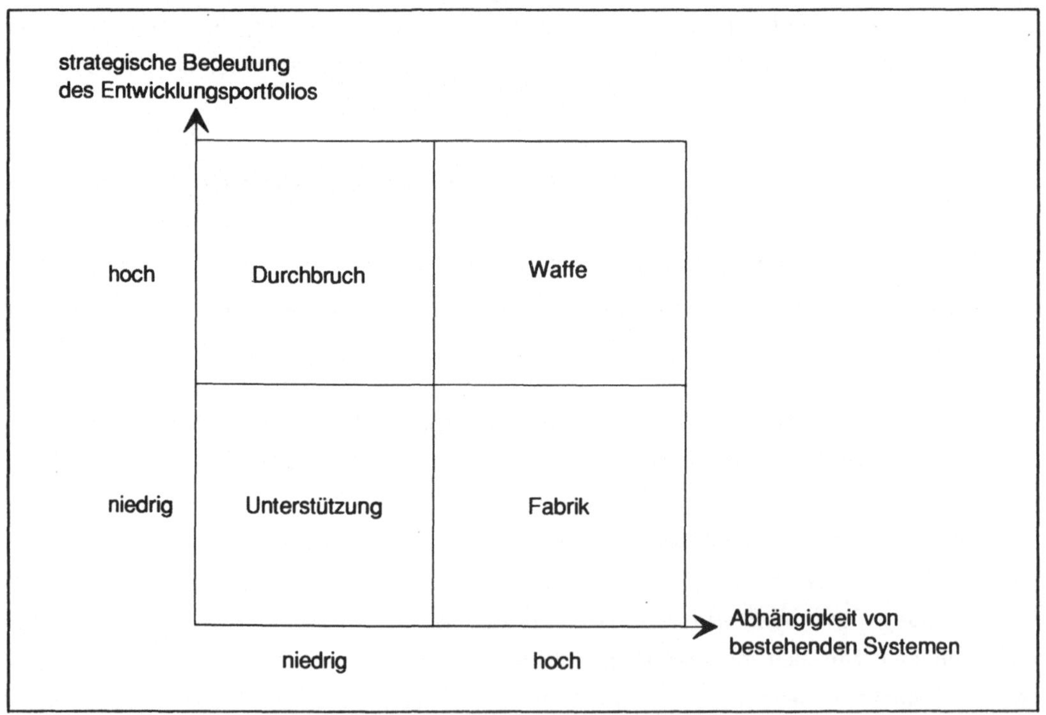

Abb. 4.2: Rolle des IS für den Unternehmenserfolg
(Quelle: McFarlan u.a., 1983, S. 150)

Dem IS kommen somit unterschiedliche Rollen in bezug auf den Unternehmenserfolg zu (GROSS, 1985, S. 42-43). **Unterstützung** bedeutet, daß kein wesentlicher Einfluß auf die Unternehmensziele besteht. **Fabrik** heißt, das IS erbringt wichtige Leistungen für die operative Leistungserstellung, eine strategische Bedeutung kommt ihm jedoch nicht zu. Anders ist dies in der Situation **Durchbruch**, in der erwartet wird, daß das IS ein wichtiger Faktor für die künftige Wettbewerbsposition sein wird. **Waffe** heißt, daß zusätzlich die strategische Bedeutung des IS bereits derzeit gegeben ist.

Je nachdem, in welchem Feld der Matrix ein Unternehmen sich befindet, ziehen McFarlan u.a. daraus unterschiedliche Konsequenzen für die Gestaltung der SISP:

- **Notwendigkeit einer strategischen Planungsstufe**

In den Situationen "Unterstützung" und "Fabrik" ist eine strategische, d.h. an den Wettbewerbszielen des Unternehmens orientierte IS-Planung nicht sinnvoll, da die Verbindung zwischen Unternehmenszielen und IS-Zielen zu schwach ist (ebenso GROSS, 1985, S. 46 und 61 und HARTWIG, 1987, S. 13-14).

- **Beteiligte Hierarchieebenen**

Die an der Planung zu beteiligenden hierarchischen Ebenen im Unternehmen müssen der Bedeutung des IS und damit auch der Bedeutung des Planungsprozesses entsprechen. Dies bedeutet, daß bei den Situationen "Durchbruch" und "Waffe" in jedem Fall das Top Management integriert werden muß (ebenso KÜHN/KRUSE, 1985, S. 459).

- **Planungsschwerpunkte**

Bei hoher strategischer Bedeutung des IS ("Durchbruch" und "Waffe") muß das Hauptgewicht der Planung auf der Anwendungsseite liegen, d.h. der Bestimmung der künftig zu unterstützenden Informationsverarbeitungsbereiche und des daraus erhofften Nutzens. Demgegenüber ist in den Situationen "Unterstützung" und insbesondere "Fabrik" die Effizienz der Leistungserstellung, d.h. der Implementierungs- und Kostenaspekt, von größerer Bedeutung (ebenso KÜHN/KRUSE, 1985, S. 459).

–   **Innovationsbereitschaft**

In Fällen hoher strategischer Bedeutung des IS muß eine höhere Bereitschaft zur Innovation und damit auch zur Übernahme entsprechender Risiken gegeben sein, um keine Wettbewerbsnachteile durch verspäteten Einstieg in neue Technologien zu erleiden.

Die weitere Beschreibung des Planungsprozesses in den folgenden Kapiteln bezieht sich nur noch auf die Situationen "Durchbruch" und "Waffe", d.h. also auf Fälle, in denen dem IS eine **strategische Bedeutung für den Unternehmenserfolg** zukommt.

4.2.2.2   Reifegrad des IS-Einsatzes

Der zweite wichtige Aspekt für die weitere Ausrichtung der SISP ist der Reifegrad des bisherigen IS-Einsatzes. Dieser wird bezüglich aller relevanten Aspekte in der Analyse der Ausgangssituation erhoben und bewertet. Hier geht es nun darum, aus dieser Bewertung des **Bestehenden** Konsequenzen für das in einem bestimmten Zeitraum **Erreichbare** abzuleiten, um damit die strategischen Möglichkeiten zu verdeutlichen.

Theoretischer Hintergrund dieser Überlegungen ist die Vorstellung, daß es für das Niveau des IS-Einsatzes in einem Unternehmen verschiedene **Entwicklungsstufen** gibt, die jeweils durch bestimmte Ausprägungen von IS-bezogenen Merkmalen charakterisiert sind und die in ihrer Reihenfolge alle zu durchlaufen sind. Das bekannteste Beispiel einer solchen Theorie ist die Stufentheorie von Nolan (NOLAN, 1979).

Sie beschreibt in sechs Stufen die **Entwicklung des IS-Einsatzes** anhand des Wachstumsprozesses der IS-Merkmale "Anwendungsbereiche, EDV-Organisation, EDV-Planung und -Kontrolle sowie EDV-Bewußtsein und Einstellung der Benutzer". Für jedes dieser Merkmale werden die Entwicklungsstufen durch entsprechende Ausprägungen operationalisiert, die die Feststellung des vom Unternehmen erreichten Standes unterstützen. Zusätzlich ist der Verlauf der EDV-Kosten über die verschiedenen Phasen hinweg angegeben. Abb. 4.3 zeigt eine grafische Darstellung.

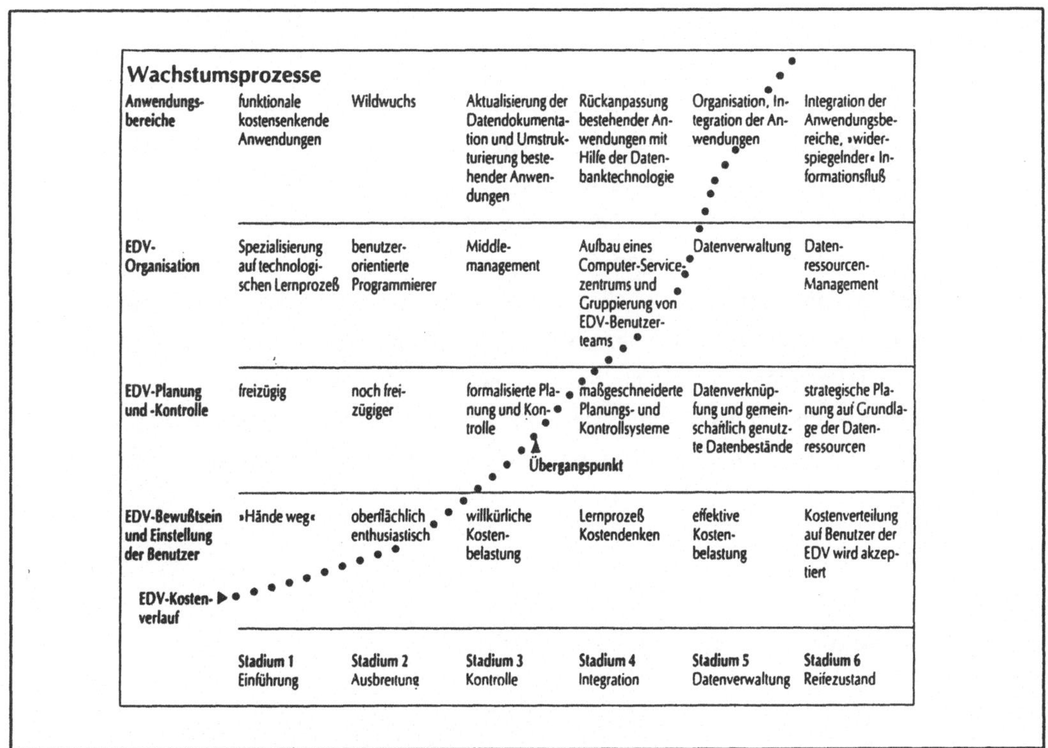

Abb. 4.3:   Entwicklungsstadien der EDV nach NOLAN
(Quelle: KÜHN/KRUSE, 1985, S. 455)

Grundlage zur Formulierung dieser sequentiell zu durchlaufenden Stufen sind die dahinter stehenden **Lernprozesse** der beteiligten Personengruppen Management, Anwender und EDV-Mitarbeiter (KÜHN/KRUSE, 1985, S. 455), in denen diese Kenntnisse und Erfahrungen über die Informationstechnologie, ihre Nutzungsmöglichkeiten und ihre Auswirkungen auf die Unternehmensprozesse erwerben. Das heißt, die Theorie stellt den Verlauf der "Technologieassimilation" (KRCMAR, 1988, S. 2.6) im Unternehmen anhand der Fortentwicklung bestimmter IS-Merkmale dar, die ihrerseits wiederum Ausdruck der ablaufenden Lernprozesse der beteiligten Mitarbeitergruppen sind. Daraus folgt, daß einzelne Stufen nicht übersprungen werden können, da sie inhaltlich aufeinander aufbauen.

Die Entwicklungstheorie versucht eine merkmalsbezogene Beschreibung von Stufen des Informationstechnologie-Einsatzes im Unternehmen. Sie macht keine Aussagen über Länge und Gestaltung der einzelnen Phasen. Von daher können aus ihr auch **keine direkten Handlungsempfehlungen** abgeleitet werden (PETER, 1983, S. 239).

Die jeweils erreichte Stufe bezüglich der einzelnen IS-Merkmale gibt jedoch Hinweise auf die in der weiteren Entwicklung zu bewältigenden Aufgaben und auf bestehende spezifische Rückstände einzelner Bereiche. Daraus lassen sich zum einen Empfehlungen für die bewußte Gestaltung des weiteren Wachstums ableiten, um die dazu notwendigen **Lernprozesse zu initiieren und zu steuern.** Zum anderen lassen sich daraus aber auch **Beschränkungen des in einem bestimmten Zeitraum Ereichbaren** erkennen, da die zugrundeliegenden Lernvorgänge entsprechende Zeitbedarfe zur Folge haben. Damit kann eine Analyse der Ausgangssituation gemäß der Entwicklungstheorie schützen "vor zu ehrgeizigen Folgerungen aus strategisch Wünschbarem und technisch Möglichem" (KÜHN/KRUSE, 1985, S. 459).

4.2.3 Bewertung der Verfahrensunterstützung

Die Analyse der **Bedeutung des IS für den Unternehmenserfolg** nach dem von McFarlan u.a. dargestellten Vorgehen gibt einen **globalen Einblick in die Planungssituation** und "... unterstützt in einfacher und klarer Weise den Prozeß der Bewußtwerdung" (KÜHN/KRUSE, 1985, S. 459). Die wesentlichen zu seiner Anwendung benötigten Informationen stehen aus der Analyse der Ausgangssituation zur Verfügung, so daß es **vor** dem Einstieg in die Phase der Zieldefinition eingesetzt werden kann. Damit kann es deren problemgerechte Gestaltung unterstützen. Die dazu formulierten Empfehlungen sind dabei als plausible Hypothesen (LINDHEIM, 1988, S. 84) anzusehen, deren Gültigkeit in der konkreten Situation überprüft werden muß.

Kritisch zu fragen ist, ob das bestehende Entwicklungsportfolio der alleinige **Indikator für die strategische Bedeutung des IS** sein kann. Durch seine feststehenden Inhalte ist es zwar gut zu beurteilen, wobei jedoch nicht sichergestellt ist, daß in ihm die wirklich strategierelevanten

Anwendungsgebiete identifiziert worden sind. Dies kann z.B. in Situationen auftreten, in denen die Entwicklungskapazität weitgehend durch die Wartung der existierenden Systeme aufgezehrt wird und von daher weiterführende Projekte gar nicht definiert sind. Deswegen muß überprüft werden, ob dem bestehenden Portfolio eine systematische Analyse der nutzbringenden Anwendungsgebiete zugrundeliegt.

Ebenso wie das Modell von McFarlan u.a. bewegt sich auch die **Entwicklungstheorie** von Nolan auf einem grundsätzlichen Niveau. Die von ihr verwendeten IS-Merkmale können als notwendige Basisfaktoren für einen erfolgreichen IS-Einsatz angesehen werden. Darauf aufbauend müssen dann die Überlegungen zur Realisierung bestimmter Anwendungsgebiete oder zur Nutzung einzelner Technologien angestellt werden. Dies wird auch von Nagel so dargestellt, der ein ähnliches Phasenschema entwirft (NAGEL, 1988, S. 174-178).

Die Orientierungen, die sich aus den Überlegungen von McFarlan u.a. und Nolan für die SISP ableiten lassen, sind damit **grundsätzlicher Natur**. Sie geben Hinweise darauf, wie der weitere Planungsprozess zweckmäßig zu gestalten ist und welche prinzipiellen Rahmenbedingungen für die Formulierung konkreter IS-Ziele zu beachten sind. Damit stecken sie einen groben Rahmen ab für die Gestaltung des zukünftigen IS.

4.3 Analyse der Strategie-relevanten IS-Potentiale

4.3.1 Aufgabenstellung

Nach der globalen Beurteilung der strategischen Bedeutung des IS für den Unternehmenserfolg muß für die Fälle mit hohem IS-Einfluß die Formulierung der IS-Ziele in den Gesamtprozeß der strategischen Unternehmensplanung (SUP) integriert werden.

Die inhaltlichen Beziehungen zwischen SISP und SUP sind bereits in Kap. 2.4.3.1 dargestellt. Entscheidendes Ergebnis war, daß es sich um **wechselseitige** Einflüsse zwischen beiden Planungsbereichen handelt. Krcmar bezeichnet sie als **Beeinflussung** der Unternehmensstrategie durch Informationstechnologie und **Anpassung** des IS an die Unternehmensstrategie (KRCMAR, 1987, S. 234-235).

Die SISP liefert aus der Umweltanalyse insbesondere neue Möglichkeiten der Informationstechnologie, die im Rahmen der SUP auf ihre Verwendbarkeit für das Unternehmen hin zu untersuchen sind. Über die dabei identifizierten IS-Potentiale beeinflußt die SISP die Unternehmensstrategie.

Die SUP wiederum gibt als Ergebnis dieser Untersuchung und der Abstimmung mit den anderen Bereichen der Planung (Fertigung, Vertrieb, Personal usw.) die Ziele des Unternehmens an die SISP zurück, die in Anpassung daran entsprechende IS-Ziele ableitet (s. Abb. 4.1).

Im folgenden Kap. 4.3.2 wird die Beziehungsrichtung **SISP -> SUP** betrachtet und damit die Frage, wie aus Entwicklungen der Informationstechnologie neue strategische Potentiale (SCHOLZ, Ch., 1987, S. 103-104) für das Unternehmen erschlossen werden können. Die Ableitung der IS-Ziele aus den Ergebnissen der SUP, d.h. die Beziehungsrichtung **SUP -> SISP**, wird in Kap. 4.4 untersucht.

Die **Identifizierung strategischer Optionen** ist ein Element der SUP, d.h. hier wird das IS und seine Gestaltung integraler Bestandteil der SUP neben den anderen Planungsbereichen. Die notwendigen Analysen zur Erkennung der Strategie-relevanten Potentiale sind daher auch nicht auf das IS beschränkt, sondern müssen vielmehr parallel für alle Bereiche der SUP durchgeführt werden. Wie im nächsten Kapitel gezeigt wird, kann dies teilweise anhand von allgemeinen, nicht IS-spezifischen Verfahren erfolgen.

4.3.2   Vorgehensweise und Verfahren

Zur Identifizierung strategisch relevanter Anwendungsbereiche sind eine Reihe unterschiedlicher Verfahren entwickelt worden (KRCMAR, 1987, S. 234-236; KRCMAR, 1988, S. 3.9-3.16; MERTENS/PLATTFAUT, 1986, S. 13-16; NAGEL, 1988, insbesondere S. 99-123). Im Zusammenhang mit der getroffenen Unterscheidung zwischen Beeinflussung einer zu definierenden Strategie und Anpassung an eine vorgegebene Strategie interessieren hier jedoch nur solche, die im **Vorfeld**

einer festzulegenden Unternehmensstrategie helfen bei der Entdeckung von neuen strategischen Optionen auf Basis der Informationstechnologie.

Einige der wesentlichen diesen Suchprozeß unterstützenden Verfahren werden im folgenden vorgestellt. Für die Auswahl war maßgebend, grundlegende Verfahren darzustellen, die in viele Ansätze eingegangen sind und die auch eine operationale Unterstützung für den Planungsprozeß bieten können. Eine Gliederung kann ansetzen am **Betrachtungsschwerpunkt** der einzelnen Verfahren und unterscheiden zwischen

- Branchen-orientierter Analyse,
- Produkt-orientierter Analyse und
- Prozess-orientierter Analyse.

Die Abgrenzung zwischen den einzelnen Gruppen ist dabei nicht überschneidungsfrei, d.h., es gibt mehrfach behandelte Bereiche, wobei sich Betrachtungswinkel oder Detaillierungsgrad der Analyse jedoch unterscheiden. Diese Zusammenhänge werden in der folgenden Darstellung besonders herausgearbeitet.

Die Gliederungsreihenfolge gibt zugleich auch die sinnvollen Schritte für den Suchprozeß im Unternehmen an, der von den übergreifenden Branchen- und Produkt-bezogenen Zusammenhängen zu den spezielleren Prozess-bezogenen Bereichen führen sollte. Dies ist deswegen zweckmäßig, da aus den allgemeinen Analysen Vorgaben oder Erkenntnisse entstehen können für die speziellen Betrachtungen. Wesentliche Ausgangsbasis für alle Untersuchungen sind dabei die im Rahmen der Umweltanalyse identifzierten neuen Entwicklungen.

4.3.2.1 Branchen-orientierte Analyse

Bei der Branchen-orientierten Analyse steht die Frage im Vordergrund, wie sich unter dem Einfluß der Informationstechnologie (IT) die **Strukturen einer Branche** verändern können und welche strategischen Zwänge und Optionen daraus für das Unternehmen entstehen. Das heißt, die Analyse ist unabhängig von den

spezifischen Gegebenheiten des einzelnen Unternehmens auf generelle Entwicklungen in einem bestimmten Industriezweig gerichtet.

Bei der Beschreibung der Strukturen einer Branche wird häufig ein von Porter
entwickeltes Modell verwendet (PORTER, 1979, S. 137-143; dargestellt z.B. von
HARTWIG, 1987, S. 13; KRCMAR, 1987, S. 236). Es unterscheidet fünf **Wettbewerbskräfte**, die zusammen bestimmend für die Situation einer Branche sind (s.
Abb. 4.4).

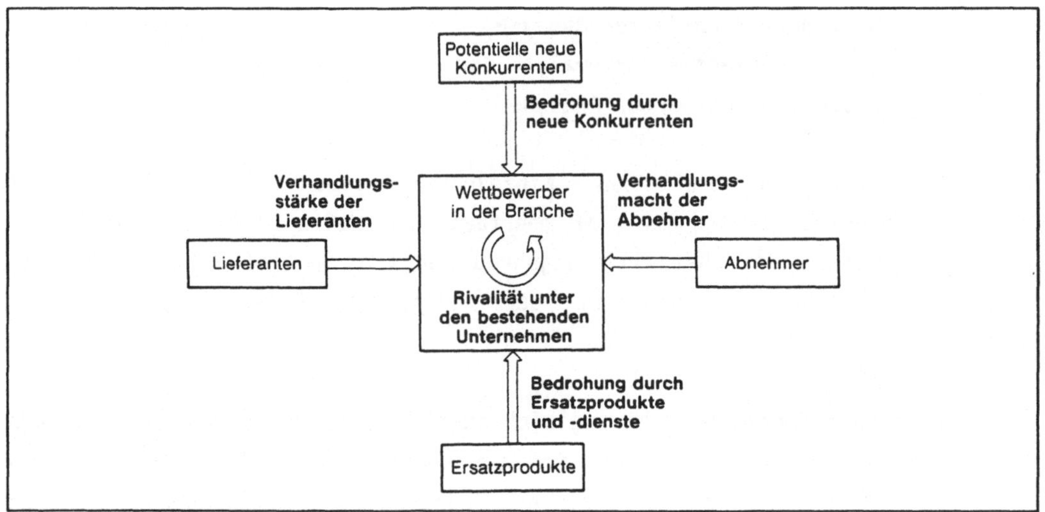

Abb. 4.4:   Wettbewerbskräfte einer Branche nach PORTER
             (Quelle: NAGEL, 1988, S. 110)

Dieses System der Wettbewerbskräfte kann dafür verwendet werden, den möglichen Einfluß der IT auf die Branchenstruktur zu analysieren. Dazu ist zu fragen, wie sich die einzelnen Kräfte durch IT verändern können.

Porter/Millar (PORTER/MILLAR, 1986, S. 31-32) nennen hierzu **Beispiele**, etwa
daß sich Markteintrittsbarrieren erhöhen, wenn Produkte selbst wesentlich aus
Informationen bestehen und damit entsprechend umfangreiche IT-Investitionen
voraussetzen. Dies gilt z.B. für Bankdienstleistungen wie Cash-Management-
Systeme. Die IT trägt in diesem Fall dazu bei, die Bedrohung durch neue
Konkurrenten zu vermindern.

Aber auch umgekehrte Effekte können entstehen, wenn etwa durch IT sich die Flexibilität in der Fertigung erhöht und damit auch kleinere Losgrößen auf hochautomatisierten Anlagen wirtschaftlich produziert werden können. Dies bedeutet, daß Unternehmen, die bisher spezielle Marktnischen bedient haben, künftig auch Konkurrenz durch die Massenhersteller bekommen können und sich die Wettbewerbsintensität damit erhöht.

Für jede der fünf Wettbewerbskräfte muß analysiert werden, wie sie durch die IT beeinflußt werden kann. McFarlan hat die dabei zu untersuchenden Fragen formuliert (McFARLAN, 1984, S. 99-101). Als Ergebnisse werden erwartete **generelle Veränderungen der Branchenstruktur** und die sie ermöglichenden **IT-Entwicklungen und -Anwendungsgebiete** identifiziert.

Diese Veränderungen stellen neue Anforderungen dar, auf die das Unternehmen eine Antwort finden muß. Dabei befindet es sich aber nicht in einer ausschließlich reaktiven Position, sondern kann in manchen Fällen auch Entwicklungen selbst einleiten und steuern (PORTER/MILLAR, 1986, S. 34). Dies bedeutet, daß aus der Analyse der Branchenentwicklung eigene zu treffende Maßnahmen abgeleitet werden müssen. Da diese jedoch auch die spezifischen Gegebenheiten und Möglichkeiten des Unternehmens berücksichtigen müssen, ergeben sich hier die Anknüpfungspunkte zu den nachfolgenden Produkt- und Prozessorientierten Analysen. Dies soll an einem **Beispiel** verdeutlicht werden:

Die Analyse der zukünftigen Entwicklung der Branchenstruktur hat ergeben, daß eine stärkere informatorische Anbindung der Kunden zu erwarten ist. Informationstechnische Grundlage dafür sind die zunehmenden Vernetzungsmöglichkeiten, wesentliche Anwendungsgebiete werden die Auftrags- und Lieferabwicklung und die Übermittlung von Qualitätsdaten an den Kunden sein.

Das Unternehmen sieht diese informatorische Anbindung der Kunden als notwendig an, um langfristig im Markt zu bestehen. Im Rahmen der Prozess-orientierten Betrachtung müssen dann in einer vertiefenden Analyse der kundenbezogenen Aktivitäten die Möglichkeiten identifiziert werden, diese Anbindung konkret durch veränderte Informationsflüsse und organisatorische Abläufe zu realisieren.

Dies zeigt, daß auf den unterschiedlichen Analyseebenen im wesentlichen die gleichen Bereiche betrachtet werden, die ein einfaches und allgemeines Modell des Unternehmens und seiner Einbettung in den Markt darstellen. Der Unterschied liegt in der Untersuchungsperspektive, die zum einen auf generelle Entwicklungen gerichtet ist (-> Branchenanalyse), zum anderen auf unternehmensindividuelle Handlungsmöglichkeiten (-> Produkt- und Prozessanalyse).

4.3.2.2 Produkt-orientierte Analyse

In der Produkt-orientierten Analyse interessiert die Frage, welchen Einfluß die IT auf das **Produktspektrum des Unternehmens** haben kann, wobei unter Produkten hier immer auch Dienstleistungen mitzuverstehen sind. Dabei können zwei Untersuchungsbereiche unterschieden werden:

Können auf der Basis von IT neue Produkte entwickelt werden, die damit auch neue Märkte ins Leben rufen?
->   **IT-basierte Produkte**

Kann unter Einsatz von IT das bestehende Produktspektrum ausgedehnt oder fortentwickelt werden, so daß ein erweitertes Marktangebot des Unternehmens resultiert?
->   **IT-verwendende Produkte**

Für die Untersuchung der Möglichkeiten, die die IT zur Gestaltung des Produktspektrums eröffnet, muß das Unternehmen auch die relevanten Ergebnisse der **Branchen-Analyse** berücksichtigen. Dort ist der Wettbewerbsfaktor "Bedrohung durch Ersatzprodukte oder -dienste" daraufhin zu untersuchen, inwieweit durch IT die Entstehung von Substitutionsprodukten beeinflußt wird. Die Einsichten, die dabei unter Bezug auf die gesamte Branche und die hergestellten Produktkategorien gewonnen wurden, müssen in die unternehmensspezifischen Überlegungen miteingebracht werden, um daraus entstehende Chancen und Risiken zu erkennen.

-    **IT-basierte Produkte**

In diesem Fall entstehen auf der Basis der neuen IT Produkte, die es bisher nicht gab und die damit auch einen Markt mit neuen Anbietern und Nachfragern konstituieren. Zweck dieser Produkte ist die unmittelbare Unterstützung von

Informationsverarbeitungsaufgaben. Ein **Beispiel** hierfür sind öffentlich zugängliche Datenbanken, die Informationen über ein Fachgebiet zur Verfügung stellen, also etwa eine juristische Datenbank mit Gesetzestexten und Gerichtsurteilen.

Zur konkreten **Analyse** im Unternehmen, ob auf Basis neuer IT solche Produkte entstehen können, sind folgende Fragen zu beantworten (PORTER/MILLAR, 1986, S. 33-34):

- Welche Anwendungsformen der Informationsgewinnung, -verarbeitung, -speicherung oder -übertragung werden möglich durch neue IT-Entwicklungen?
- Welche Bedarfe entstehen wiederum aus der Nutzung der IT, d.h. welche Unterstützungs- oder Ergänzungsleistungen können dem IT-Anwender angeboten werden?
- Welche Fähigkeiten und Ressourcen, die das Unternehmen durch seine normale Geschäftstätigkeit im Bereich der Informationsverarbeitung aufgebaut hat, können für externe Interessenten vermarktet werden?

Während die beiden ersten Fragen primär für Unternehmen von Bedeutung sind, die selbst Produkte zur Unterstützung von Informationsverarbeitungsaufgaben anbieten, ist die dritte Frage von allgemeinerem Interessse. Denn hier geht es darum, aus vorhandenen Kenntnissen und Ressourcen auch einen Nutzen außerhalb des eigenen Unternehmens zu ziehen. Dies kann z.B. dadurch realisiert werden, daß EDV-Bereiche rechtlich verselbständigt werden und ihre Leistungen auch am Markt anbieten oder etwa Unternehmensdaten an Marktforschungsinstitute oder Auskunftsdienste verkauft werden.

- **IT-verwendende Produkte**

In diesem Fall ermöglicht es der Einsatz von IT dem Unternehmen, das bestehende Produktspektrum auszudehnen oder durch eine stärkere "informationelle Komponente" (PORTER/MILLAR, 1986, S. 30) zu ergänzen, die dem Verwender einen Zusatznutzen bietet. Ein **Beispiel** hierfür sind Heizungssteuerungen mit integrierter Uhr, über die der Heizvorgang automatisch zu einer bestimmten Zeit ohne einen Eingriff des Benutzers angestoßen werden kann.

Zur konkreten **Analyse** im Unternehmen, ob durch die Verwendung von IT das bestehende Produktspektrum ausgedehnt oder fortentwickelt werden kann, müssen die beiden genannten Aspekte untersucht werden (PORTER/MILLAR, 1986, S. 35):

- Kann den Produkten ein höherer Informationsgehalt gegeben werden, der einen Zusatznutzen bei der Verwendung stiftet?
- Können mit Hilfe der IT das bestehende Produktspektrum erweitert und damit neue Marktsegmente erschlossen werden?

Der erste Aspekt zielt auf eine Veränderung der Produkte selbst, der zweite dagegen mehr auf Veränderungen betrieblicher Gegebenheiten durch IT, die ein erweitertes Marktangebot ermöglichen, z.B. eine erhöhte Flexibilität in der Fertigung durch IT-gestützte Automatisierung.

4.3.2.3   Prozess-orientierte Analyse

Die Prozess-orientierte Analyse, die die detaillierteste Analysestufe darstellt, untersucht die einzelnen **Aktivitätsbereiche des Unternehmens** unter dem Aspekt, wie sie durch Nutzung von IT zu strategischen Wettbewerbsvorteilen beitragen können. Der Begriff "Prozess" soll dabei verdeutlichen, daß eine ablauforientierte Perspektive zugrundeliegt, die logisch zusammengehörige Aktivitäten gesamthaft betrachtet und dabei die organisatorischen Gliederungen innerhalb des Unternehmens und auch die Unternehmensgrenzen selbst überschreitet (NAGEL, 1988, S. 102).

Für die Untersuchung einzelner Prozesse müssen wiederum die Ergebnisse berücksichtigt werden, die in der vorgelagerten **Branchen- und Produktanalyse** erarbeitet wurden. Denn dort wurden zum einen die Entwicklung der Beziehungen zu den Marktpartnern (Lieferanten, Abnehmer, Konkurrenten) und zum anderen die Möglichkeiten zur Gestaltung des Produktspektrums analysiert. Hierbei erkannte Chancen und Anforderungen müssen nun in Ansätze zur Veränderung der Unternehmensprozesse umgesetzt werden.

Als Hilfsmittel der Analyse sollen zwei Modelle von Unternehmensprozessen vorgestellt werden, ein allgemeineres, die **Wertschöpfungskette** von Porter

(PORTER/MILLAR, 1985, S. 27-28) und ein spezielles, der **Produktlebenszyklus aus Kundensicht** von Ives/Learmonth (IVES/LEARMONTH, 1984, S. 1197-1200).

Die **Wertschöpfungskette** ist in ihren Grundzügen bereits in Kap. 3.2.2.1 dargestellt als Strukturierungshilfe zur Identifizierung der für die Analyse der Ausgangssituation relevanten Informationsverarbeitungsfunktionen. Auf eine erneute Wiedergabe kann daher verzichtet werden, es soll nur die Verwendung im jetzt betrachteten Zusammenhang erläutert werden.

Der Leitaspekt der Prozess-Analyse ist die Frage, wie die einzelnen Unternehmensaktivitäten durch Nutzung von IT zu Wettbewerbsvorteilen beitragen können. Diese können in niedrigeren Kosten oder höherem Kundennutzen liegen, jeweils im Vergleich zu den Konkurrenten am Markt. Sie sind eine "Funktion der Wertschöpfungskette des Unternehmens" (PORTER/MILLAR, 1986, S. 28), d.h. sie sind bestimmt durch Art und Verbindung der einzelnen Aktivitäten im Leistungserstellungsprozeß des Unternehmens.

Für die Prozess-Analyse muß daher untersucht werden, welche **Potentiale zur Kostensenkung** oder **Erreichung eines höheren Kundennutzens** durch Differenzierung gegenüber der Konkurrenz in den einzelnen Aktivitäten der Wertschöpfungskette durch den Einsatz von IT erschlossen werden können. Dabei ist die Analyse nicht auf das Unternehmen alleine begrenzt, sondern muß auch die angrenzenden Aktivitäten von Lieferanten und Abnehmern miteinbeziehen, da die Wertschöpfungskette des Unternehmens in ein umfassenderes System eingebettet ist, dessen Interdependenzen beachtet werden müssen. Porter/Millar geben einige Hinweise, welche Bereiche am ehesten Wettbewerbsvorteile durch den IT-Einsatz erwarten lassen (PORTER/MILLAR, 1986, S. 35):

- Wertschöpfungsaktivitäten mit einem hohen Informationsgehalt, die
  -- hohe Kosten verursachen oder
  -- Aspekte des Marktangebots betreffen, die zur Differenzierung gegenüber der Konkurrenz verwendet werden können
- Verkettungen zwischen einzelnen Wertschöpfungsaktivitäten
  -- innerhalb des Unternehmens
  -- an den Verbindungsstellen zu Marktpartnern.

Mit dem zweiten Aspekt, der Verkettung zwischen einzelnen Aktivitäten, ist die Integration durch IT-Einsatz (SCHEER, 1988a, S. 4-6) als Quelle von Wettbewerbsvorteilen für das Unternehmen angesprochen.

Im Unterschied zu dem umfassenden, globalen Modell der Wertschöpfungskette bietet der **Produktlebenszyklus aus Kundensicht** von Ives/Learmonth ein begrenzteres, dafür aber stärker ausgearbeitetes Raster zur Identifzierung von wettbewerbsrelevanten IT-Nutzungsmöglichkeiten. Es betrachtet die verschiedenen Phasen, die ein Produkt aus der **Sicht des Kunden** durchläuft, und fragt, wie der Hersteller den Kunden jeweils bei seinen Aktivitäten unterstützen kann.

Insgesamt werden folgende **13 Stufen** unterschieden, die nicht alle für jedes Produkt relevant sein müssen, und Beispiele für entsprechende Unterstützungsmöglichkeiten durch IT dargestellt (IVES/LEARMONTH, 1984, S. 1198-1200):

- mengenmäßige/zeitliche Bedarfsspezifikation
- qualitative Spezifikation des benötigten Produkts
- Lieferantenauswahl
- Bestellung
- Bonitätsprüfung und Zahlungsabwicklung
- Lieferung
- Wareneingangsprüfung
- Bestandsführung und Disposition
- Verwendungsüberwachung
- Erkennung von Bedarfsänderungen
- Instandhaltung
- Rückgabe
- Kostenüberwachung.

Auch Mertens/Plattfaut geben eine leicht modifizierte Systematik wieder mit Beispielen für mögliche IT-Anwendungen zur Unterstützung des Kunden bei den einzelnen Aktivitäten (MERTENS/PLATTFAUT, 1986, S. 15-16).

Der Produktlebenszyklus aus Kundensicht thematisiert **neue Verkettungen** zwischen Aktivitäten des Unternehmens und seiner Kunden und faßt diese als Ansatzpunkte zur Erreichung von Wettbewerbsvorteilen auf. Die konsequente Einnahme der Kundenperspektive und die entsprechende Definition der Stufen ist dabei ein Hilfsmittel, um auch neue Möglichkeiten zu erkennen, die über die bisherigen hinausgehen. Die Kundensicht könnte durch ein analoges Modell der Lieferantenbeziehung ergänzt werden, anhand dessen Verkettungen untersucht werden, die eine optimale Versorgung ermöglichen (NAGEL, 1988, S. 188-189).

4.3.3 Bewertung der Verfahrensunterstützung

Zielsetzung der dargestellten Analysen des IT-Einflusses auf

- Branche,
- Produkte und
- Prozesse

ist die **Identifizierung strategisch relevanter Anwendungsbereiche**, um diese als Optionen in die Formulierung der Unternehmensziele einfließen zu lassen. Welchen Beitrag zu dieser Aufgabe die beschriebenen Verfahren leisten können, soll anhand einiger wesentlicher Aspekte bewertet werden (KRCMAR, 1987, S. 237-238):

- **Suchhilfe**

Die Verfahren sind als Suchhilfen einsetzbar, die eine Strukturierung des Untersuchungsbereichs vornehmen und damit die relevanten Fragestellungen aufzeigen. Zum Teil geben sie auch Hinweise auf besonders erfolgversprechende Bereiche innerhalb des jeweils betrachteten Gebiets (z.B. die Verknüpfung von Wertschöpfungsaktivitäten).

- **Detaillierung**

Der Detaillierungsgrad der Verfahren ist gering, d.h. die vorgenommene Strukturierung des Untersuchungsbereichs erfolgt auf einem allgemeinen Niveau. Der Einsatz in einem konkreten Fall verlangt deshalb vom Anwender die Umsetzung auf die Gegebenheiten seiner Branche und seines Unternehmens, z.B. die Definition von Wertschöpfungsaktivitäten. Vorteil der geringen Detaillierung ist jedoch, daß die Verfahren ein sehr breites Spektrum von Situationen erfassen können.

- **Verwendung im Planungsprozeß**

Die Verfahren sind nicht IT-spezifisch und können von daher auch für die Generierung von strategischen Optionen in anderen Bereichen der SUP eingesetzt werden (-> **horizontale Verwendbarkeit**).

Eine eindeutige Zuordnung der Verfahren zu den Phasen

- Beeinflussung der Strategie oder
- Anpassung an die Strategie

(s. Kap. 4.3.1) ist nicht möglich. Die Verfahren können sowohl die Generierung von neuen strategischen Optionen (-> Beeinflussung) als auch von Möglichkeiten zur Umsetzung gegebener Ziele (-> Anpassung) unterstützen. Dies bedeutet, daß die dargestellten Verfahren auch im nachfolgenden Planungsschritt "Formulierung der Anwendungs-bezogenen Ziele" eingesetzt werden können (-> **vertikale Verwendbarkeit**).

Insgesamt bieten die Verfahren eine **Leitlinie für den Suchprozeß** und unterstützen durch ihre horizontale Verwendbarkeit auch in den anderen Bereichen der SUP die Integration der SISP in die SUP, da die Generierung der Optionen anhand der gleichen Verfahren erfolgen kann. Damit werden auch Bedenken gegen die Praktikabilität einer solchen Integration (PETER, 1983, S. 192) abgeschwächt.

Weiterentwicklungen der Verfahren können durch stärkere Ausarbeitung einzelner Bereiche erfolgen, wie sie im Produktlebenszyklus für die Beziehung zu den Kunden vorgenommen wurde, insbesondere aber auch durch die **Einbeziehung von EDV-Unterstützung** in den Suchprozeß. Krcmar weist hierzu auf einen entsprechenden Ansatz mit einem Dialog-orientierten Verfahren hin (KRCMAR, 1987, S. 238-242).

Solche EDV-gestützten Verfahren bieten im Unterschied zu den dargestellten rein statisch orientierten Strukturierungen durch ihren **dynamischen Charakter** die Möglichkeit, Erkenntnisse und Informationen aus dem Suchprozeß für dessen weitere Steuerung zu verwenden. Damit ist eine bessere Unterstützung für die Entdeckung der erfolgversprechenden Bereiche möglich. Die dazu notwendigen Zusammenhänge können in der Wissensbasis eines Expertensystems verwaltet werden.

4.4 Formulierung der Anwendungs-bezogenen Ziele

Die Integration der SISP in die SUP hat zum einen die Aufgabe, **strategische Optionen** für das Unternehmen aus dem Einsatz von IT aufzuzeigen. Zum anderen ist sie Voraussetzung zur **Ableitung von IS-Zielen**, die konsistent zu den allgemeinen Unternehmenszielen sind. Denn eine strategische Planung kann nicht isoliert nur für das IS erfolgen, sondern muß die Entwicklung der anderen Bereiche berücksichtigen, zu denen Interdependenzen bestehen.

So ist es nicht sinnvoll, etwa das Ziel "Verkürzung der Durchlaufzeiten" alleine für die Gestaltung des IS aufzustellen, ohne zugleich auch entsprechende Vorgaben für die zukünftige Fertigungstechnologie und -organisation zu machen. Denn ansonsten besteht die Gefahr unkoordinierter Entwicklungen mit entsprechenden Reibungsverlusten. Diese simultane Betrachtung aller Bereiche wird im Rahmen der SUP durchgeführt. Ergebnis sind **abgestimmte Unternehmens-ziele** (SCHOLZ, Ch., 1988b, S. 445-446), die im weiteren Prozeß der SISP in entsprechende IS-Ziele für Anwendung und Implementierung umzusetzen sind.

4.4.1 Aufgabenstellung

Bei der Ableitung der Anwendungs-bezogenen Ziele handelt es sich um die Phase der **Anpassung** (s. Kap. 4.3.1) der IS-Strategie an die Unternehmensstrategie. Sie besteht aus den logisch abgrenzbaren Schritten

- Ermittlung der Informationsbedürfnisse,
- Bestimmung der Handlungsbedarfe und
- Vergabe von Prioritäten.

- **Ermittlung der Informationsbedürfnisse**

"Der Informationsbedarf bezeichnet die Art, Menge und Qualität desjenigen Wissens, das zur Erfüllung einer Aufgabe... erforderlich ist" (WINDLER, 1987,

S. 184). Bezogen auf die Gestaltung des IS heißt das, die notwendige Funktions- und Daten-seitige Unterstützung der Informationsverarbeitungsaufgaben des Unternehmens zu bestimmen, die vom IS zu leisten ist. Damit werden die Anforderungen an das IS aus Anwendungssicht definiert.

- **Bestimmung der Handlungsbedarfe**

Aus der Gegenüberstellung von Anforderungen und erreichter Unterstützung sind die Anwendungsfelder zu bestimmen, in denen ein Handlungsbedarf im Hinblick auf die Weiterentwicklung des IS besteht.

- **Vergabe von Prioritäten**

Die einzelnen identifizierten Anwendungsfelder sind mit Prioritäten für ihre Realisierung zu versehen. Als Kriterium ist in diesem Planungsstadium zunächst nur die Bedeutung für die Erreichung der Unternehmensziele wichtig. Durch die Prioritäten soll sichergestellt werden, daß die an die folgenden Planungsstufen weitergegebenen IS-Ziele in konsistenter Weise die Unternehmensziele wiedergeben.

Im folgenden werden Arten von Verfahren vorgestellt, die zur Unterstützung der skizzierten Aufgabenstellung eingesetzt werden können. Für die einzelnen Arten

- normative Verfahren,
- analytische Verfahren und
- globale Verfahren

erfolgt zunächst eine allgemeine **Charakterisierung** bezüglich ihrer Vorgehensweise. Danach werden **einzelne Verfahren** vorgestellt und für sie jeweils ein **Abgleich mit dem Planungskonzept**, wie es in Kap. 2.4.2 vorgeschlagen wurde, durchgeführt. Letzteres erfolgt deshalb, da die Verfahren mehrere SISP-Komponenten unterstützen können, so daß eine Betrachtung der von ihnen abgedeckten Aufgabenbereiche und der vorgeschlagenen Schrittfolge sinnvoll ist.

4.4.2   **Vorgehensweise und Verfahren**

4.4.2.1   **Normative Verfahren**

a.   Charakterisierung

Grundlegende Idee der normativen Verfahren ist, daß eine Klassifizierung von Unternehmen in einer Form möglich ist, daß gilt: "Innerhalb dieser Klassen gibt es charakteristische Gemeinsamkeiten, die es erlauben, einen standardisierten Informationsbedarf normativ vorzuschreiben und so für die einzelnen Klassen eine **Standard-Systemarchitektur** zu definieren" (PETER, 1983, S. 260).

Dies bedeutet, daß die Informationsbedürfnisse und die daraus entwickelte System- oder Informationsarchitektur zunächst nicht aus den Unternehmenszielen, sondern aus Merkmalen des Unternehmens abgeleitet werden. Dahinter steht eine theoretische Basis, die diese Zuordnung herstellt zwischen Unternehmensklasse und Standard-Systemarchitektur, wobei eine solche Architektur durch Datenklassen und Informationsverarbeitungsprozesse beschrieben wird. Sie wird im weiteren dann als **Ausgangsbasis** verwendet, um daraus in Interviews mit dem Management eine **unternehmensindividuelle Lösung** zu entwickeln.

Diese Zusammenhänge sind in Abb. 4.5 (s. u.) dargestellt mit den durchzuführenden Arbeitsschritten und der von den Verfahren bereitgestellten Unterstützung. Der weitere Planungsprozeß, in dem aus der individuellen Architektur und den bestehenden Systemen die Ansatzpunkte für die weitere Entwicklung abgeleitet werden, ist hier nicht weiter detailliert, da er sich nicht grundsätzlich von dem der nachfolgend dargestellten analytischen Verfahren unterscheidet und somit nicht charakteristisch für die normativen Ansätze ist.

b.   Einzelne Verfahren

Die **Hauptelemente** der normativen Verfahren

- Klassifizierungsmerkmale und
- Standard-Systemarchitektur

werden im folgenden am Beispiel des Verfahrens BIAIT (Business Information Analysis and Integration Technique; CARLSON, 1979) beschrieben; dabei wird auf Unterschiede zum Verfahren BICS (Business Information Characterization Study; KERNER, 1979) hingewiesen.

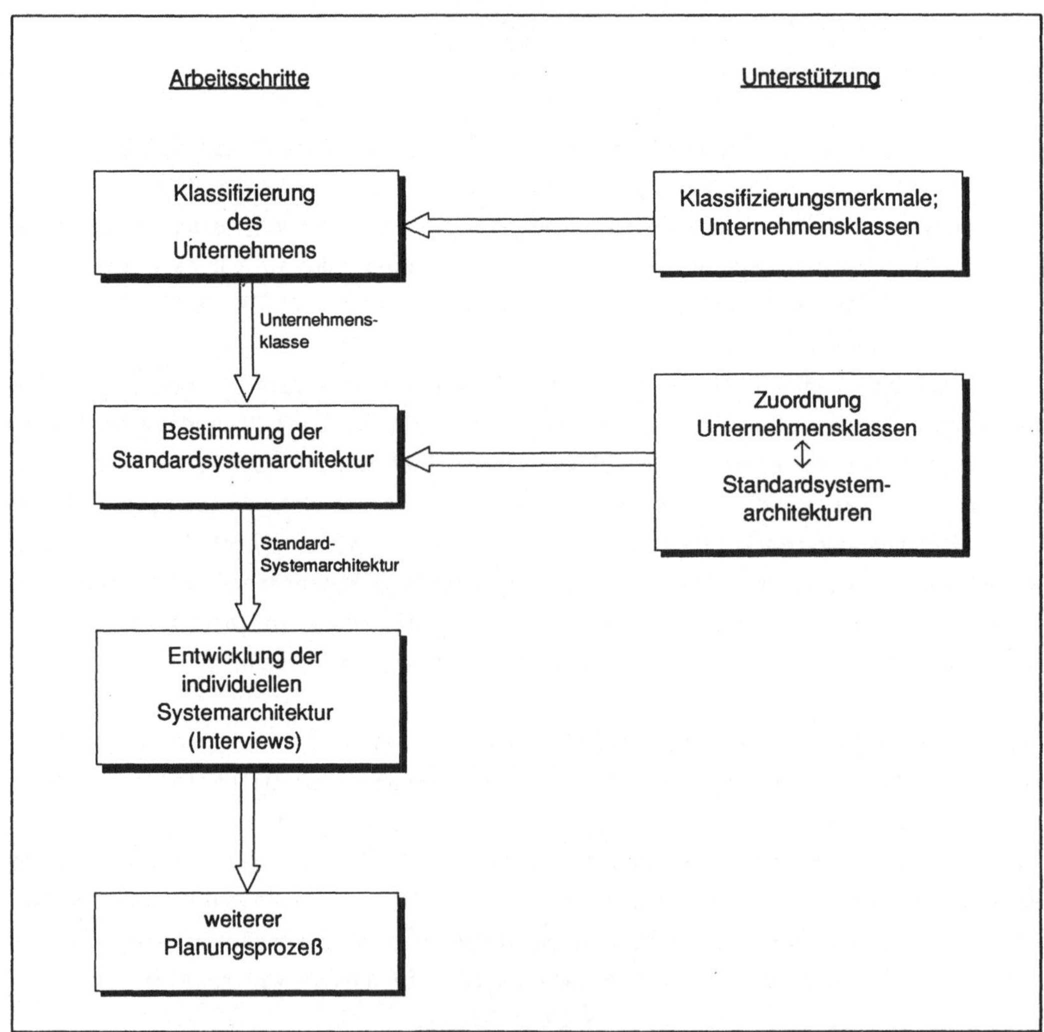

Abb. 4.5:   Schritte eines normativen Verfahrens

Basis zur **Klassifizierung** des betrachteten Unternehmens sind 7 Fragen, auf die jeweils zwei Antworten (Ja/Nein oder definierte Kategorien) möglich sind. Die ersten 4 Fragen beziehen sich auf den **Auftrag** als der treibenden Kraft aller Aktivitäten und seine Abwicklung im Unternehmen, die übrigen 3 beziehen sich auf den Gegenstand des Auftrags, das **Produkt**, worunter auch Dienstleistungen zu fassen sind. Die Fragen sind im einzelnen (PETER, 1983, S. 261):

1. Verkauf gegen Bargeld oder Rechnungslegung (auf Ziel)?
2. Auftragserfüllung in Zukunft oder unmittelbar?
3. Ist das Käuferverhalten in der Vergangenheit von Interesse?
4. Fixe oder ausgehandelte Preise?
5. Verkauf oder Vermietung der Produkte bzw. Dienstleistungen?
6. Wird das Produkt auch nach dem Verkauf verfolgt?
7. Produktion auf Auftrag oder auf Lager?

Bei der Beantwortung der Fragen müssen die einzelnen Auftragsarten, die ein Unternehmen erhält, differenziert werden, wenn sie zu unterschiedlichen Antworten führen. Ein Unternehmen mit unterschiedlichen Auftragsarten wird durch mehrere Antwortkombinationen beschrieben. Insgesamt sind 128 Kombinationen möglich, von denen jedoch nur etwa 60 realistisch sind (DAVIS, 1982, S. 16). Die genannten Fragen werden auch von dem Verfahren BICS verwendet (KERNER, 1979, S. 10-12).

Zweites wesentliches Element eines normativen Verfahrens sind die in Abhängigkeit von den Kombinationen der Klassifizierungsmerkmale definierten **Standard-Systemarchitekturen.** Bei BIAIT sind für jede Kombination insbesondere die zugehörigen

- Geschäftsziele/Erfolgsfaktoren,
- Geschäftsfunktionen,
- Datenklassen und
- Beziehungen Geschäftsfunktion/Datenklasse

angegeben (CARLSON, 1979, S. 8). Anhand der bei der Klassifizierung des Unternehmens ermittelten Kombinationen kann damit die entsprechende Standardarchitektur automatisch abgeleitet werden.

Bei BICS ist dies weitgehend ähnlich; Unterschiede liegen darin, daß keine Geschäftsziele angegeben werden und daß für die Datenklassen ein **strukturiertes Modell** verwendet wird. Dieses unterscheidet 12 inhaltlich spezifizierte Basiselemente ("Unique Inventories", KERNER, 1979, S. 10-12), die sich auf grundlegende Ressourcen des Unternehmens (Produkt, Kunde, Lieferant,

Betriebsmittel, Mitarbeiter, Geld) und auf Verbindungen zwischen diesen Ressourcen (Kundenauftrag, Lieferungsverfolgung, Stückliste, Arbeitsplan, Beschaffungsauftrag, Tätigkeit) beziehen. Innerhalb der Basiselemente werden jeweils Plan- und Ist-Daten sowie beschreibende und wertmäßige Daten als Datengruppen unterschieden, womit sich eine Struktur ergibt, wie sie in Abb. 4.6 dargestellt ist.

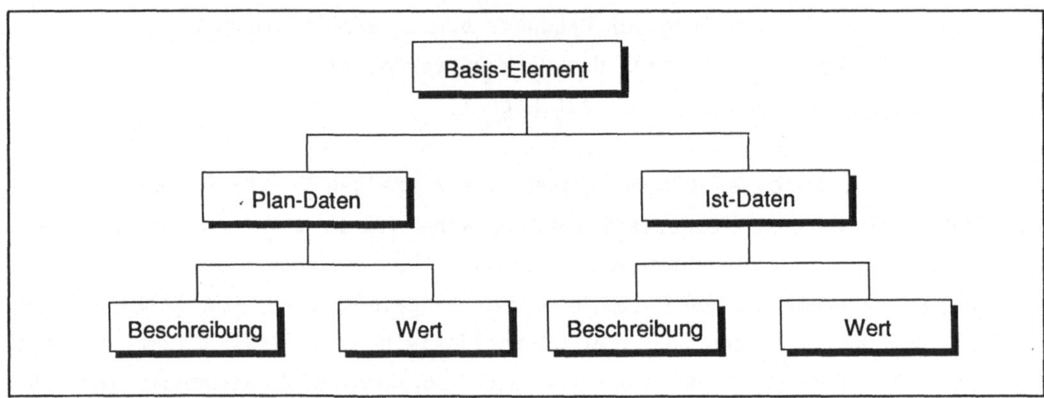

Abb. 4.6:   Strukturierung der Daten in BICS

Als Ergebnis der beiden ersten Arbeitsschritte gemäß Abb. 4.5 liefern die normativen Verfahren eine Standard-Systemarchitektur mit den aufgezeigten Elementen. Diese muß im **weiteren Planungsprozeß** noch folgende Schritte durchlaufen (CARLSON, 1979, S. 8-9):

1.   Überprüfung der Standardarchitektur an den spezifischen Gegebenheiten des Unternehmens durch Interviews mit dem Management
Ergebnis: unternehmensindividuelle Architektur und Geschäftsziele
2.   Analyse der bestehenden Informationssysteme
3.   Ermittlung von Ansatzpunkten für Verbesserungen aus dem Abgleich von Schritt 1. und 2.

Für diese Aufgaben liefert BIAIT **keine Unterstützung,** wenn man davon absieht, daß für den ersten Schritt die Standardarchitektur als Diskussionsgrundlage verwendet werden kann. BICS stellt einige Instrumente zur Beschreibung der bestehenden Informationssysteme (Datenflußmodell, Funktionsschema) und auch Ansätze zur Identifizierung von Verbesserungsmöglichkeiten (Fragenkataloge) bereit (KERNER, 1979, S. 15-17), jedoch unterscheiden diese sich nicht wesentlich von den bei den analytischen Verfahren eingesetzten. Sie sind somit nicht kennzeichnend für die normativen Ansätze alleine.

c.   Abgleich mit dem das Planungskonzept

Für den Abgleich mit dem vorgeschlagenen Planungskonzept für die SISP (s. Kap. 2.4.2) sind zwei Fragen zu beantworten:

- Welche **Komponenten** des Konzepts können durch die betrachteten Verfahren abgedeckt werden?

- Wie verhält sich die **Schrittfolge** der Verfahren zu der im Konzept dargestellten?

Die normativen Verfahren BIAIT und BICS unterstützen im Rahmen der SISP im wesentlichen die Ableitung der **Anwendungs-bezogenen IS-Ziele** und in Ansätzen auch die **Definition der logischen Rahmen-Architektur** zur Erarbeitung der IS-Strategie (s. Kap. 5.2.2.1). Für beide Bereiche ist die Standardarchitektur der Geschäftsfunktionen und Datenklassen, die auf Basis der den Verfahren zugrundeliegenden normativen Theorie ermittelt wird, das zentrale Ergebnis. Sie ist zum einen eine erste Form der Anwendungs-bezogenen Ziele, zum anderen auch bereits eine Strukturierung des gesamten Funktionsspektrums im Sinne einer Informationsarchitektur. Insofern kann von einer Unterstützung für beide Komponenten aus dem SISP-Konzept gesprochen werden.

Von der Folge der Planungsschritte her erarbeiten die normativen Verfahren zunächst ohne Berücksichtigung der Unternehmensziele und der Ausgangssituation, die lediglich durch die 7 Klassifizierungsfragen angesprochen ist, eine **detaillierte Standardarchitektur.** Diese wird als Ausgangsbasis für die Interviews mit dem Top-Management verwendet und dabei in eine individuelle Architektur transformiert, die den Anforderungen aus den Unternehmenszielen entspricht.

Damit ist ein Unterschied zu der Schrittfolge des Planungskonzeptes gegeben, das die in der Analyse der Ausgangssituation identifizierten **Funktionsberei-che und Prozeßketten** als Basis zur Erarbeitung der Anwendungs-Ziele mit dem Management betrachtet und erst danach die Verfeinerung und Strukturierung des gesamten Spektrums zu einer unternehmensindividuellen Informationsarchitektur vornimmt.

Im Ergebnis sind Planungskonzept und normativer Ansatz dann wieder übereinstimmend. Der Unterschied liegt also darin, daß die Erarbeitung der wesentlichen Funktionsbereiche einmal auf grober Ebene im Rahmen einer ablauforganisatorischen Analyse des Unternehmens erfolgt, zum anderen anhand einer normativen Theorie vorgenommen wird, die nur auf ganz wenigen Informationen über das Unternehmen basiert und gleich zu einer detaillierten Architektur führt. Diese unterschiedliche Ausgangsbasis für die Diskussion mit dem Top-Management hat natürlich auch Einfluß auf den Aufwand für diese Phase, da im Fall der normativen Verfahren eine detailliertere Betrachtungsebene gewählt wird und zudem noch keine unternehmensindividuelle Anpassung der Funktionsbereiche gegeben ist.

4.4.2.2 Analytische Verfahren

a. Charakterisierung

Gemeinsam mit den normativen Verfahren ist den analytischen Verfahren, daß auch sie die Anwendungsziele auf der Basis einer umfassenden Informationsarchitektur entwickeln. Der Unterschied liegt im Weg, wie diese erarbeitet wird. Bei den analytischen Verfahren "... wird nicht von einem Standardmodell ausgegangen, sondern die Systemarchitektur muß durch das Analyseverfahren zur Gänze **neu entwickelt** werden" (PETER, 1983, S. 264).

Der Konstruktionsprozeß geht also nicht von einer Standardarchitektur aus, die durch Überprüfung in die individuelle Lösung transformiert wird, sondern erarbeitet direkt ein auf den betrachteten Bereich **zugeschnittenes Modell**. Als Hilfestellung dazu bieten die Verfahren kein inhaltlich konkretisiertes Schema von Datenklassen und Geschäftsprozessen wie die normativen Ansätze, sondern formale Strukturierungen, die die Identifzierung der Elemente der Informationsarchitektur unterstützen sollen. Abb. 4.7 zeigt die wesentlichen Arbeitsschritte und die von den Verfahren bereitgestellte Unterstützung.

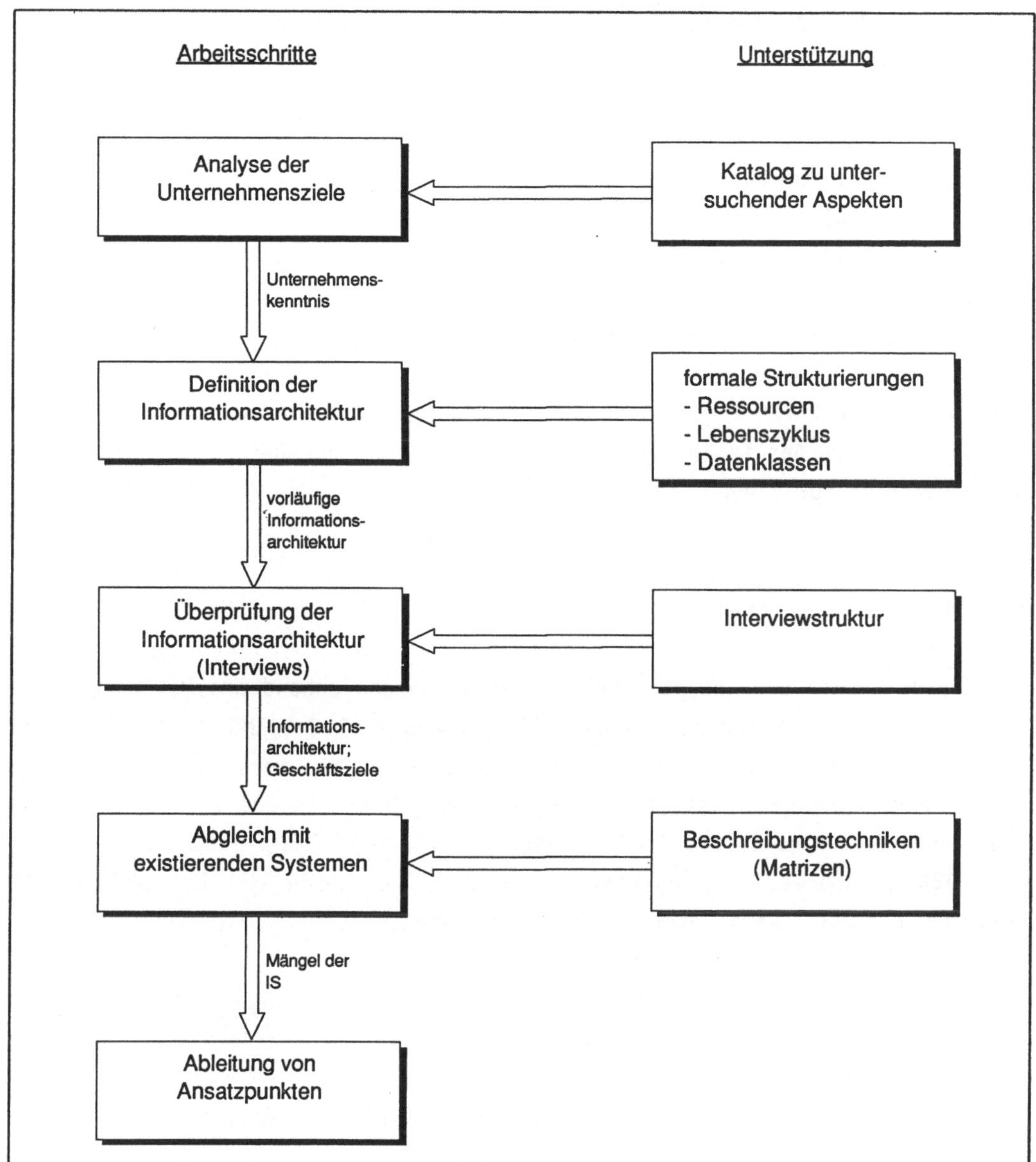

Abb. 4.7:   Schritte eines analytischen Verfahrens

Zur Erarbeitung einer solchen individuellen Informationsarchitektur wird wesentlich mehr **Wissen über das Unternehmen** und seine Aktivitäten benötigt als zur Klassifizierung bei den normativen Verfahren. Deshalb muß dem eigentlichen Konstruktionsprozeß entweder eine Analyse der Unternehmenssituation vorgeschaltet werden oder die entsprechenden Kenntnisse müssen innerhalb des Projektteams verfügbar sein.

Die an die Erarbeitung der Informationsarchitektur anschließenden Planungsschritte

- Überprüfung der definierten Architektur anhand der Anforderungen aus den Unternehmenszielen,
- Abgleich mit den existierenden Systemen und
- Ableitung von Ansatzpunkten für die Weiterentwicklung

sind analog zu den normativen Verfahren.

Die Abb. 4.5 und 4.7 verdeutlichen, daß die Unterschiede zwischen normativem und analytischem Ansatz in den Arbeitsschritten bis zur Definition der Informationsarchitektur liegen.

b.   Einzelne Verfahren

Die Grundelemente der analytischen Verfahren werden anhand des Verfahrens **BSP** (Business Systems Planning; dargestellt in BUSINESS SYSTEMS PLANNING, 1984) beschrieben, das eines der bekanntesten und am meisten angewendeten analytischen Verfahren ist. Auf Parallelen und Unterschiede zu den Verfahren **KSS** (Kommunikations-System-Studie; dargestellt in VETTER, 1988, S. 148-199) und **IEM** (Information Engineering Method; dargestellt in INFORMATION ENGINEERING, 1988) wird abschließend hingewiesen.

Die folgende Darstellung versucht nicht eine vollständige Erfassung aller BSP-Elemente, zumal die Methode entsprechend gut dokumentiert ist. Vielmehr sollen die wesentlichen Schritte des Planungsprozesses und hier insbesondere der Zielformulierung verdeutlicht werden (s. dazu auch LINDHEIM, 1988, S. 46-52, PETER, 1983, S. 264-269 und die dort angegebene Literatur).

Eine **BSP-Studie** besteht insgesamt aus 13 einzelnen Stufen, die zu 4 größeren Phasen zusammengefaßt werden können, wobei die 3. Phase die wesentlichen Schritte für die Formulierung der Anwendungs-bezogenen Ziele enthält. Abb. 4.8 zeigt eine grafische Übersicht über den Gesamtverlauf einer solchen Studie.

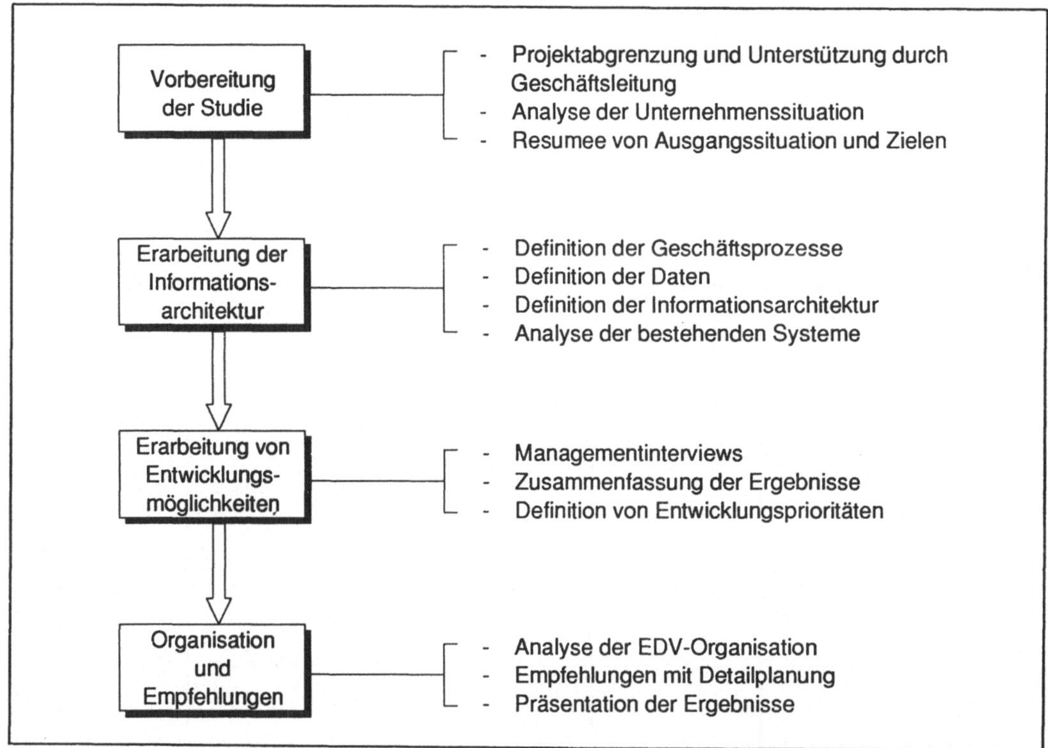

Abb. 4.8:   BSP-Stufen

- **Vorbereitung der Studie**

Zunächst wird das BSP-Projekt inhaltlich und organisatorisch definiert und abgegrenzt. Die Unterstützung und aktive Mitarbeit des Top Managements muß gewonnen werden und es werden wesentliche Informationen erhoben über Umwelt, Ziele, Leistungserstellung und IS des Unternehmens als Basis für die folgenden Schritte. Eine Unterstützung dieser Phase durch die BSP-Methodik ist kaum möglich. Sie beschränkt sich auf die zu erhebenden Themengebiete.

- **Erarbeitung der Informationsarchitektur**

In dieser Phase wird die Informationsarchitektur des Unternehmens entwickelt und vor diesem Hintergrund das bestehende IS untersucht. Im **ersten Schritt** werden die **Geschäftsprozesse** identifiziert, wobei darunter "... eine Gruppe von logisch zusammengehörenden Aktivitäten/Entscheidungen für das 'Managen' einer Ressource" (KRCMAR, 1988, S. 2.13) zu verstehen ist. Für die Definition dieser Prozesse bietet BSP ein formales, zweidimensionales Raster, das auf

-   Produkten/Ressourcen des Unternehmens und

-   Phasen im Lebenszyklus von Produkten/Ressourcen

basiert (ZACHMAN, 1982, S. 36) und in Tab. 4.1. dargestellt ist.

Produkte, Ressourcen / Lebens- zyklusphasen	End- produkte	Ressourcen			
		Rohstoffe	Maschinen	Personal	Finanzen
Bedarfsplanung					
Beschaffung/ Produktion					
Bestandsführung/ Pflege					
Verkauf/ Eliminierung					

Tab. 4.1:   BSP-Strukturierungsmatrix für Geschäftsprozesse

Für jedes Matrixfeld ist nach den entsprechenden Prozessen zu fragen und diese sind mit Zielen, Inhalt und Zuordnung zu den organisatorischen Einheiten des Unternehmens zu beschreiben. Dabei müssen auch die Planungs- und Kontrollprozesse der Unternehmenssteuerung erfaßt werden.

Im **zweiten Schritt** werden aus den Geschäftsprozessen die benötigten (=Input-) und erzeugten (=Output-) **Daten** abgeleitet. Dazu werden zunächst die "Business Entities" definiert, die die grundlegenden Objekte umfassen, über die das Unternehmen Informationen benötigt. Daran anschließend werden die Geschäftsprozesse bezüglich ihrer Input- und Outputdaten analysiert und jedes identifizierte Element wird einem Business Entity zugeordnet. Innerhalb eines Entity werden die Einzelelemente so zu **Datenklassen** zusammengefaßt, daß sie alle aus einem einzigen Geschäftsprozeß entstehen.

145

Im **dritten Schritt** wird die **Informationsarchitektur** erarbeitet. Wesentliches Instrument ist die Analyse der Beziehungen Geschäftsprozesse <-> Datenklassen, bei der untersucht wird, ob ein Geschäftsprozeß eine Datenklasse erzeugt, verwendet oder ob keine Beziehung besteht. Das Ergebnis wird in Form einer Geschäftsprozeß/Datenklassen-Matrix dargestellt (s. Abb. 4.9; es bedeutet C: = Create, d.h. Geschäftsprozeß erzeugt Datenklasse; U: = Use, d.h. Geschäftsprozeß verwendet Datenklasse).

Processes \ Data Classes	Objectives	Policies & Procedures	Organization Unit Desc	Product Forecasts	Bldg & Real Estate Reqt	Equipment Requirements	Organization Unit Budget	G/L Accounts Desc & Budget	Long Term Debt	Employee Requirements	Legal Requirements	Competitor	Marketplace	Product Description	Raw Material Description	Vendor Description	Buy Order	Product Warehouse Inventory	Shipment	Promotion	Customer Description	Customer Order	Seasonal Production Plan	Supplier Description	Purchase Order	Raw Material Inventory	Production Order	Equipment Description	Bldg & Real Estate Desc	Equipment Status
Establish Business Direction	C	C	C								U	U	U																	
Forecast Product Requirements	U			C															U			U								
Determine Facility & Eqt Reqts	U		U		C	C	U																					U	U	U
Determine & Control Fin Reqts	U		U				C	C	C																					
Determine Personnel Reqts		U	U		U	U	U	U		C	U																			
Comply With Legal Reqts		U					U				C			U																
Analyze Marketplace	U											C	C					U												
Design Product	U									U	U			C	C													U		
Buy Finished Goods			U											U		C	C													
Control Product Inventory														U			U	C	U						U					
Ship Product																		U	C			U						U		
Advertise & Promote Product														U					U	C										
Market Product (Wholesale)														U						U	C	U								
Enter & Cntrl Customer Order														U							U	C								
Plan Seasonal Production			U											U									C					U		U
Purchase Raw Materials														U									U	C	C	U				
Control Raw Materials Inventory														U											U	C	U			
Schedule & Control Production														U									U			U	C	U		U
Acquire & Dispose Fac & Eqt					U	U																						C	C	
Maintain Equipment																												U		C
Manage Facilities																													U	

Abb. 4.9:   Sortierte Geschäftsprozeß/Datenklassenmatrix
(Quelle: BUSINESS SYSTEMS PLANNING, 1984, S. 42)

Eine ursprüngliche Ausgangsmatrix wird dabei so umsortiert, daß Prozesse, die Beziehungen zu den gleichen Datenklassen haben, in den Matrixzeilen direkt untereinander aufgeführt werden. Dadurch ergeben sich Cluster von Beziehungen, die jeweils mehrere Geschäftsprozesse und Datenklassen umfassen und die zu Anwendungssystemen (-> Prozesse) und logischen Datenbasen (-> Datenklassen) zusammengefaßt werden. Dies ist in Abb. 4.9 durch die eingezeichneten Rechtecke dargestellt.

Beziehungen, die außerhalb der eingetragenen Abgrenzungen stehen, bedeuten Datenflüsse zwischen den einzelnen Anwendungssystemen. Die in dieser Form erarbeitete Struktur stellt die Informationsarchitektur des Unternehmens dar.

Im **vierten Schritt** werden die **bestehenden Systeme** betrachtet und mit Matrizendarstellungen der Zusammenhänge

- Anwendungssystem/Geschäftsprozeß (s. Tab. 3.2),
- Anwendungssystem/organisatorische Einheit (s. Tab. 3.3) und
- Anwendungssystem/Datenklasse

beschrieben. Für die zu betrachtenden Geschäftsprozesse, organisatorischen Einheiten und Datenklassen kann auf die Ergebnisse der bisherigen Analyse zurückgegriffen werden

- **Erarbeitung von Entwicklungsmöglichkeiten**

Die dritte Phase des BSP-Projektes hat die Aufgabe, die Möglichkeiten zur Weiterentwicklung des bestehenden IS zu erarbeiten. Wesentliche Quellen hierfür sind die definierte Informationsarchitektur, die einen gesamthaften Zielzustand beschreibt, die Analyse der bestehenden Systeme und die Zielsetzungen und insbesondere Probleme des Managements. Diese werden in Interviews erhoben und - soweit sie die Informationsverarbeitung betreffen - in Beziehung gesetzt zu den verursachenden Geschäftsprozessen und Datenklassen. Durch eine Gewichtung der Probleme seitens des Managements in bezug auf ihre Bedeutung für den Unternehmenserfolg wird versucht, eine Priorität für die IS-Unterstützung der betreffenden Prozesse und Daten zu ermitteln.

Ergebnis dieser Phase ist die Identifizierung von Möglichkeiten zur Weiterentwicklung des IS, ihre Bewertung nach definierten Auswahlkriterien und eine detaillierte Beschreibung der wichtigsten Projekte.

-   Organisation und Empfehlungen

Dieser abschließende Schritt weitet die Betrachtung auf die Organisation aus, d.h. die personelle Basis für Entwicklung und Betrieb des IS. Es wird untersucht, wie ihre Leistungsfähigkeit verbessert werden kann. Entsprechende Empfehlungen werden ausgearbeitet und zusammen mit der Informationsarchitektur, den Projekten zur Weiterentwicklung des IS und kurzfristig orientierten Realisierungsplanungen dem Top Management als Ergebnisse des BSP-Projektes präsentiert.

Diese kurze Darstellung der BSP-Stufen kann nicht die Methode in allen Details erfassen. Sie soll primär die **Definition der Anwendungsziele** verdeutlichen, die mit der Erarbeitung von

- Informationsarchitektur und
- Entwicklungsmöglichkeiten

in der zweiten und dritten Phase erfolgt, um in diesen Bereichen BSP und die analytischen Verfahren allgemein gegen die anderen Verfahrensarten abzugrenzen.

Ein weiteres analytisches Verfahren ist die **Kommunikations-System-Studie (KSS)**, die von IBM auf der Basis von BSP entwickelt wurde (HOYER/KÖLZER, 1987, S. 203; SCHOLZ u.a., 1988, S. 36; VETTER, 1988, S. 148-199). In ihren wesentlichen Planungselementen stimmt sie mit BSP überein. Eine wichtige Ergänzung besteht in einem DV-gestützten Instrumentarium zur Verwaltung und Analyse der erhobenen Daten (ISMOD). Dies bedingt, daß alle Daten in strukturierter und verschlüsselter Form erfaßt werden. Die DV-mäßige Verwaltung unterstützt insbesondere die Bewertung der gegenwärtigen Situation, die Entwicklung der Informationsarchitektur aus den einzelnen Prozessen und Datenklassen und die Ermittlung von Prioritäten für einzelne Projekte, indem sie automatisierte Sortierungen und Analysen des umfangreichen Datenmaterials ermöglicht.

Information Engineering Method (IEM) ist eine vom Beratungsunternehmen James Martin Associates entwickelte mehrstufige Planungsmethodik (s. Abb. 4.10). Sie wird ebenso wie KSS durch Tools (Information Engineering Facility - IEF) DV-mäßig unterstützt (INFORMATION ENGINEERING, 1988).

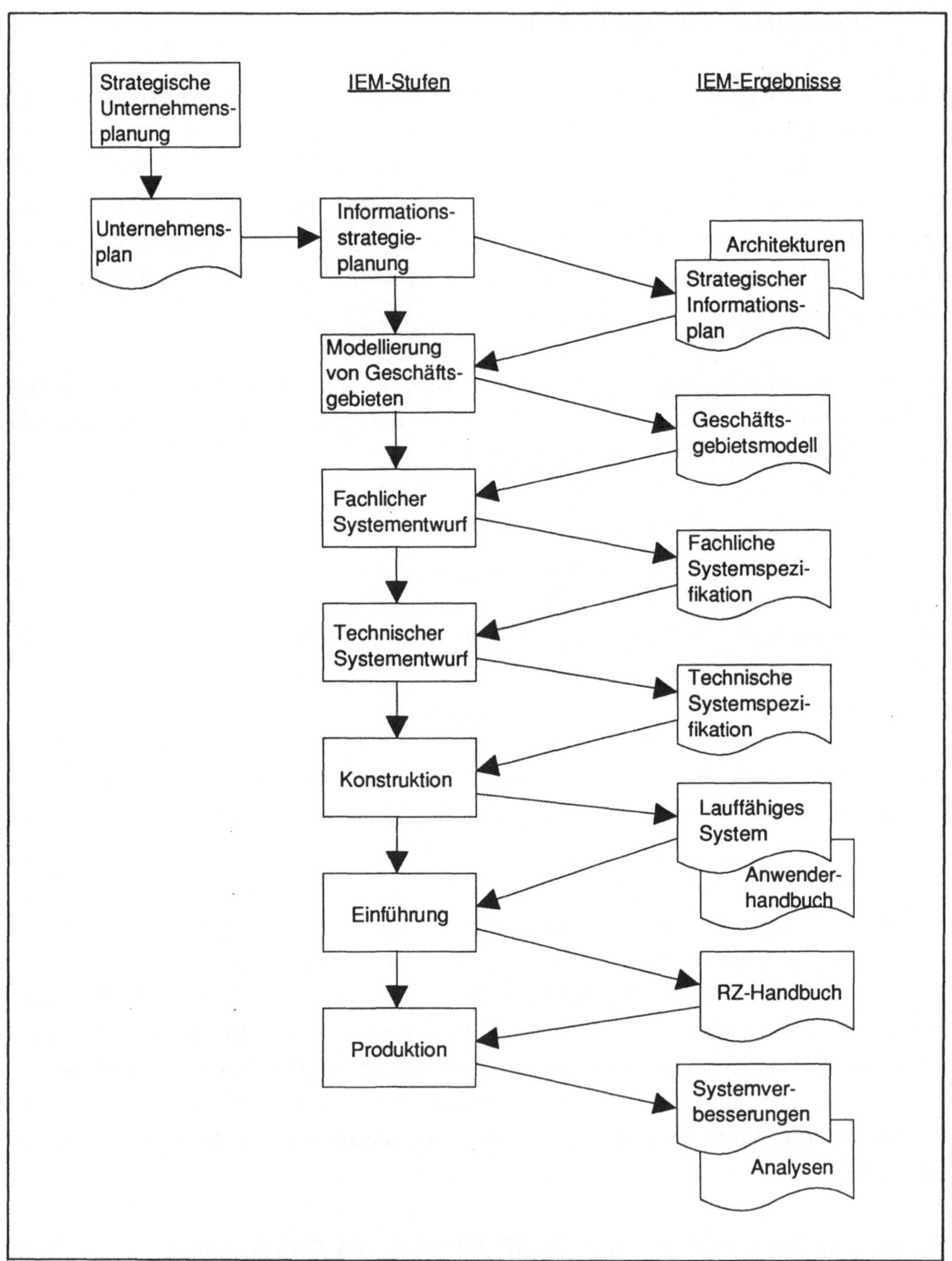

Abb. 4.10: Stufen und Ergebnisse der IEM
(Quelle: INFORMATION ENGINEERING, 1988, Kap. 2.1.1., Abb. 2)

Im Gegensatz zu BSP und KSS unterstützt IEM nicht nur die strategische Ebene der IS-Planung, sondern alle Phasen bis zur Anwendungsentwicklung durch ihre mehrstufige, top-down-orientierte Methodik. Nach dem Prinzip der schrittweisen Verfeinerung werden dabei in jeder Stufe die Ergebnisse der vorgelagerten Stufe übernommen und weiter detailliert.

Für den hier betrachteten Bereich der SISP ist zunächst nur die erste Stufe der IEM, die Informations-Strategie-Planung, von Bedeutung. Ihre wesentlichen Ergebnisse bestehen in der Definition von drei Rahmenarchitekturen, nämlich

- Informationsarchitektur,
- Geschäftssystemarchitektur und
- Technischer Architektur

(INFORMATION ENGINEERING, 1988, Kap. 2.1.2). Informations- und Geschäftssystemarchitektur zusammen entsprechen der Informationsarchitektur von BSP. Die Schritte zu ihrer Erarbeitung sind ebenfalls weitgehend identisch (s. nachfolgende Abb. 4.11). Unterschiede zwischen BSP und IEM liegen insbesondere in der weitergehenden Berücksichtigung der IS-Dimensionen Hardware und Systemsoftware, für die IEM eine Technische Architektur definiert.

c.   Abgleich mit dem Planungskonzept

Bezogen auf die **Komponenten des Planungskonzepts,** das in Kap. 2.4.2 skizziert wurde, beschreiben die analytischen Verfahren einen umfassenden Planungsansatz, ausgehend von den Unternehmenszielen bis zur Formulierung konkreter Projekte zur Weiterentwicklung des IS. Sie unterstützen dabei alle die **Software-orientierte Analyse** des bestehenden Informationseinsatzes, die Ableitung der **Anwendungs-bezogenen IS-Ziele** aus den Unternehmenszielen und in unterschiedlichem Ausmaß auch die **Definition der logischen Rahmen-Architektur.**

BSP und insbesondere **IEM** können weitere Bereiche der SISP unterstützen. So bietet IEM auch Ansätze zur Analyse von Implementierung und Umwelt und zur Formulierung entsprechender IS-Ziele. Beiden fehlt jedoch die ablauforganisatorische Betrachtung des Informationseinsatzes und die Analyse Strategierelevanter IS-Potentiale.

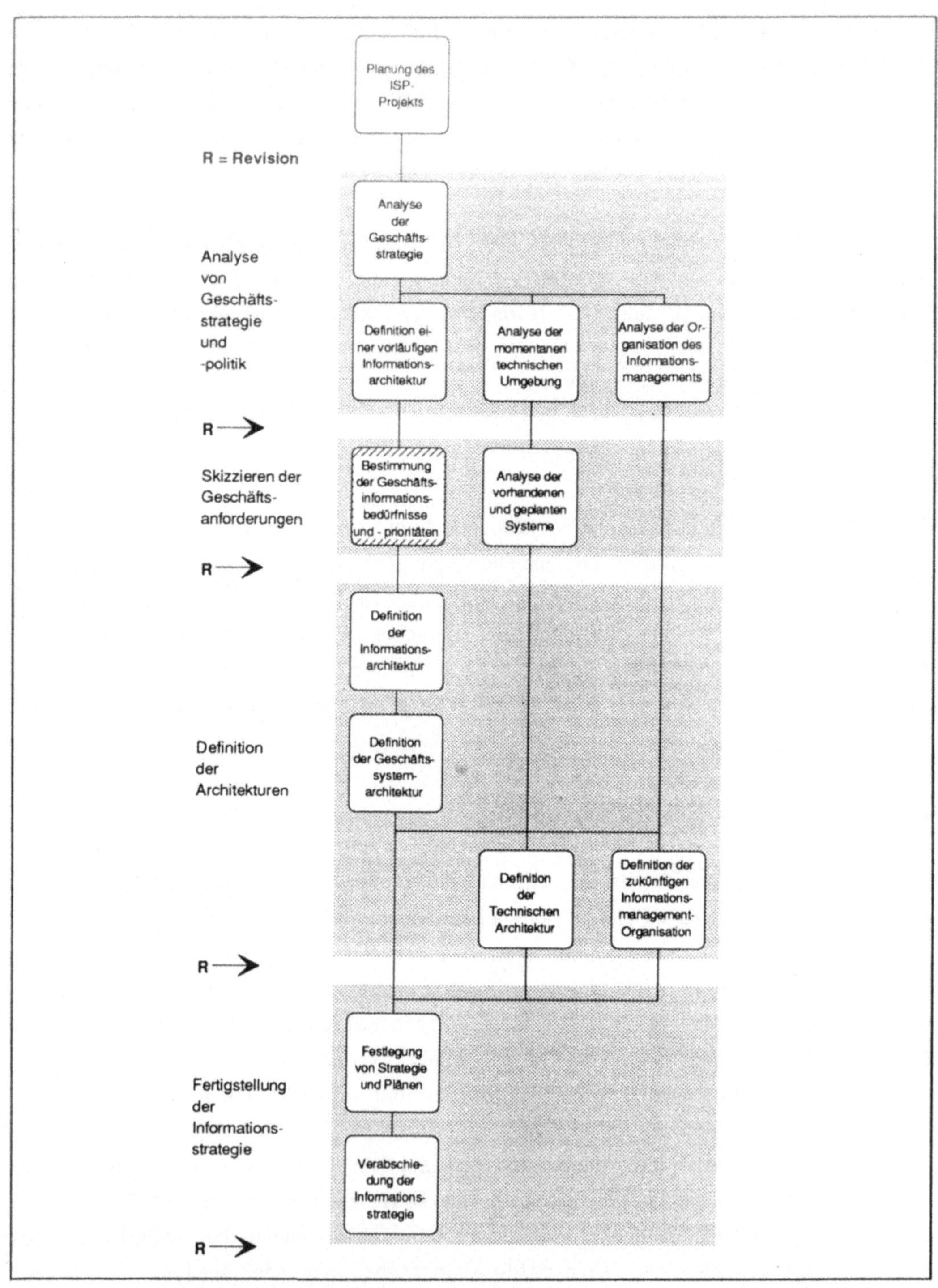

Abb. 4.11: Aufgaben der Informationsstrategieplanung im Rahmen der IEM (Quelle: INFORMATIONS-STRATEGIE-PLANUNG, 1989, S. B.12)

Für das Verhältnis der Verfahren in bezug auf die **Schrittfolge** des Planungskonzepts gilt im wesentlichen das zu den normativen Verfahren Gesagte. Auch BSP, IEM und KSS setzen für die Zielerarbeitung mit dem Top Management bereits eine detaillierte Informationsarchitektur (BSP, IEM) oder zumindest ihre konstituierenden Elemente Geschäftsprozesse und Datenklassen (KSS) voraus. Im Unterschied zu den normativen Verfahren spiegeln diese hier aber bereits die spezifische Situation des Unternehmens wider.

Die Zielerarbeitung selbst findet dann in Form von Interviews statt, die die Informationsbedürfnisse des Managements (VETTER, 1988, S. 164) ermitteln. Diese werden dann zur Konstruktion bzw. Korrektur der Informationsarchitektur und zur Erarbeitung von Prioritäten für die weitere Anwendungsentwicklung verwendet. Damit ist eine identische Vorgehensweise zu den normativen Verfahren gegeben, wobei nur die erste Informationsarchitektur auf unterschiedlichem Weg ermittelt wird.

4.4.2.3   Globale Verfahren

a.   Charakterisierung

Im Unterschied zu den bisher beschriebenen normativen und analytischen Verfahren, deren gemeinsames Kennzeichen die Definition einer umfassenden **Informationsarchitektur als Basis und Ergebnis** der Zielerarbeitung mit dem Management ist, geben die globalen Verfahren nur **Schwerpunkte der Weiterentwicklung** an, ohne ein detailliertes Bild des zukünftigen IS zu entwerfen. Hauptgegenstand der Untersuchung sind demnach auch nicht Geschäftsprozesse, Datenklassen und ihre Beziehungen untereinander, sondern die formulierten Unternehmensziele und ihre Unterstützung durch das IS, d.h. die Analyse der hier bestehenden Wirkungsbeziehungen. Das IS selbst wird dazu nur grob in unterschiedliche Anwendungsbereiche gegliedert. Als Ergebnis der Untersuchung werden die mit Priorität weiterzuentwickelnden Bereiche ermittelt. Abb. 4.12 zeigt die wesentlichen Arbeitsschritte und die von den Verfahren bereitgestellte Unterstützung.

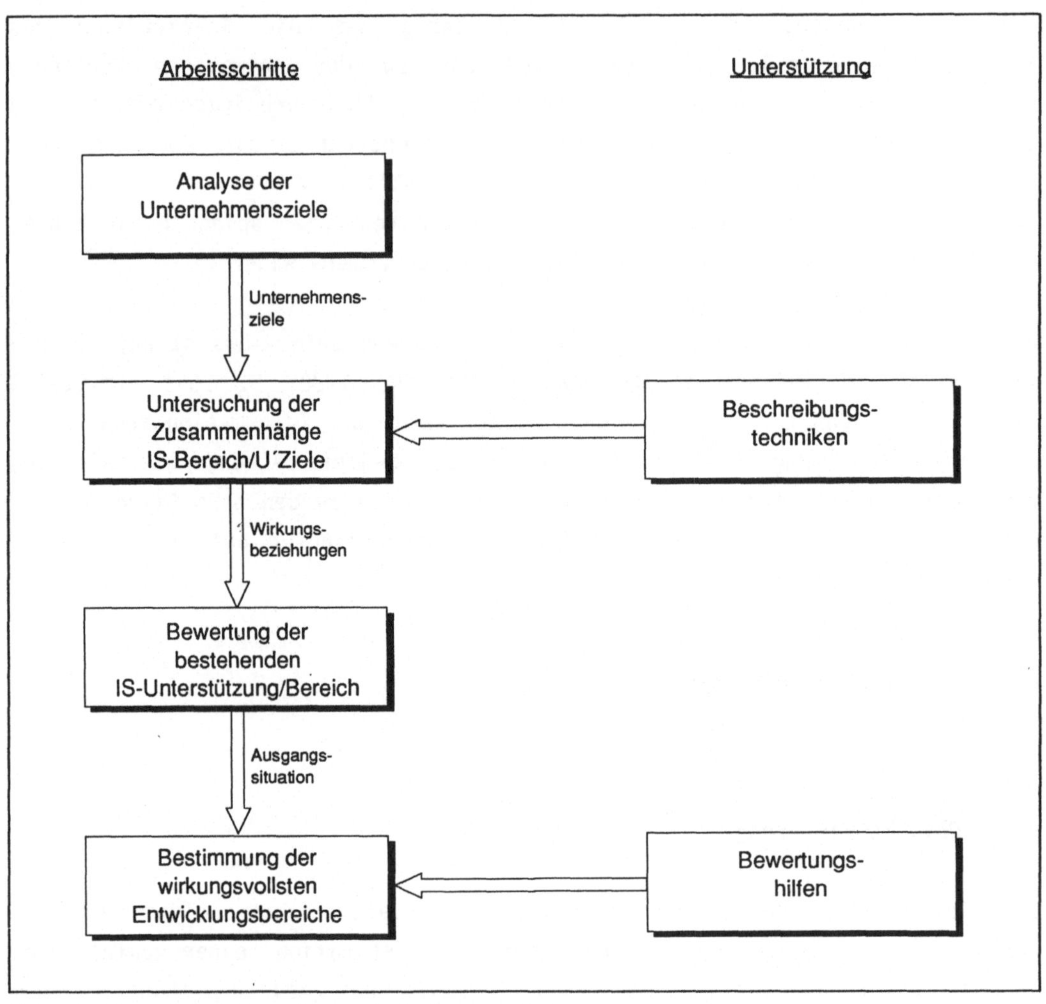

Abb. 4.12:   Schritte eines globalen Verfahrens

Die **Gemeinsamkeit** mit den normativen und analytischen Verfahren besteht darin, daß auch hier mit dem Management versucht wird, aus den Unternehmenszielen über entsprechende Wirkungszusammenhänge Möglichkeiten der IS-Unterstützung abzuleiten. Im **Unterschied** zu den anderen Verfahren werden die dabei erarbeiteten Ergebnisse jedoch nicht zur Konstruktion einer umfassenden Informationsarchitektur verwendet, sondern nur grob definierten Anwendungsbereichen des IS zugeordnet. Die Funktions-orientierte Betrachtung des IS bewegt sich damit auf einem viel gröberen Detaillierungsniveau, eine Daten-orientierte Betrachtung fehlt völlig. Insofern behandeln die globalen Verfahren eine Teilmenge der Aufgaben der normativen und analytischen Verfahren.

b.   Einzelne Verfahren

Die Elemente der globalen Verfahren werden auf Basis des Konzepts der Kritischen Erfolgsfaktoren (ROCKART, 1979) anhand eines Praxis-Modells (NAGEL, 1988, S. 100-105) und eines Portfolio-Ansatzes (HARTWIG, 1987) beschrieben.

Das **Konzept der Kritischen Erfolgsfaktoren (KEF)** wurde am Massachusetts Institute of Technology (MIT) von Rockart und anderen entwickelt. Die KEF sind dabei folgendermaßen definiert: "Critical success factors thus are, for any business, the limited number of areas in which results, if they are satisfactory, will ensure successfull competitive performance for the organization" (ROCKART, 1979, S. 85). Die KEF bezeichnen somit Aktivitätsbereiche des Unternehmens, in denen gute Leistungen erbracht werden müssen, um dauerhaft am Markt erfolgreich zu sein und die gesetzten Unternehmensziele zu erreichen.

Die KEF müssen von daher vom Management besonders beobachtet werden. Dazu müssen entsprechende Meßgrößen definiert werden, d.h. Informationen, die die Leistung bezüglich eines KEF ausdrücken und dem Management zur Steuerung dienen. Diese zweistufige Ableitung ist in Abb. 4.13 verdeutlicht..

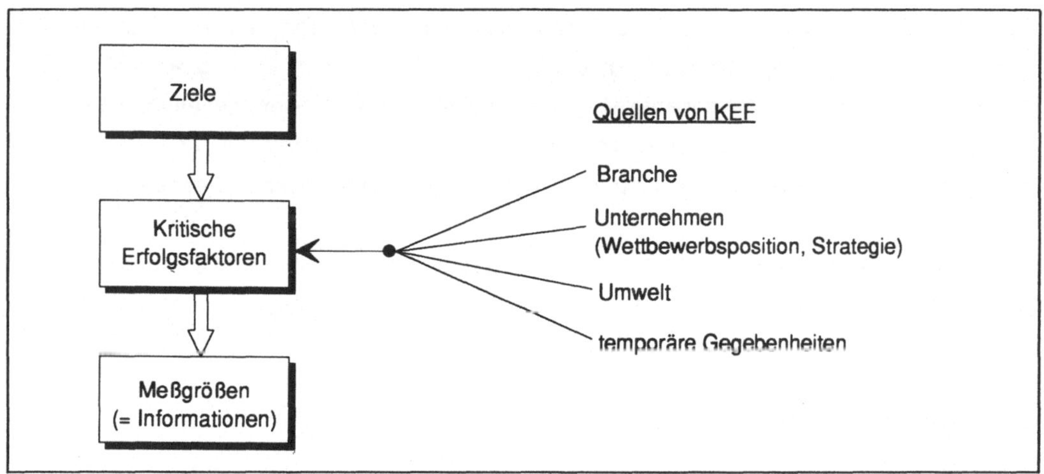

Abb. 4.13:   Zusammenhänge zwischen Zielen, KEF und Informationsbedürfnissen

Zur Bestimmung der KEF sind vier **wesentliche Quellen** zu beachten: die Gegebenheiten der Branche als Ganzes, das Unternehmen mit seiner individuellen Wettbewerbsposition und Strategie, die politische, ökonomische und soziale

Umwelt und temporäre Gegebenheiten im Unternehmen selbst (ROCKART, 1979, S. 86-87).

In seiner **ursprünglichen Fassung** zielt der KEF-Ansatz darauf ab, für die einzelnen Informationsbedürfnisse des Managements Berichte, Listen usw. zu definieren, die die benötigten Informationen enthalten. Daraus können jedoch auch Anforderungen für ganz neue Anwendungssysteme entstehen, wenn mit diesen erst die Basis zur Bereitstellung der Managementinformationen gelegt werden muß (ROCKART, 1979, S. 90).

In dieser Richtung kann auch eine **Erweiterung** des KEF-Ansatzes erfolgen. Dazu wird das Management nicht nur nach seinen eigenen Informationsbedürfnissen gefragt, sondern ebenso nach der Bedeutung der einzelnen IS-Anwendungsbereiche zur Verbesserung der Leistungsfähigkeit bezüglich der einzelnen KEF. Die ursprüngliche Zielrichtung, die Definition der notwendigen "Information des Managements über die KEF-bezogenen Ergebnisse" wird damit ergänzt um die Festlegung der sinnvollen "IS-Unterstützung zur Leistungsverbesserung".

Das Verfahren geht dadurch über die Ermittlung einzelner Informationsbedürfnisse hinaus zur groben Beschreibung der notwendigen funktionalen **IS-Unterstützung für die Prozesse der Leistungserstellung.** Eine starke strategische Orientierung bleibt dadurch gewahrt, daß die Analyse unter dem Aspekt "Beeinflussung der KEF" erfolgt, also die für den Erfolg wirklich zentralen Felder der Unternehmenstätigkeit erfaßt. Auf dieser gegenüber der ursprünglichen Zielrichtung erweiterten Anwendung des Konzepts der Kritischen Erfolgsfaktoren basieren die beiden nachfolgend beschriebenen Verfahren.

Im **Praxis-Modell** (NAGEL, 1988, S. 100-105) wird ein einfaches Vorgehen beschrieben, um zu Prioritäten für die weitere Anwendungsentwicklung zu kommen. Es besteht aus folgenden Schritten:

1. Bestimmung der KEF des Unternehmens
2. Bestimmung der wesentlichen Geschäftsprozesse
3. Analyse des Einflusses eines Geschäftsprozesses auf die einzelnen KEF; die Analyse ist für alle Geschäftsprozesse durchzuführen
4. Bewertung der erreichten Qualität je Geschäftsprozess
5. Ermittlung vorrangig zu verbessernder Geschäftsprozesse.

Das **Ergebnis** der Schritte 1.-4. kann in Matrizenform dargestellt werden (s. Abb. 4.14).

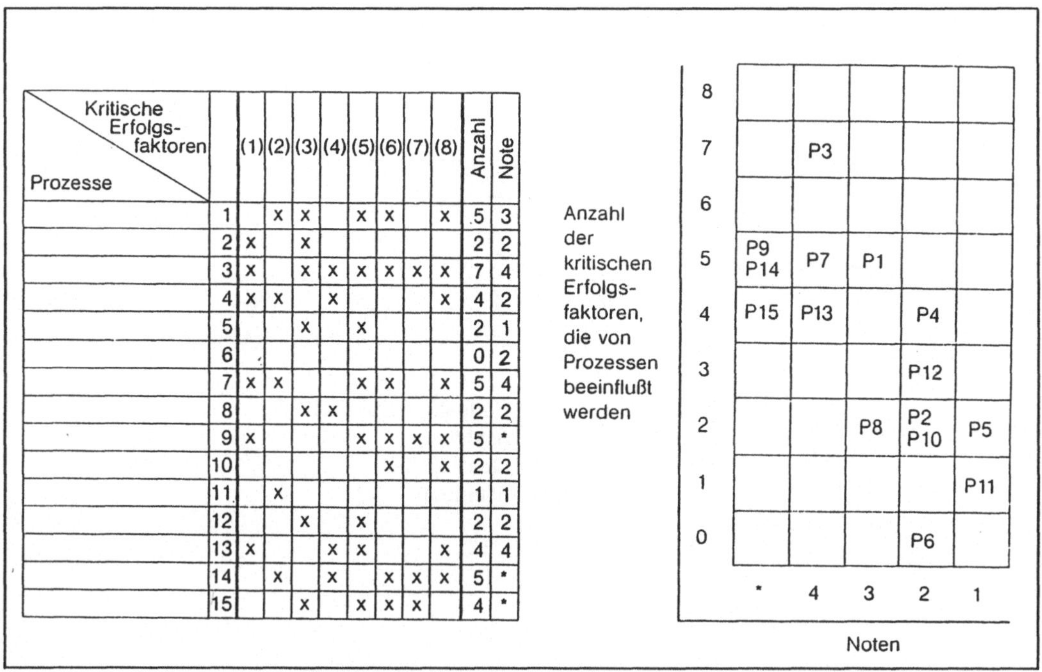

Abb. 4.14: Zusammenhänge Geschäftsprozesse und KEF
(Quelle: NAGEL, 1988, S. 103-104)

Die linke Matrix zeigt je Geschäftsprozeß, welche KEF er berührt (x), die Anzahl der insgesamt berührten KEF und die Bewertung der derzeitigen Qualität (Noten von 1 bis 4; * = noch nicht realisiert). Die rechte Matrix ordnet diese Ergebnisse in einer übersichtlichen Form an, so daß die mit Priorität zu verbessernden Prozesse (schlechte Bewertung, viele KEF berührt) einfacher zu erkennen sind (falsche Zuordnung von P8 und P12 in Originalabbildung).

In der Beschreibung bei Nagel ist das Modell nicht unter besonderem Bezug zum IS dargestellt. Die Untersuchungs- und Beschreibungsform ist jedoch ohne Probleme auf diesen spezielleren Zusammenhang zu übertragen, indem die Anwendungsbereiche des IS an die Stelle der Geschäftsprozesse gesetzt werden.

Dem **Portfolio-Ansatz** (HARTWIG, 1987) liegt ebenfalls die Anwendung des Konzepts der Kritischen Erfolgsfaktoren zugrunde. Seine Analyse beruht zum Teil auf den gleichen Elementen und Schritten wie das Praxis-Modell, eine wesentliche Erweiterung besteht jedoch in der Berücksichtigung der Konkurrenz. Die IS-Ziele werden hier nicht in einer rein unternehmensbezogenen Perspektive erarbeitet, sondern beziehen bestehende und zukünftige Aktivitäten der Wettbewerber mit ein. Die Schritte des Verfahrens sind in Abb. 4.15 in Übersicht dargestellt und werden nachfolgend kurz erläutert.

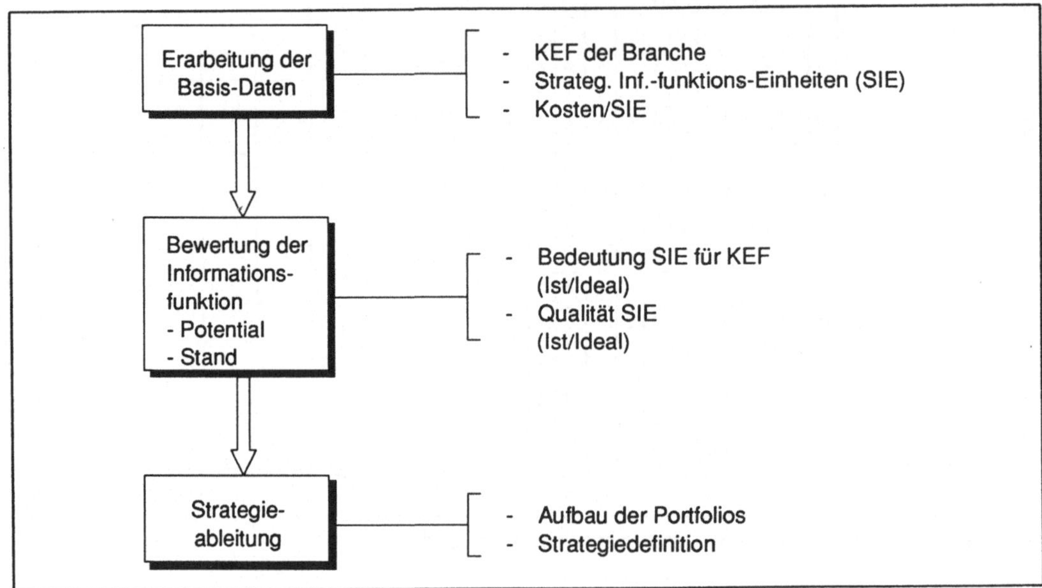

Abb. 4.15:   Schritte der Portfolio-Analyse nach HARTWIG

-   Erarbeitung der Basis-Daten

Als Ausgangspunkt des Verfahrens müssen die KEF der Branche und die "Strategischen Informationsfunktions-Einheiten SIE" (HARTWIG, 1987, S. 14) identifiziert werden. Unter einer SIE ist dabei ein funktional zusammenhängendes Anwendungsgebiet zu verstehen. Insgesamt sollen etwa 5-7 SIE gegeneinander abgegrenzt werden. Zusätzlich sind die geplanten jährlichen Gesamtkosten je SIE zu erheben bzw. abzuschätzen.

-   Bewertung der Informationsfunktion

Die Informationsfunktion, d.h. die Informationsverarbeitung im Unternehmen und ihre Unterstützung durch das IS, werden unter zwei Aspekten bewertet,

Bedeutung und Ressourcenstärke. Die Bewertung wird dabei jeweils für die **Ist-Situation** und eine **Ideal-Situation** vorgenommen, d.h. es sind bereits erreichte und maximal vorstellbare Bedeutung bzw. Ressourcenstärke zu beurteilen. Daraus ergeben sich insgesamt 4 Matrizen, die in Abb. 4.16 wiedergegeben sind.

IDEAL-Bedeutungsmatrix	SIE A	SIE B	SIE C	SIE D	
Ist-Bedeutungsmatrix	SIE A	SIE B	SIE C	SIE D	
Kritischer WB-Faktor 1					
Kritischer WB-Faktor 2					
Kritischer WB-Faktor 3					
Kritischer WB-Faktor 4					
Kritischer WB-Faktor 5					
Kritischer WB-Faktor 6					
strategische Bedeutung					

IDEAL-Ressourcenmatrix	MA %	SIE A	SIE B	SIE C	SIE D	
Ist-Ressourcenmatrix	MA %	SIE A	SIE B	SIE C	SIE D	
Wettbewerber 1						
Wettbewerber 2						
Wettbewerber 3						
Wettbewerber 4						
Wettbewerber 5						
Wettbewerber 6						
relative Ressourcenstärke						

Abb. 4.16: Bedeutungs- und Ressourcenstärkematrizen
(Quelle: HARTWIG, 1987, S. 15)

Die **Bedeutung** gibt an, in welchem Umfang eine SIE die einzelnen KEF positiv beeinflussen kann. Die Ergebnisse werden in Form von Punktwerten in der Bedeutungsmatrix erfaßt. Die Summe einer SIE über alle KEF gibt deren strategische Bedeutung für den Unternehmenserfolg an.

Die **Ressourcenstärke** mißt für jede SIE, inwieweit sie ihr strategisches Potential bereits ausgeschöpft hat. Sie wird für die einzelnen Wettbewerber am Markt - inklusive des planenden Unternehmens selbst- jeweils getrennt bewertet und die Ergebnisse in der Ressourcenmatrix erfaßt. Sie ist ein Maß für die Qualität der IS-Unterstützung. Die Summe einer SIE über alle Wettbewerber, gewichtet mit den zugehörigen Marktanteilen, gibt deren durchschnittliche Ressourcenstärke innerhalb der Branche an.

- **Strategieableitung**

Mit den erarbeiteten Daten werden nun das Ist- und das Ideal-Portfolio entwickelt (s. Abb. 4.17). Die Achsen tragen die Bezeichnungen "Strategische Bedeutung" und "Relative Ressourcenstärke". Die Kreise symbolisieren die einzelnen SIE, der Durchmesser eines Kreises drückt die Kosten der SIE aus. Die Pfeile im Ist-Portfolio verdeutlichen die weitere Entwicklung der einzelnen SIE ohne neuen planerischen Eingriff.

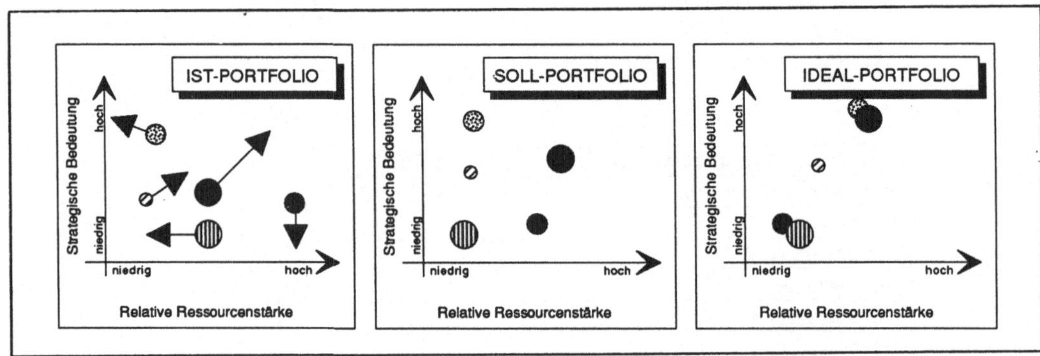

Abb. 4.17:   Ist-, Soll- und Ideal-Portfolio
            (Quelle: HARTWIG, 1987, S. 15)

Zur Ableitung der zu ergreifenden Strategie (-> Soll-Portfolio) werden allgemeine Handlungsempfehlungen gegeben (HARTWIG, 1987, S. 16-17). Als Ergebnis des Verfahrens werden globale Entwicklungsstrategien für die einzelnen SIE erarbeitet.

c.   Abgleich mit dem Planungskonzept

Bezogen auf die **Komponenten des Planungskonzeptes** handelt es sich bei den globalen Verfahren um Ansätze, die die Ableitung der **Anwendungs-bezogenen IS-Ziele** aus den Unternehmenszielen unterstützen.

Ihre Vorgehensweise passt sich dabei in die vorgeschlagene **Schrittfolge des Konzeptes** ein. Die vorgelagerten Phasen des SISP-Prozesses liefern die zur Anwendung notwendigen Ausgangsinformationen: eine Einteilung der Anwendungsbereiche mit Bewertung der bisherigen IS-Unterstützung und die Unternehmensziele aus der SUP als Basis zur Ableitung der KEF.

Die KEF müssen dann im Rahmen der Verfahren definiert und ihre mögliche Beeinflussung durch die einzelnen IS-Anwendungsbereiche analysiert werden. Aus der Gegenüberstellung von strategischer Bedeutung und effektiv erreichter Unterstützung in den einzelnen Anwendungsbereichen werden die Prioritäten für die weitere Entwicklung ermittelt. Diese Ergebnisse werden an die nachgelagerten SISP-Schritte gegeben, in denen sie weiter detailliert werden.

4.4.3 Bewertung der Verfahrensunterstützung

Der Abgleich mit den SISP-Komponenten des Planungskonzepts aus Kap. 2.4.2 hat gezeigt, daß zwischen globalen Verfahren einerseits und normativen/analytischen Verfahren andererseits **Unterschiede im Leistungsumfang** bestehen. Während die einen nur strategische Prioritäten für die weitere Anwendungsentwicklung definieren, formulieren die anderen bereits eine ausgearbeitete Informationsarchitektur und nehmen damit Aufgaben vorweg, die laut vorgeschlagenem Planungskonzept erst nach der Zielformulierung durchgeführt werden.

Hier sind die beschriebenen Verfahren nur hinsichtlich ihrer Unterstützung für die Formulierung der Anwendungs-bezogenen IS-Ziele zu beurteilen. Für die Bewertung wird dabei der Schwerpunkt der Betrachtung auf die Ebene der **Verfahrensarten** (normativ, analytisch, global) gelegt, da deren einzelne Verfahren relativ weit übereinstimmen, was ihre wesentlichen Elemente zur Zieldefinition angeht.

Gemeinsam ist allen drei Verfahrensarten, daß sie zur Zielerarbeitung **Interviews mit dem Top-Management** verwenden. Die Unterstützung für diese bezieht sich dabei auf formale Strukturierungen der zu diskutierenden Sachverhalte, d.h. der Zusammenhänge zwischen den Unternehmenszielen und den daraus resultierenden Informationsbedürfnissen. Dies entspricht in etwa der Wirkungskette des IS-Nutzens (s. Abb. 2.6). Inhaltliche Aussagen zu den Beziehungen müssen zusammen mit dem Management für die konkrete Situation des Unternehmens erarbeitet werden.

Unterschiede zwischen den Verfahrensarten, die sich aus ihrer Schrittfolge ergeben, bestehen hinsichtlich der **Betrachtungsebenen für die Zielformulierung.** Normative und analytische Verfahren gehen von einer detaillierten Informationsarchitektur aus (Architektur-orientierte Verfahren) und versuchen, die vom Management geäußerten Ziele auf Bedürfnisse bezüglich deren einzelner Prozesse und Datenklassen zurückzuführen. Daran anschließend werden durch Aggregation wiederum die erfolgversprechendsten Anwendungsgebiete ermittelt.

Die globalen Verfahren dagegen bleiben mit ihrer Betrachtung durchgängig auf der Ebene der Anwendungsgebiete, d.h. sie bewegen sich immer auf dem Detaillierungsniveau, auf dem nachfolgend auch die Prioritäten formuliert werden. Erst in späteren Planungsphasen wird dieses Niveau in Richtung auf eine Informationsarchitektur hin verfeinert. Dies bewirkt eine erhebliche Reduktion des Aufwands für die Zielformulierung, zum einen durch den Wegfall der gesamten Daten-orientierten Betrachtung, zum anderen durch die geringere Zahl der Prozesse bzw. Anwendungsgebiete. BICS kennt 56 Funktionen (KERNER, 1979, S. 13), für BSP werden 30-60 (BUSINESS SYSTEMS PLANNING, 1984, S. 31) und für IEM 60-100 Prozesse (INFORMATIONS-STRATEGIE-PLANUNG, 1989, S. F.17) als typische Größe genannt. Für die globalen Verfahren kann etwa von 10-20 Anwendungsbereichen als Durchschnittswert ausgegangen werden.

Damit scheint die **gröbere Betrachtung der globalen Verfahren** der günstigere Weg zur Formulierung der strategischen Anwendungsziele zu sein. Dem entspricht auch die Kritik, die z.B an BSP geübt wird, die jedoch auch auf die anderen Architektur-orientierten Verfahren zutrifft: "Eine solche Studie ist also zu detailliert, um nur für strategisches Vordenken verwendet zu werden, aber nicht detailliert genug, um direkt in die Anwendungsentwicklung überzuleiten" (KRCMAR, 1988, S. 2.14). Aufgrund dieser zu großen Detaillierung wird BSP auch teilweise die von ihm beanspruchte Top-Management-Orientierung abgesprochen (PETER, 1983, S. 256; ROCKART; 1979, S. 84)

Mangelnde Management-Perspektive im Sinne einer gesamthaften Betrachtung wird insbesondere auch augenfällig bei KSS, wo zur Verwaltung der erhobenen Datenmengen ein DV-gestütztes Instrument eingesetzt wird, das auch zur Bestimmung der Anwendungsziele verwendet werden soll. Dieses versucht, bis zur Dezimalstelle genau die informatorischen Konsequenzen von verbesserter IS-Unterstützung zu berechnen (VETTER, 1988, S. 170-182). Ein solcher Ansatz mit seiner algorithmischen Genauigkeit zielt darauf ab, die gesamthaft orientierte Beurteilung des Managements zu ersetzen durch eine Automatik, die eine Flut von Einzelinformationen zu globalen Aussagen zu verdichten sucht. Dieses stark bottom-up ausgerichtete Vorgehen bei der Zielerarbeitung, das allen Architektur-orientierten Verfahren gemeinsam ist, bedingt eine Detailliertheit und einen Aufwand, der der strategischen Betrachtungsebene nicht entspricht. Die Handhabung einer Unmenge von Einzelinformationen verstellt dabei leicht den Blick auf die wesentlichen Entscheidungen.

4.5 Formulierung der Implementierungs-bezogenen Ziele

Die Dimensionen der Implementierung stellen neben der Anwendung den zweiten Bereich des IS dar, für den strategische Ziele zu formulieren sind (KÜHN/KRUSE, 1985, S. 458). Geht es bei den Anwendungszielen um die Frage "**Was** soll das zukünftige IS leisten?", steht bei den Implementierungszielen der Aspekt "**Wie** soll das zukünftige IS DV-technisch/organisatorisch realisiert werden?" im Mittelpunkt. Diese Frage hat aus zwei wesentlichen Gründen gegenüber früher an Bedeutung gewonnen, dem Entstehen einer Vielzahl neuer technologischer Infrastrukturoptionen und deren schneller Veränderung.

Wollnik schreibt dazu: "Das Aufkommen dieser **neuen Infrastrukturen** und dann überdies noch ihre Konvergenz in technischer und funktionaler Hinsicht haben für die Anwender die Entscheidungen über die Technikunterstützung der Informationshandhabung kompliziert. Die Marktverfügbarkeit zusätzlicher Infrastrukturoptionen wirft neben den rein technischen Fragen (Kompatibilität etc.) eine Reihe von wirtschaftlichen, strategischen und organisatorischen Problemen auf..." (WOLLNIK, 1988, S. 37).

Neben der größeren Zahl von technischen Möglichkeiten ist deren **Entwicklungsgeschwindigkeit** ein weiterer Faktor, der die Entscheidungsproblematik erhöht. Merkel weist unter dem Aspekt des Investitionsschutzes auf die unterschiedlichen Lebenszyklen von betriebswirtschaftlich/technischen Anwendungen einerseits und DV-technischer Grundlage andererseits hin und die daraus resultierende "... Notwendigkeit, sich durch Schnittstellen-Definitionen von den gravierenden Änderungen im systemnahen Bereich abzuschotten..." (MERKEL, 1987, S. 42). Für die Implementierungsstrategie bedeutet dies, Entscheidungen für einzusetzende Technologien und Tools in einer Weise zu treffen, die die Nutzung von Weiterentwicklungen ohne erhebliche Anpassungskosten ermöglicht.

4.5.1 Aufgabenstellung

Vor dem dargestellten Hintergrund sind in dieser SISP-Phase grobe Implementierungsziele zu formulieren, die die weitere Entwicklung so steuern, daß eine effiziente Realisierung der Anforderungen, die sich aus den Anwendungs-bezogenen Zielen ergeben, möglich wird (s. Abb. 2.9). In Anbetracht der **komplexen Zusammenhänge** zwischen der Ausprägung von Implementierungsdimensionen und Kosten können die strategischen Ziele zunächst jedoch nur grobe Richtungen vorgeben, die in den nachfolgenden Planungsschritten hinsichtlich ihrer technischen Realisierungsmöglichkeiten konkretisiert und unter ökonomischen Aspekten bewertet werden müssen.

Für die Formulierung von Implementierungszielen sind folgende **Ergebnisse des bisherigen SISP-Prozesses** auf ihre Implikationen hin zu untersuchen:

-       Bestehende Implementierung und Kosten,
-       Relevante Umweltentwicklungen und
-       Strategische Anwendungs-bezogene Ziele.

-       **Bestehende Implementierung und Kosten**

Die Ergebnisse aus der Analyse der Implementierung und der Kosten müssen daraufhin untersucht werden, ob das vorhandene IS gravierende Schwachstellen oder Beschränkungen für strategische Optionen enthält, auf deren **Ursachen** im Rahmen der SISP reagiert werden muß.

- Relevante Umweltentwicklungen

Die Ergebnisse aus der Analyse der relevanten Umwelt müssen, soweit sie die Implementierungsdimensionen betreffen, daraufhin untersucht werden, ob sie Risiken für das bestehende oder Chancen für das zukünftige IS aufzeigen, auf die im Rahmen der SISP reagiert werden muß.

- Strategische Anwendungs-bezogene Ziele

Die formulierten Anwendungs-bezogenen Ziele müssen daraufhin untersucht werden, ob sich aus ihnen neue strategische Anforderungen für die Implementierung ableiten lassen.

Nachfolgend wird für jeden dieser drei Ausgangsbereiche für Implementierungsziele dargestellt, welche **Informationsbasis** aus dem bisherigen SISP-Prozeß zur Verfügung steht, welche **Fragen** anhand dieser Informationen zu untersuchen sind und was daraus resultierende **typische Implementierungziele** sein können.

4.5.2 Vorgehensweise und Verfahren

4.5.2.1 Bestehende Implementierung und Kosten

Im Rahmen der Analyse der Ausgangssituation werden auch Implementierung und Kosten des bestehenden IS betrachtet. Als Ergebnisse dieser Untersuchung sind gravierende **Schwachstellen** und eventuelle **Beschränkungen strategischer Optionen** für die Weiterentwicklung des IS identifiziert worden. Die dafür zugrundegelegten Bewertungsaspekte sind in Tab. 4.2 (s. u.) noch einmal zusammengestellt und nach den beiden Untersuchungsbereichen geordnet.

Ergänzend zu der getroffenen Zuordnung gilt, daß jeder Bewertungsaspekt, der eine Schwachstelle des bestehenden IS kennzeichnet, damit zugleich auch eine Beschränkung für die Weiterentwicklung darstellen kann. Ist z.B. Redundanz ein Kennzeichen und Schwachpunkt der existierenden Datenbasis, so bedeutet sie damit auch ein Hindernis für die Datenintegration weiterer neu zu entwickelnder Systeme. Im Unterschied dazu müssen Aspekte, die zu Beschränkungen strategischer Optionen führen können, noch nicht zu Schwachstellen des bestehenden IS geworden sein.

Untersuchungs- bereich Imple- mentierungs- aspekt	Schwachstellen des bestehenden IS	Beschränkungen strategischer Optionen
Konfiguration	o Homogenität o Durchgängigkeit o Vollständigkeit o technologischer Stand	
Auslastung/ Erweiterbarkeit	o Leerkapazitäten o Engpässe	o absehbare Engpässe
Integrations- fähigkeit		o Einbindung neuer IS-Komponenten
Portabilität		o Bindung an DV- technische Basis
Anwender- bezogene Leistungs- merkmale	o Anforderungsgerechte Unterstützung	
Datenbasis	o Redundanzarmut	
Interne Organisation	o Lücken/Redundanzen o Entscheidungsprozesse o Benutzerbezogene Leistung	o Leistungsfähigkeit
Externe Unterstützung	o Umfang/Qualität	o Sicherheit

Tab. 4.2:   Aspekte zur Bewertung der Implementierung

Informationsbasis für die Ableitung strategischer Implementierungsziele aus dem bestehenden IS ist somit dessen Bewertung bezüglich der aufgeführten Aspekte und die Gewichtung identifizierter Schwachstellen mit den bisherigen und zukünftigen kostenmäßigen Konsequenzen, soweit dies abschätzbar ist.

Die wesentlichen **Fragen**, die anhand dieser Informationsbasis zu klären sind, beziehen sich zum einen auf die Identifizierung der wirklich strategisch bedeutsamen Implementierungsschwächen, zum anderen auf die Ermittlung der zugrundeliegenden Ursachen, um daraus entsprechende Zielsetzungen ableiten zu können.

Die Bestimmung der **strategisch relevanten Schwachpunkte** der bestehenden Implementierung muß anhand der Kostenkonsequenzen erfolgen und zwar anhand der zukünftig erwarteten, da nur diese entscheidungsrelevant sind.

Neben dem dabei bestehenden Prognoseproblem ist zusätzlich auch abzuschätzen, welche Verbesserung durch eine andere Art der Implementierung erreicht werden kann. Da diese Beurteilungen mit Unsicherheit behaftet sind, müssen die im Rahmen der Analyse der Ausgangssituation erarbeiteten Ergebnisse bezüglich der zugrundegelegten Annahmen dargestellt und diskutiert werden.

Sind die relevanten Schwachstellen identifiziert, muß nach ihren **Ursachen** gefragt werden. Denn nur so lassen sich Ziele zu ihrer Beseitigung formulieren. Hier können Konstellationen auftreten, daß die Ursache einer bestimmten Schwachstelle in einem ganz anderen Bereich zu suchen ist, wenn etwa die **organisatorische Trennung** von kaufmännischer und technischer EDV und ihre jeweils isolierte Entwicklung zu Problemen bezüglich der **technischen Durchgängigkeit** der eingesetzten Systeme geführt hat. Zum anderen können aber auch mehrere Schwachstellen eine gemeinsame Ursache haben, wenn z.B. der Einsatz von Standardsoftware unterschiedlicher Hersteller zu Inhomogenität der Systemsoftware, unterschiedlichen Benutzeroberflächen und Redundanzen in der Datenbasis führt.

Basierend auf der Kenntnis von Ursachen und Bedeutung der Schwachstellen der bestehenden Implementierung können entsprechende Ziele zur Verbesserung der Situation formuliert werden. **Typische Implementierungsziele** in dieser SISP-Phase können z.B. sein:

- Reduktion der Vielfalt der eingesetzten Hardware- und Systemsoftware-komponenten zur Vermeidung von Integrations- und Systembetreuungsaufwand;
- bessere organisatorische Verbindung zwischen den einzelnen an der Gestaltung des IS beteiligten Bereichen des Unternehmens zur Vermeidung von Parallelarbeit und inkompatiblen Konzepten;

- Aufbau einer weitestgehend redundanzfreien Datenbasis zur Vermeidung von Schnittstellenaufwand, Mehrfacherfassung und Daten-Inkonsistenzen.

Diese Implementierungsziele geben grobe Richtungen vor, die in der nachfolgenden Planungsphase bezüglich technischer Realisierungsmöglichkeiten und ökonomischer Konsequenzen weiter konkretisiert werden müssen.

4.5.2.2 Relevante Umweltentwicklungen

Im Rahmen der Analyse der Ausgangssituation wird auch die IS-relevante Umwelt betrachtet. Als Ergebnisse dieser Untersuchung werden Chancen und Risiken für die Gestaltung des zukünftigen IS identifiziert, die aus Umweltentwicklungen, wie z.B. neuen Technologien, Markttrends oder Standardisierungen, entstehen.

Die Implementierung des IS ist davon in **zweifacher Weise** betroffen: zum einen in direkter Weise, wenn Chancen und Risiken sich unmittelbar auf die bestehende Implementierung beziehen, zum anderen indirekt, wenn über neue Anwendungen, die durch Umweltentwicklungen möglich werden, entsprechende Anforderungen an die DV-technisch/organisatorische Basis des IS entstehen.

Dieser zweite Fall wird im Rahmen der SUP behandelt, wenn gezielt neue technologische Optionen auf ihre **Anwendungsmöglichkeiten** im Unternehmen untersucht (s. Kap. 4.3) und entsprechende Ziele formuliert werden. Ein Beispiel hierfür wären etwa Expertensysteme als neuer Typ von Softwarelösungen. In der SUP muß beurteilt werden, ob interessante Anwendungsbereiche dafür im Unternehmen existieren, und gegebenenfalls ein entsprechender Beschluß zur Nutzung dieser Technologie gefaßt werden, der dann in die Implementierungsziele einfließt.

Der erste Fall bezieht sich auf Einflüsse, die unmittelbar die bestehende **DV-technisch/organisatorische Basis** berühren, ohne daß die Anwendungen davon zunächst betroffen sind. Dies sind einerseits Risiken für die weitere Nutzung der vorhandenen Basis, insbesondere aber auch Chancen zur ihrer Verbesserung. Für beide sind die kostenmäßigen Konsequenzen abzuschätzen.

Informationsbasis für die Ableitung strategischer Implementierungsziele aus der Umweltanalyse sind damit zum einen direkte Anforderungen aus der SUP, zum anderen Chancen und Risiken für die Weiternutzung der bestehenden Implementierung.

Die wesentliche **Frage**, die anhand dieser Informationsbasis zu klären ist, bezieht sich - analog zu Kap. 4.5.2.1 - auf die Identifizierung der wirklich **strategisch relevanten Chancen und Risiken**. Denn die Bewertung der einzelnen Umweltentwicklungen ist mit noch größerer Unsicherheit behaftet als dies für die bestehende Implementierung gilt.

Das **zusätzliche Moment der Unsicherheit** resultiert daraus, daß die möglichen Auswirkungen auf das IS noch unbestimmter sind als die bereits bestehender Implementierungsschwächen. Bei Risiken, wie z.B. der Aufgabe einer Produktlinie durch einen Hersteller, kann ihr Eintreffen oder auch der Termin ihres Eintreffens unsicher sein. Bei Chancen, wie z.B. der Durchsetzung herstellerunabhängiger Standards am Markt, gilt das Gleiche. Zusätzlich hängen ihre Auswirkungen noch stark von der weiteren Entwicklung des IS ab, inwieweit diese auch Nutzungsmöglichkeiten für neue technologischen Möglichkeiten bietet. Lindheim hat diese Unsicherheit für die Technologiebeobachtung, den wichtigsten Bereich der Umweltanalyse, empirisch bestätigt (LINDHEIM, 1988, S. 204-206).

Bei der Bewertung von Umwelteinflüssen wird man somit in aller Regel nicht bis zu bezifferbaren Kostengrößen gelangen. Wichtig ist jedoch, daß die **Kostenüberlegungen den Hintergrund des Entscheidungsprozesses** bilden, auch wenn die Bewertung sich auf einer qualitativen Ebene bewegt. Technologien sind nicht einzuführen, weil sie modern sind, sondern weil ihre Nutzung eine bessere Erfüllung heutiger oder zukünftiger Anwendungsanforderungen verspricht.

Sind die strategisch relevanten Chancen und Risiken identifiziert, können entsprechende Ziele zu ihrer Nutzung bzw. Vermeidung formuliert werden. **Typische Implementierungsziele** in dieser SISP-Phase können z.B. sein:

- Ablösung bestimmter Hardware-/Systemsoftwareprodukte, die nicht mehr der Geschäftsstrategie des Herstellers entsprechen, zur Vermeidung von Risiken bezüglich der Wartung und Weiterentwicklung;
- weitestmöglicher Einsatz einer integrierten Standardsoftware-Familie zur Ereichung von Daten-, Funktions- und Ablaufintegration.

4.5.2.3 Strategische Anwendungs-bezogene Ziele

Der dritte Bereich, aus dem Implementierungsziele abgeleitet werden können, sind die formulierten strategischen Anwendungsziele. Sie beschreiben das zukünftige IS aus der Anwendungsperspektive und bieten damit die **Informationsbasis** zur Bestimmung von Anforderungen an die zugrundeliegende Implementierung.

In dieser SISP-Phase sollen jedoch nur solche Anforderungen berücksichtigt werden, die zu grundlegenden Änderungen der bestehenden Basis führen, nicht aber einfache Kapazitätserweiterungen (KÜHN/KRUSE, 1985, S. 461). Damit bezieht sich die wesentliche **Frage**, die zu klären ist, darauf, aus den Anwendungszielen die wesentlichen neuen **Anforderungen an die einzelnen Implementierungsdimensionen** abzuleiten. Beispiele hierfür können etwa sein:

- Einsatz dezentraler Hardware,
- Vernetzung der eingesetzten Hardware,
- Entwicklungsumgebung für größere Softwareprojekte,
- physische Verteilung der Daten/Funktionen auf mehrere Rechner,
- Unterstützung von Anwendern in dezentralen Stellen.

Aus diesen Anforderungen leiten sich entsprechende Ziele ab, wobei im Rahmen dieser SISP-Phase insbesondere solche Ziele zu formulieren sind, deren Realisierung lange Zeit in Anspruch nimmt und die unabhängig von einzelnen Projekten Infrastruktur-Charakter tragen. **Typische Implementierungsziele** können z.B. sein:

- Erarbeitung einer durchgängigen Netzwerkarchitektur,
- Erarbeitung eines durchgängigen Datenbankkonzepts,
- Aufbau dezentraler EDV-Bereiche.

4.5.3 Bewertung der Verfahrensunterstützung

Für die Bewertung der Verfahrensunterstützung kann weitgehend auf die Aussagen im Zusammenhang mit der Analyse der Implementierung verwiesen werden (s.

Kap. 3.3.3). Die dort aufgezeigten **Probleme für eine ökonomisch fundierte Beurteilung** der vorhandenen DV-technisch/organisatorischen Basis gelten auch für die Formulierung entsprechender Vorgaben.

In der praktischen Durchführung der SISP wird die Bewertungsproblematik dadurch etwas abgemildert, daß zunächst nur grundsätzliche Richtungen für die weitere Entwicklung vorzugeben sind ohne konkrete Festlegung von Produkten und Strukturen. Dies erfolgt erst in den nachfolgenden Stufen, wenn die strategischen Ziele weiter detailliert und ausgearbeitet werden. Von daher verlagert sich der Schwerpunkt der ökonomischen Beurteilung in diese Phasen, während hier nur grobe Abschätzungen notwendig sind, die meist auf der Basis von **Plausibilitätsüberlegungen** möglich sind.

5. Erarbeitung der IS-Strategie

5.1 Funktionen im Rahmen des Planungsprozesses

Gemäß der in Abb. 2.11 dargestellten Systematik der SISP-Komponenten schließt sich an die Zielformulierung als letzte Phase im SISP-Prozeß die Erarbeitung der IS-Strategie an. Ihre **Hauptaufgabe** besteht darin, die einzelnen strategischen Anwendungs- und Implementierungsziele in eine gesamthafte Konzeption für das zukünftige IS umzusetzen. Diese muß einen bezüglich aller IS-Dimensionen konsistenten Ziel-Zustand beschreiben samt den weiteren Schritten, die zu seiner Erreichung notwendig sind. Basierend auf diesen Ergebnissen der SISP folgt im weiteren die Planung der einzelnen Projekte und die dispositive Planung der Ressourcen.

Vor dem Hintergrund der in Kap. 2.2 dargestellten allgemeinen Zielsetzung des IS läßt sich folgende **Einordnung** dieser Aufgabe vornehmen: Die strategischen IS-Ziele haben zum einen die **Anwendungsbereiche** identifiziert, die die größten Nutzenpotentiale im Hinblick auf die Unternehmensziele beinhalten, zum anderen die **Implementierungsziele** definiert, die für eine kostenoptimale Gestaltung des zukünftigen IS von Bedeutung sind. Diese Ziele setzen an einzelnen Punkten des IS an und beruhen aufgrund der globalen Betrachtung im bisherigen SISP-Prozeß nur auf sehr groben Wirtschaftlichkeitsüberlegungen.

Die Erarbeitung der IS-Strategie muß nun die notwendigen **Maßnahmen zur Umsetzung der formulierten Ziele** definieren, d.h. Handlungsstrategien zur Überführung des bestehenden in ein zukünftiges IS ableiten. Diese Handlungsstrategien sind aufgrund ihrer stärkeren Konkretisierung einer genaueren Wirtschaftlichkeitsbetrachtung zugänglich. Insbesondere lassen sich bessere Einsichten in die **Kosten** gewinnen, die mit der Realisierung der strategischen Ziele verbunden sind.

Unter dem Aspekt der Gestaltung eines IS, das durch seine Kosten- und Nutzeneffekte einen optimalen Beitrag zu den Unternehmenszielen leistet, stellt diese SISP-Phase somit eine erste Stufe der **Konkretisierung und Verfeinerung** der in den strategischen Zielen formulierten Ansatzpunkte zur Verbesserung des bestehenden IS dar. Diese Verfeinerung und detailliertere Ausarbeitung wird in der nachfolgenden Planung einzelner Projekte weiter fortgesetzt. Jede Stufe korrespondiert dabei mit einem entsprechenden Niveau der Wirtschaftlichkeitsanalyse (SCHEER, 1978, S. 308-309), so daß immer präzisere Aussagen über die Kosten- und Nutzeneffekte einer Maßnahme gewonnen werden können.

5.2 Definition der logischen Rahmen-Architektur

5.2.1 Aufgabenstellung

Die Definition der **logischen Rahmen-Architektur** ist der erste Schritt bei der Erarbeitung der Gesamtkonzeption für das zukünftige IS, das die formulierten strategischen Zielsetzungen erfüllt.

Ausgangspunkt der Überlegungen ist dabei zunächst das **Funktionsspektrum**, das durch das IS unterstützt werden soll. Es leitet sich unmittelbar aus den gesetzten Anwendungs-bezogenen Zielen ab und ist die Basisgröße oder auch "driving force" (LONG, 1982; zitiert in KÜHN/KRUSE, 1985, S. 457) für die weitere Planung. Denn es definiert die funktionale Leistungsanforderung an das zukünftige IS, d.h. die Antwort auf die Frage "**Was muß** das zukünftige IS leisten?".

Daraus leiten sich dann entsprechende **Anforderungen an die Implementierung** zur Bereitstellung der verlangten Funktionalität ab. Die Frage der Implementierung, d.h. "**Wie** wird das zukünftige IS realisiert?", wird dabei in mehreren Stufen beantwortet, da für diesen Bereich eine derartige Fülle von Alternativen besteht, daß nur eine schrittweise Festlegung möglich erscheint. Auch gibt es hier keine eindeutigen Lösungen, sondern es müssen unter Berücksichtigung der relevanten technischen und ökonomischen Einflußfaktoren geeignete Lösungen gefunden und bewertet werden.

Für die Definition der logischen Rahmen-Architektur ergeben sich damit folgende Schritte (s. Abb. 5.1):

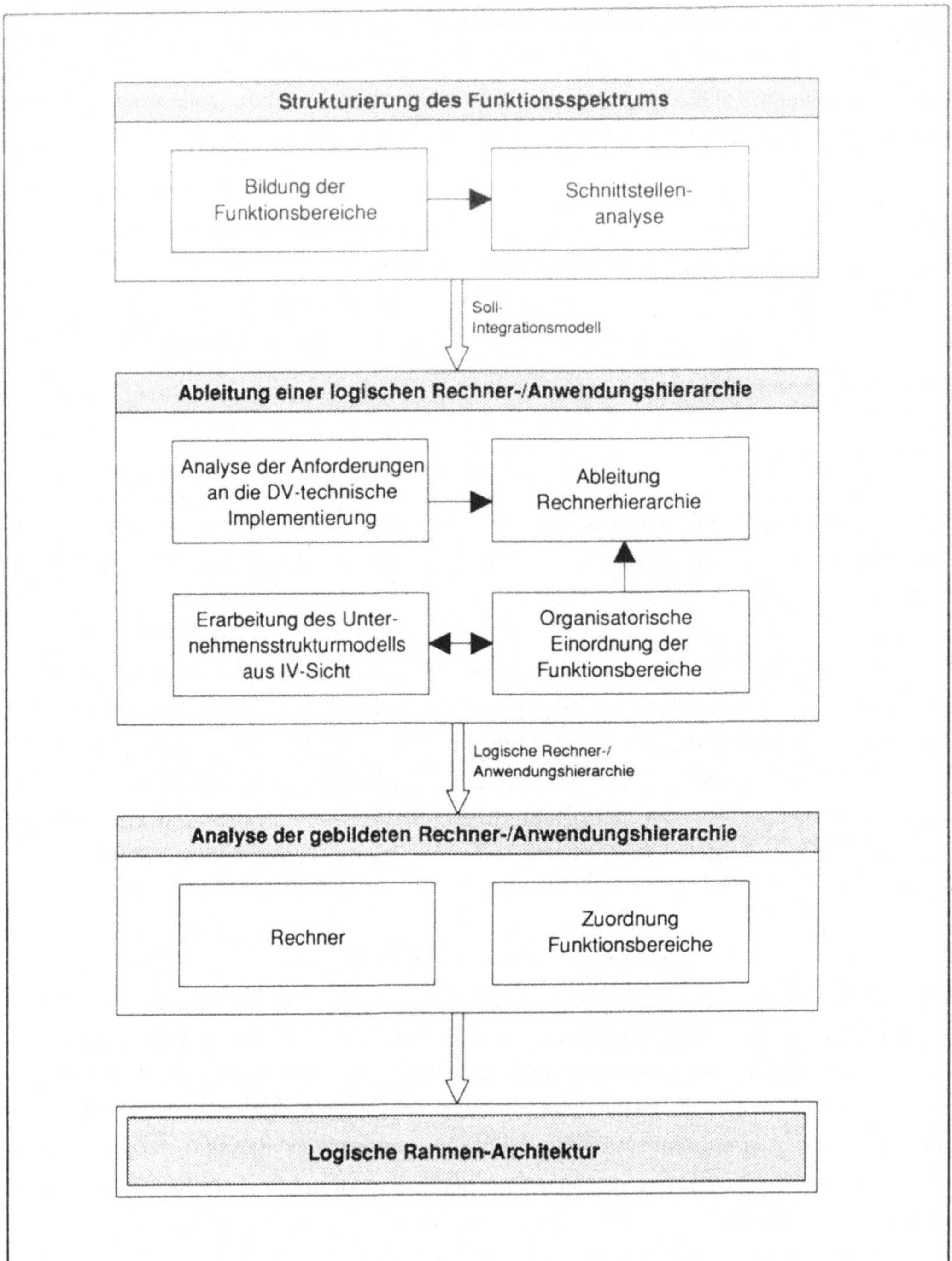

Abb. 5.1:   Schritte zur Definition der logischen Rahmen-Architektur

- **Strukturierung des Funktionsspektrums**

Das gesamte zukünftige Funktionsspektrum des IS wird zu einzelnen Bereichen zusammengefaßt, die jeweils eine in sich geschlossene Aufgabenstellung beinhalten. Die Datenflüsse, die sich zwischen diesen Funktionsbereichen aufgrund des Gesamtzusammenhangs des Unternehmensprozesses ergeben, werden hinsichtlich Komplexität, Volumen und Aktualität analysiert und beschrieben.

- **Ableitung einer logischen Rechner-/Anwendungshierarchie**

Die gebildeten Funktionsbereiche werden hinsichtlich ihrer Anforderungen an die zugrundeliegende DV-technische Basis untersucht. Zusätzlich werden sie den organisatorischen Ebenen des Unternehmens zugeordnet, für die sie durchgeführt werden. Anhand dieser beiden Dimensionen wird eine logische Rechnerhierarchie für das Unternehmen abgeleitet, in der für jede Unternehmensebene die aufgrund der DV-technischen Anforderungen der zugeordneten Funktionsbereiche benötigten Rechnertypen beschrieben werden.

- **Analyse der gebildeten Rechner-/Anwendungshierarchie**

Die gebildete Hierarchie wird daraufhin untersucht, welche alternativen Gestaltungsmöglichkeiten sie beinhaltet. Dies kann zu Modifikationen der ursprünglichen Hierarchie führen. Das Ergebnis der gesamten Analyse ist die logische Rahmen-Architektur. Sie stellt den ersten Schritt dar für die Erarbeitung einer Strategie zur Umsetzung der formulierten IS-Ziele.

5.2.2 Vorgehensweise und Verfahren

5.2.2.1 Strukturierung des Funktionsspektrums

a.   Bildung der Funktionsbereiche

Zur Strukturierung des Funktionsspektrums, die die Abgrenzung von einzelnen Funktionsbereichen zur Aufgabe hat, können die in Kap. 4.4.2.2 beschriebenen

analytischen Verfahren zur Anwendungssystem-Planung BSP, KSS und IEM verwendet werden. Ihre **Vorgehensweise** bei der Erarbeitung einer Informationsarchitektur der Funktionen und Daten ist bereits oben am Beispiel von BSP dargestellt. Hauptsächliche Kennzeichen sind:

- Definition aller Geschäftsprozesse des Unternehmens,
- Definition aller Datenklassen des Unternehmens,
- Analyse der Beziehungen zwischen Geschäftsprozessen und Datenklassen und
- Bildung von Anwendungssystemen durch Zusammenfassung von Geschäftsprozessen, die weitgehend gleiche Datenklassen verwenden.

Ziel ist die Abgrenzung von Anwendungssystemen in der Art, daß die Datenanforderungen eines Systems zum größten Teil aus einer Gruppe ihm zugeordneter Datenklassen befriedigt werden können und nur wenige Zugriffe auf andere Daten notwendig sind. Damit wird eine **Minimierung der Schnittstellen** zwischen den Systemen angestrebt.

Diesem Vorgehen wird nun ein **eigener Ansatz** gegenübergestellt, dessen wesentliches Ziel es ist, den hohen Aufwand der analytischen Verfahren zu vermeiden und dennoch zu einer für die weitere Planung ausreichenden Strukturierung des Funktionsspektrums zu gelangen.

Dazu wird eine stärker top-down orientierte **Vorgehensweise** gewählt, die die Funktionsbereiche aus der Unternehmensaufgabe ableitet. Die Ebene des einzelnen Geschäftsprozesses wird dabei in der Regel gar nicht berührt, d.h. die Betrachtung erfolgt auf einer höheren Aggregationsstufe.

Zur Definition der Funktionsbereiche kann zunächst auf bereits erarbeitete Ergebnisse der SISP zurückgegriffen werden. Für die Analyse der Ausgangssituation wurden die zu untersuchenden Bereiche mit Hilfe unternehmensindividueller und allgemeiner Beschreibungen der Gesamtaufgabe des Unternehmens bestimmt (s. Kap. 3.2.2.1). Sie sind noch zu ergänzen um neue Gebiete, die eventuell bei der Formulierung der strategischen Anwendungsziele definiert wurden, z.B. unternehmensübergreifende Anbindungen an Kunden und Lieferanten. Damit ist ohne großen Aufwand eine erste Strukturierung erreicht.

Diese rein Funktions-orientierte Betrachtung muß jedoch um den **Daten-Aspekt** ergänzt werden. Für jeden einzelnen Funktionsbereich muß analysiert werden, welche wesentlichen Stamm- und Bewegungsdaten er erzeugt oder verwendet und mit welchen anderen Bereichen diese ausgetauscht werden. Auch hierbei kann auf Ergebnisse aus dem bisherigen SISP-Prozeß zurückgegriffen werden.

Für die Analyse der Ausgangssituation war ein zentraler Aspekt die Betrachtung der **Datenverbindungen** zwischen den einzelnen Funktionsbereichen. Diese sind - soweit sie DV-mäßig realisiert sind - zum einen aus der Perspektive der beteiligten Anwendungssysteme (s. Abb. 3.5), zum anderen aus der Sicht der einzelnen Datenbestände (s. Tab. 3.6) dokumentiert. Unter ablauforganisatorischem Gesichtspunkt sind sie - zusammen mit den nicht DV-gestützten Informationsbeziehungen - in den Vorgangsketten dargestellt und bewertet (s. Kap. 3.2.2).

Auf diese Ergebnisse der bisherigen Planungstätigkeit kann zurückgegriffen werden. Da sie jedoch auf der Analyse der bestehenden Situation beruhen und nur allgemeine Ansätze für eine verbesserte Integration beinhalten, ist eine **Überprüfung** vor dem Hintergrund der formulierten strategischen Anwendungsziele notwendig. Denn hieraus können sich unter Umständen neue Integrationsanforderungen ableiten, die vorher nicht erkennbar waren.

Ein **Hilfsmittel** zur Erarbeitung der notwendigen Informationsflüsse zwischen den Funktionsbereichen können dabei allgemeine Beschreibungen der Informationsverarbeitungsaufgaben des Unternehmens sein, wie sie zum Teil bereits in Kap. 3.2.2.1 vorgestellt wurden (MERTENS, 1988 und MERTENS/GRIESE, 1988; GROCHLA und Mitarbeiter, 1974; LEXIKON, 1983, S. 20-105). Die dort beschriebenen einzelnen Funktionen müssen den gebildeten Bereichen zugeordnet werden, um daraus dann die bereichsübergreifenden Datenbeziehungen zu erkennen.

Ein speziell auf die **Datenintegration zwischen den CIM-Komponenten** ausgerichtetes Modell erarbeitet Becker (BECKER, 1989), indem er für jeden einzelnen Bereich die Informationsbeziehungen zu allen anderen beschreibt. Abb. 5.2 zeigt beispielhaft die zusammenfassende grafische Darstellung für den Vertrieb.

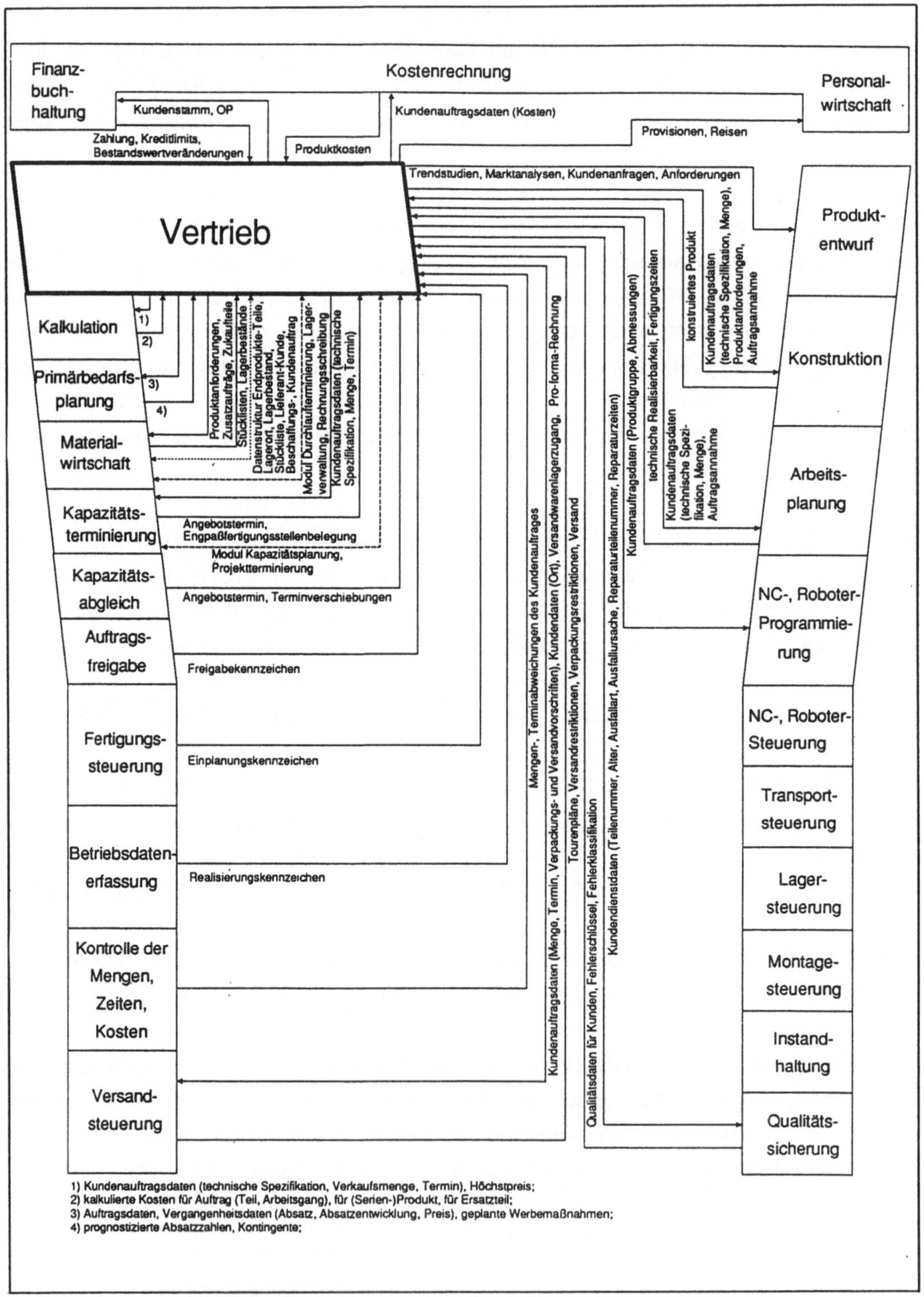

Abb. 5.2: Datenbeziehungen des Vertriebs zu den anderen CIM-Komponenten
(Quelle: BECKER, 1989, S. 42)

Diese allgemeinen Beschreibungen und dabei insbesondere die Arbeit von Becker können dazu verwendet werden, die bisher erarbeiteten Datenflüsse auf Vollständigkeit zu überprüfen. Ergebnis dieser Tätigkeit ist ein erstes **Soll-Integrationsmodell**, das die einzelnen Funktionsbereiche und ihre Datenbeziehungen beschreibt. Abb. 5.3 zeigt dafür ein Beispiel, das aus der Fortentwicklung der in Abb. 3.5 dargestellten Ausgangssitution entstanden ist.

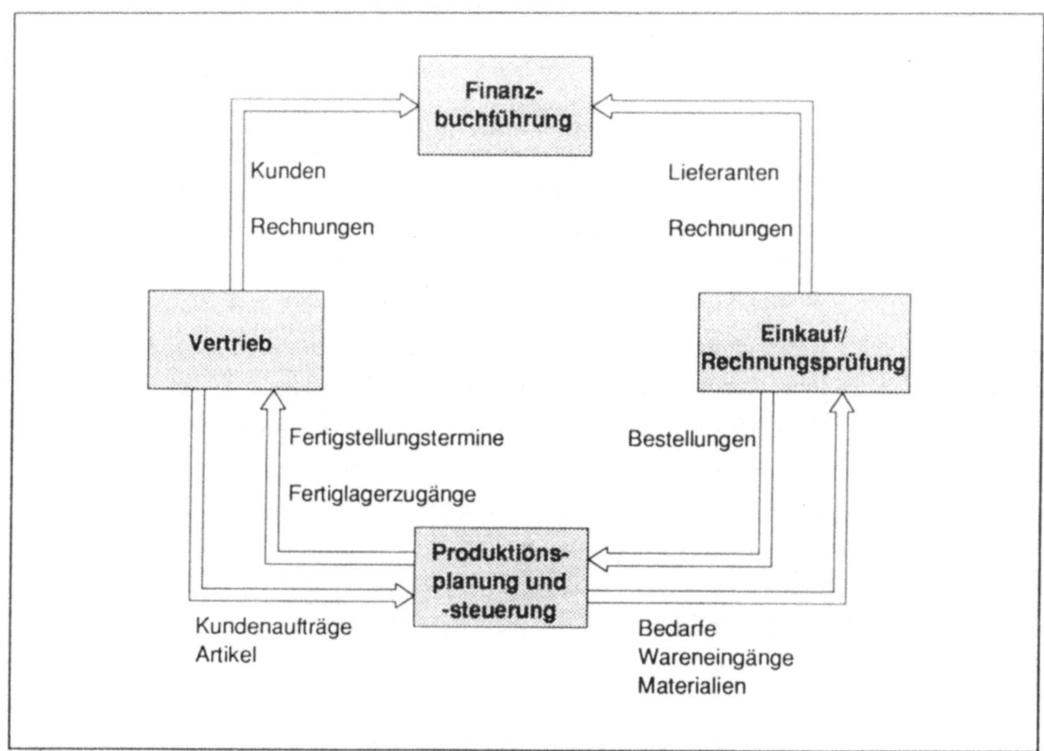

Abb. 5.3:   Ausschnitt aus einem Soll-Integrationsmodell

b.   Schnittstellenanalyse

Die einzelnen Schnittstellen zwischen den Funktionsbereichen sind hinsichtlich der Aspekte

-    Komplexität,
-    Aktualität und
-    Datenvolumen

zu bewerten. **Komplexität** bezieht sich darauf, welche Verarbeitungsschritte mit dem Datenaustausch zwischen zwei Bereichen verbunden sind und wie differenziert dabei das Spektrum der möglicherweise auftretenden Fälle ist. Eine Schnittstelle mit niedriger Komplexität ist z.B die Übertragung von gelieferten Mengen aus der Versandabwicklung zur Fakturierung. Hier können nur wenige Fälle auftreten (Lieferung, Retoure) und die Daten müssen dem Fakturierungsmodul ohne weitere Verarbeitungslogik in der Schnittstelle zur Verfügung gestellt werden. Anders ist dies etwa bei Auftragsänderungen, die zwischen Vertrieb und Fertigungssteuerung ausgetauscht werden müssen. Hier entsteht eine hohe Komplexität durch die Vielzahl der möglichen Änderungswünsche (Produktmerkmale, Menge, Termin, Verpackungs- oder Versandart, Lieferadresse usw.) und die daraus resultierende aufwendige Verarbeitungslogik für die Entscheidung über die Zulässigkeit der gewünschten Änderung, die aus der Fertigungssteuerung an den Vertrieb zurückgemeldet werden soll.

Zweiter Maßstab zur Bewertung einer Schnittstelle ist ihre Anforderung an die **Aktualität,** d.h. wie schnell Datenänderungen aus dem erzeugenden Bereich an die anderen Bereiche übermittelt werden müssen, die diese Daten ebenfalls verwenden. Dies ist abhängig von deren Verarbeitungsrhythmus. Die Anforderung an die Aktualität ist eine kontinuierliche Größe, wichtige Stufen sind die sofortige Übertragung und die verschiedenen periodischen Übertragungen (Schicht, Tag, Woche, Monat usw.).

Das **Datenvolumen** als dritte Kenngröße einer Schnittstelle mißt den Umfang der zu übertragenden Datenmenge.

Diese Schnittstellenbewertungen können in einem ersten Schritt auf einer ordinalen Skala (z.B. hoch, mittel, gering) erfolgen und ergänzend zur inhaltlichen Beschreibung der Informationsflüsse in das Soll-Integrationsmodell aufgenommen werden. Sie können auch zu Veränderungen in der Abgrenzung der Funktionsbereiche führen, wenn daraus verringerte Schnittstellenanforderungen resultieren.

Damit ist eine **Strukturierung des Funktionsspektrums** analog zu den Informationsarchitekturen der analytischen Verfahren BSP, KSS und IEM erreicht, wobei hier zusätzlich eine Bewertung der Schnittstellen vorgenommen wurde, was eine wichtige Information für die nachfolgende Aufgabe der Zuordnung von Funktionsbereichen zu unterschiedlichen Rechnern ist.

5.2.2.2 Ableitung einer logischen Rechner-/Anwendungshierarchie

a. Anforderungen an die DV-technische Implementierung

In einem ersten Schritt müssen die einzelnen Funktionsbereiche hinsichtlich ihrer **Anforderungen an die DV-technische Implementierung** untersucht werden (SCHEER, 1988a, S. 76). Hier sind insbesondere die wesentlichen Hardware-/Systemsoftware-Leistungsmerkmale zu erarbeiten, die zur DV-mäßigen Unterstützung eines Funktionsbereichs benötigt werden. Solche Merkmale sind etwa (in Klammern sind beispielhaft dazu notwendige einzelne Hardware-/Systemsoftware-Fähigkeiten genannt):

- Verwaltung großer Benutzergruppen
  (Berechtigungsprüfungen, time-sharing-Fähigkeit, Optimierung der Ressourcennutzung)
- Verwaltung großer Datenbestände
  (leistungsfähige Datenbanksysteme und Speicherperipherie)
- Hohe zentrale/dezentrale Rechnerleistung
  (leistungsfähige Großrechner, work-stations mit Verarbeitungskapazität am Arbeitsplatz)
- Grafikfähigkeit
  (grafikfähige Peripherie, Rechnerleistung)
- Realtime-Fähigkeit
  (Hardware- oder Software-mäßig realisierte Realtime-Komponente)
- Ausfallsicherheit
  (Spiegelung von Hardware-Komponenten, Prozessen und Daten)
- Verfügbarkeit
  (Datensicherung/-reorganisation bei online-Betrieb)
- Anschluß unterschiedlicher Peripherie aus der Prozeßebene
  (Anschlußmöglichkeiten am Rechner, Vorschalteinheiten).

Diese Anforderungen müssen für die einzelnen Funktionsbereiche untersucht werden. Dies erlaubt dann ihre Zuordnung zu einzelnen **Rechnertypen** (z.B. Universalgroßrechner, Minirechner, Arbeitsplatzrechner, Prozeßrechner, programmierbare Steuerung), die aufgrund ihrer Leistungsmerkmale eine bestimmte Kombination der genannten Anforderungen abdecken können. Die auf dieser logischen Ebene unterschiedenen Rechnertypen, die noch nicht die Eigenschaften spezifischer Hardware- und Systemsoftwareprodukte berücksichtigen können, sind dabei als Hilfskonstrukte zu verstehen, die zur Strukturierung der Anforderungen an die DV-technische Implementierung nützlich sind. In der späteren Betrachtung der konkret zu verwendenden Produkte muß dann noch einmal deren Übereinstimmung mit dem Leistungsprofil des Rechnertyps überprüft werden, an dessen Stelle sie eingesetzt werden sollen.

b.   Unternehmensstrukturmodell aus Sicht der Informationsverarbeitung

Zweiter Aspekt, auf den hin die Funktionsbereiche untersucht werden müssen, ist ihre Zuordnung zu den organisatorischen Ebenen des Unternehmens (SCHEER, 1988a, S. 77-80). Diese organisatorischen Ebenen bezeichnen Bereiche innerhalb des Unternehmens, die zueinander in einem hierarchischen Verhältnis stehen und mit Ausnahme der obersten alle mehrfach ausgeprägt sein können. In Anlehnung an Scheer können typischerweise folgende Ebenen unterschieden werden:

- Konzern,
- Division,
- Werk,
- Bereich (z.B. Abteilung, Werkstatt, Fertigungsinsel),
- Arbeitsplatz (z.B. Büroarbeitsplatz, einzelnes Betriebsmittel) und
- Betriebsmittelkomponente (z.B. Materialzuführeinrichtung eines Betriebsmittels).

Diese intern orientierte Gliederung muß gegebenenfalls noch ergänzt werden um extern ausgerichtete Einheiten etwa zur Unterstützung der Vertriebsfunktion (z.B. Niederlassung, Verkaufsbüro, Vertreter).

Die konkreten **Ausprägungen** der einzelnen Ebenen im Unternehmen sind **aus Sicht der Informationsverarbeitung** zu bestimmen, was insbesondere für die unteren Stufen durchaus nicht trivial ist und z.B. stark von der Fertigungs- und Vertriebsorganisation abhängig ist. Die Bildung einer Ebene oder auch ihre Unterteilung in mehrere Einheiten ist dann sinnvoll, wenn **abgrenzbare Informationsverarbeitungsaufgaben** von dieser Ebene bzw. Einheit durchgeführt werden, d.h. abgeschlossene Aufgabenbereiche mit starken internen Verbindungen, aber nur geringeren Verbindungen nach außen. So ist zum Beispiel eine

Werkstattebene dann vorzusehen, wenn einzelne Werkstätten selbst ihre Ressourcen (Mitarbeiter, Maschinen, Werkzeuge usw.) aufgrund der ihnen zugeteilten Fertigungsaufträge disponieren und sie nur ihre Planungs- und Produktionsergebnisse an eine werksweite Koordinierungseinheit zurückmelden.

Als Ergebnis wird ein organisatorisches **Strukturmodell des Unternehmens aus Sicht der Informationsverarbeitung** erstellt, wie es ausschnitthaft im Beispiel von Abb. 5.4 wiedergegeben ist.

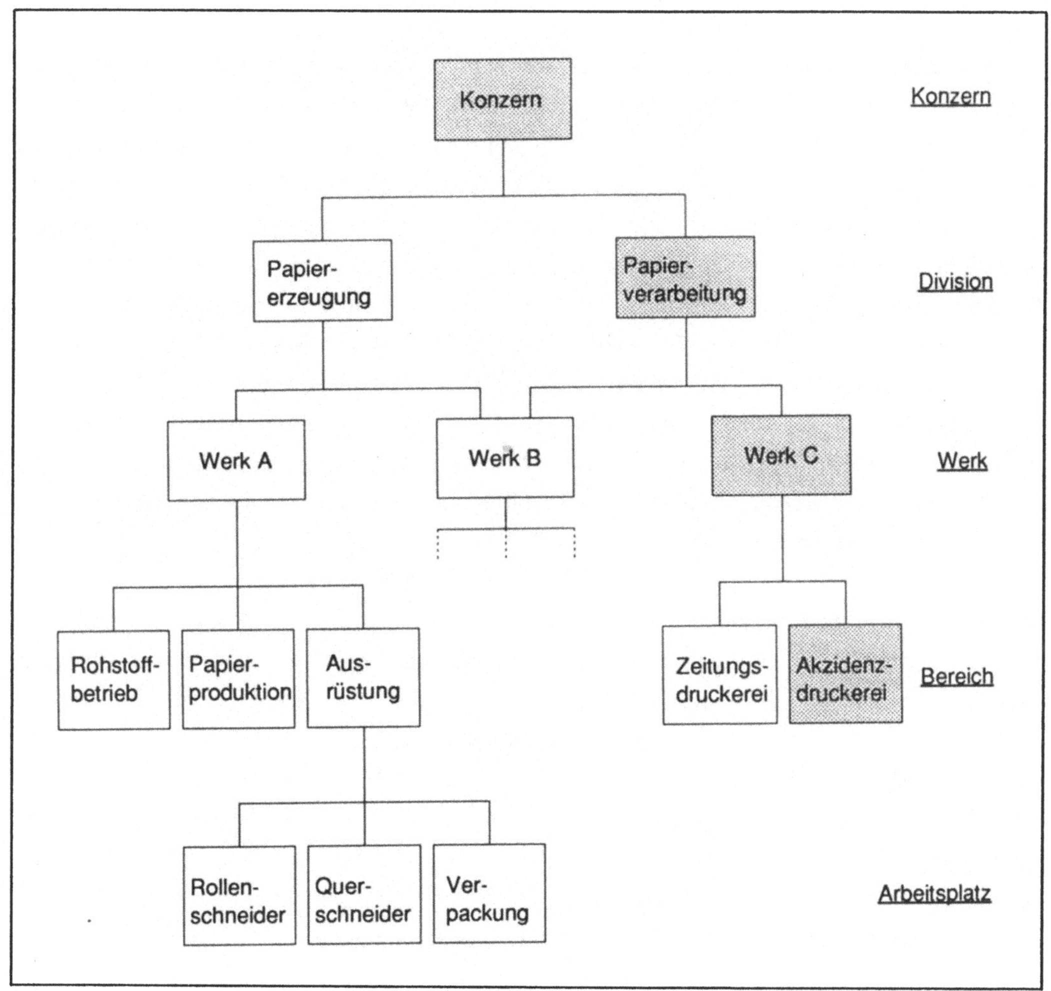

Abb. 5.4:   Strukturmodell des Unternehmens aus Sicht der Informationsverarbeitung (Ausschnitt)

Die Struktur der Darstellung darf hier nicht verdecken, daß vom **Informationsfluß** her auch andere Verbindungen möglich sind. So können etwa Beziehungen zwischen Werken bestehen, wenn Lieferungen aus der Papiererzeugung (Werke A, B) zur Papierverarbeitung (Werke B, C) erfolgen. Abb. 5.4 gibt zunächst nur die hierarchische Gliederung der Ebenen und Einheiten wieder. Die unterlegten Bereiche werden im nachfolgenden Beispiel genauer betrachtet (s. Abb. 5.5).

c.   Organisatorische Einordnung der Funktionsbereiche

Die einzelnen Funktionsbereiche müssen nun diesen verschiedenen Ebenen und Einheiten zugewiesen werden, wobei dies nach dem Kriterium der **organisatorischen Einordnung** erfolgt. Diese Einordnung fragt danach, welche Einheiten des Unternehmens an den Aufgaben eines Funktionsbereichs beteiligt sind und damit einen direkten Zugriff auf die für seine Durchführung eingesetzten Systeme benötigen. Darunter ist zu verstehen, daß sie unmittelbar mit den Funktionen der Systeme arbeiten müssen im Gegensatz zu anderen organisatorischen Einheiten, die nur einzelne Inputdaten liefern bzw. Outputdaten empfangen. Der Funktionsbereich ist dann auf der Ebene anzusiedeln, die gemäß Strukturmodell alle beteiligten Einheiten umfaßt, bzw. gegebenenfalls ist er auch in mehrere Teilbereiche aufzuspalten, die den einzelnen Einheiten zuzuordnen sind. Daraus können sich auch eine veränderte Abgrenzung und neue Schnittstellen ergeben.

Beispiele für die hierbei zu beantwortenden **Fragen** sind etwa: Wird der Einkauf zentral für den ganzen Konzern abgewickelt, ist er auf Divisionsebene angesiedelt, oder erfolgt er werksweise? Gibt es eine zentrale Werks-Produktionsplanung oder planen die einzelnen Betriebe sich selbständig? In Abhängigkeit von dieser "Reichweite" einzelner Funktionsbereiche sind unterschiedliche Stellen an der Durchführung beteiligt und erfolgt die Zuordnung im Strukturmodell. Alle Bereiche, die nicht der obersten Ebene zuzurechnen sind, können damit auch mehrfach im Strukturmodell bei den verschiedenen Einheiten der anderen Ebenen erscheinen.

Die Schritte "Erarbeitung des Strukturmodells" und "Zuordnung der Funktionsbereiche" sind nicht streng sequentiell zu sehen, sondern aus der Analyse der einzelnen Bereiche können sich Rückwirkungen auf das Strukturmodell ergeben und umgekehrt.

Als **Hilfsmittel** für die Einordnung kann das Unternehmensorganigramm und seine Zuweisung von Funktionen zu Ebenen verwendet werden. Dabei ist jedoch zu beachten, daß das Organigramm insbesondere auf den unteren Ebenen häufig nicht genügend detailliert ist. Auch muß die dort getroffene Zuordnung einer Funktion nicht unbedingt mit ihrem wirklichen organisatorischen Bezug übereinstimmen. So ist es z.B. denkbar, daß ein eigentlich werksbezogener Einkauf im Organigramm der Division unterstellt ist, wenn Division und Werk sich am gleichen Standort befinden und in der Division die wesentlichen kaufmännischen Aufgaben zusammengefaßt sind. Weiterhin macht das Organigramm keine Aussage über die insgesamt an einem Funktionsbereich beteiligten Einheiten. Zusätzlich zum Organigramm muß also immer noch der konkrete Aufgabenzusammenhang beachtet werden.

Diese Gliederung nach der organisatorischen Einordnung führt zu einer **Hierarchie der Funktionsbereiche** in der Art, daß für jedes Element des Strukturmodells die zugehörigen Bereiche definiert werden.

d. Ableitung der Rechnerhierarchie

Aus dieser Hierarchie muß eine entsprechende **Rechnerhierarchie** abgeleitet werden, indem anhand der erarbeiteten Anforderungen der Funktionsbereiche an ihre DV-technische Implementierung für jede Einheit der Unternehmensstruktur die benötigten Rechnertypen aus den ihr zugewiesenen Bereichen abgeleitet werden.

Die **Zuordnung einer Funktion** im Strukturmodell und in der Rechnerhierarchie stimmt damit in diesem ersten Schritt überein. Dahinter steht der definitorische Zusammenhang, daß der Zugang zu den einzelnen Rechnern entsprechend ihrer hierarchischen Eingliederung möglich ist, d.h. ein Konzernrechner ist von allen Einheiten im Konzern her zugänglich, ein Bereichsrechner nur in dem betreffenden Bereich. Eine Funktion muß von daher in der Rechnerhierarchie auf der gleichen Ebene wie im Strukturmodell erscheinen, da auch dort die Notwendigkeit des Zugriffs das Zuordnungskriterium war. Als Ergebnis entsteht eine erste logische Rechner-/ Anwendungshierarchie, wie sie in Abb. 5.5 für die unterlegten Elemente aus Abb. 5.4 wiedergeben ist.

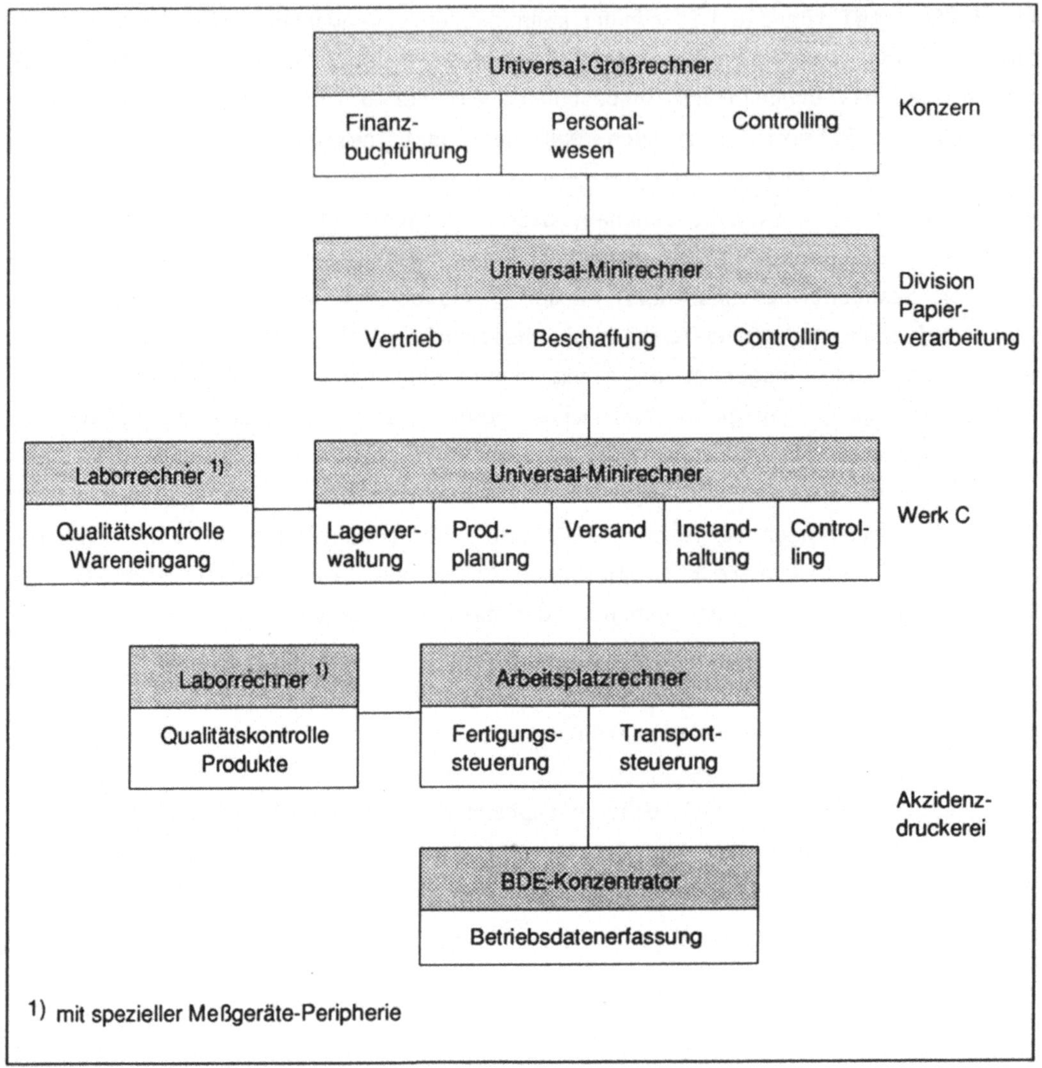

Abb. 5.5:   Logische Rechner-/Anwendungshierarchie (1)

5.2.2.3   Analyse der gebildeten Rechner-/Anwendungshierarchie

Die aufgrund der beiden Kriterien **organisatorische Einordnung** und **Anforderungen an die DV-technische Implementierung** aus den Funktionsbereichen abgeleitete Rechner-/Anwendungshierarchie muß nun unter zusätzlichen Aspekten

analysiert werden, um Fortentwicklungsmöglichkeiten für die Gestaltung einer
möglichst einfachen und klaren Architektur zu erkennen.

Möglichkeiten zur Modifikation der erarbeiteten Hierarchie, die eine Zuordnung von Anwendungsbereichen zu organisatorischen Ebenen und Rechnertypen
darstellt (s. Abb. 5.6), ergeben sich zum einen bei der Festlegung der einzelnen notwendigen Rechner, zum anderen bei der Zuordnung von Anwendungsbereichen zu Rechnern.

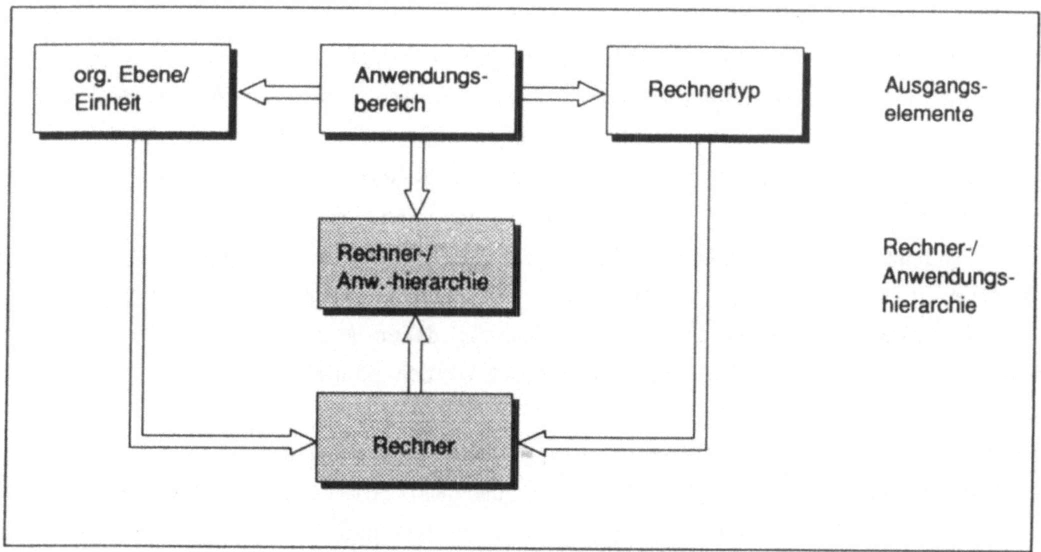

Abb. 5.6:   Elemente der Rechner-/Anwendungshierarchie

Bei den im folgenden untersuchten Möglichkeiten werden bestehende
Gestaltungsalternativen aufgezeigt, die die Entscheidungssituation
verdeutlichen. Es ist noch nicht das Ziel, definitive Veränderungen der
erarbeiteten Rechner-/Anwendungshierarchie vorzunehmen, da Entscheidungen
darüber häufig nur unter Berücksichtigung der konkreten Hardware- und
Softwareprodukte getroffen werden können.

a.   Definition der notwendigen Rechner

Bei der Festlegung der notwendigen Rechner können eventuell logische Rechner des **gleichen Rechnertyps**, d.h. mit übereinstimmendem Anforderungsprofil, über mehrere Einheiten zusammengefaßt werden, sofern dies von der geforderten Leistung her möglich ist. Damit sind Arbeitsplatzrechner und in der Regel auch sehr Prozeß-nah eingesetzte Systeme von diesen Überlegungen ausgeschlossen.

Wesentlicher Aspekt für eine mögliche Zusammenfassung in diesem Stadium der Analyse, in dem noch keine konkreten Produkte und Kosten betrachtet werden, ist die Frage der Betreuung. Hier muß es unter Kostengesichtspunkten das Ziel sein, den dafür notwendigen Aufwand zu minimieren. Dies kann einmal bedeuten, bestimmte organisatorische Einheiten überhaupt nicht mit eigenen Rechnern auszustatten. Das ist insbesondere dann von Bedeutung, wenn diese Einheiten in eigenen **Standorten** angesiedelt sind, in denen keine personelle Unterstützung zur Systembetreuung aufgebaut werden soll. Typische Beispiele hierfür sind etwa kleinere Produktionsstandorte oder auch Vertriebsniederlassungen eines Unternehmens, deren Anwendungsbedürfnisse über zentralisierte Rechnerressourcen abgedeckt werden können.

Zum anderen kann es aus Kostengründen sinnvoll sein, die Betreuung für einen **bestimmten Rechnertyp** zu konzentrieren, um damit die Vielfalt der am einzelnen Standort vorhandenen Systeme auf die zu beschränken, die aus DV-technischen oder Anwendungs-bezogenen Gründen unbedingt dort angesiedelt sein müssen. Ein Beispiel hierfür wäre etwa die Konzentration aller betriebswirtschaftlichen Aufgaben auf einen zentralen Unternehmensrechner und die dezentrale Abwicklung nur der zeitnahen, fertigungsbezogenen Funktionen auf entsprechenden anderen Rechnern.

Eine solche Zusammenfassung von logischen Rechnern des gleichen Typs bringt automatisch auch eine veränderte Zuordnung der Anwendungsbereiche mit sich, die damit auf eine höhere Ebene der Rechnerhierarchie verlagert werden.

b.   Zuordnung von Anwendungsbereichen

Bei der Zuordnung von Anwendungsbereichen zu Rechnern sind ebenfalls Gestaltungsmöglichkeiten gegeben. So können **gleiche Anwendungsbereiche**, die bei mehreren Einheiten und damit auch Rechnern erscheinen, zusammengefaßt und einer höheren Ebene zugeordnet werden, die allen beteiligten Einheiten zugänglich sein muß. Ein Beispiel hierfür ist ein Einkauf, der jeweils selbständig in den einzelnen Werken operiert und damit mehrfach in der Rechner-/Anwendungshierarchie erscheint. Er kann auf einen zentralen Konzernrechner verlagert werden und ist damit als Anwendungssystem nur einmal notwendig. Entscheidende Voraussetzung hierfür ist jedoch, daß alle beteiligten Einheiten gleiche oder zumindest ähnliche funktionale Anforderungen an die Anwendung haben, die von einem gemeinsamen System abgedeckt werden können. Dies ist insbesondere dann zu erwarten, wenn gesetzliche oder unternehmensweite Richtlinien zu einer entsprechenden Vereinheitlichung führen. Weiterhin müssen die eingesetzten Systeme eine getrennte Datenhaltung für die einzelnen Einheiten unterstützen ("Mandantenfähigkeit").

Zweiter Aspekt, der für eine mögliche Weiterentwicklung der erarbeiteten Rechner-/Anwendungshierarchie zu beachten ist, sind die daraus resultierenden **Schnittstellen zwischen den einzelnen Rechnern.** Hier ist zu prüfen, inwieweit sie durch eine veränderte Zuordnung von Funktionsbereichen zu höheren organisatorischen Ebenen reduziert werden können. Ziel ist dabei ihre Minimierung, da rechnerübergreifende Schnittstellen unter den Aspekten der derzeitigen Softwareunterstützung (z.B. bezüglich verteilter Datenbanken und rechnerübergreifender Transaktionsschutzmechanismen), der unterschiedlichen Verfügbarkeit von Rechnern und möglicherweise heterogenen Systemsoftwareumgebungen kritischer bezüglich Machbarkeit, Aufwand und Sicherheit zu beurteilen sind als Schnittstellen zwischen Anwendungsbereichen, die auf einem Rechner zusammengefaßt sind.

Basis zur Analyse und veränderten Zuordnung sind dabei die inhaltlich beschriebenen und bezüglich Komplexität, Aktualität und Datenvolumen bewerteten Schnittstellen zwischen den Bereichen (s. Kap. 5.2.2.1). Voraussetzung für eine mögliche Verlagerung ist, daß das Leistungsprofil des neuen Zielrechners den Anforderungen des Anwendungsgebietes entspricht.

Ein typisches Beispiel wäre etwa die Zuordnung von divisionalen Vertriebs- und Einkaufsfunktionen zu einem Konzernrechner, auf dem die Finanzbuchführung angesiedelt ist, da zwischen diesen Bereichen sehr enge Schnittstellen bezüglich gemeinsam verwendeter Stammdaten (Kreditoren, Debitoren) und Bewegungsdaten (Eingangs- und Ausgangsrechnung, Zahlungsausgleich) bestehen, die dann auf einem Rechner mit der Möglichkeit einer integrierten Datenbank abgebildet werden können.

Ergebnis dieser Analyse ist damit eine **logische Rahmen-Architektur** mit den Elementen

- Anwendungsbereiche,
- Rechner, definiert über Rechnertyp und nutzender organisatorischer Einheit,
- Zuordnung Anwendungsbereich <-> Rechner,
- Schnittstellen zwischen den Rechnern und
- grobes Datenverteilungskonzept zwischen den Rechnern.

Das Datenverteilungskonzept leitet sich dabei ab aus der Daten-bezogenen Analyse der Anwendungsbereiche (s. Kap. 5.2.2.1 Punkt a.) und ihrer Zuordnung zu den Rechnern. Zusätzlich zu der definierten Hierarchie werden in diesem Schritt auch alternative Gestaltungsmöglichkeiten hinsichtlich der notwendigen Rechner und der Zuordnung von Anwendungsbereichen erarbeitet.

Diese logische Rahmen-Architektur beschreibt auf der Basis des zu unterstützenden Anwendungsspektrums und erster Überlegungen über die mögliche Implementierung das zukünftige IS in einer Produkt-unabhängigen Weise. Sie muß im weiteren Planungsprozeß zum einen dem bestehenden IS gegenübergestellt werden, um dieses bezüglich seiner Eignung als Ausgangsbasis für die weitere Entwicklung zu beurteilen, und zum anderen müssen für ihre wesentlichen Elemente konkrete Hardware- und Softwareprodukte festgelegt werden.

5.2.3 Bewertung der Verfahrensunterstützung

Die Bewertung der Verfahrensunterstützung für die Erarbeitung der logischen Rahmen-Architektur muß nach den einzelnen angesprochenen Verfahren differenziert werden. Die **analytischen Verfahren BSP, KSS und IEM** sind für den Teilschritt **Strukturierung des Funktionsspektrums** einsetzbar. Ihre Bewertung, die bereits in Kap. 4.4.3 im Hinblick auf die Unterstützung der Zielformulierung vorgenommen wurde, muß nun noch für diesen Bereich ergänzt werden. Eine weitergehende Unterstützung bieten BSP und KSS nicht, d.h. sie sind rein auf die IS-Dimensionen Anwendungen und Daten bezogen.

Anders ist das bei **IEM**, wo auch eine **Technische Architektur** definiert wird (INFORMATION ENGINEERING, 1988, Kap. 2.1.2). Diese Technische Architektur bewegt sich, wie die oben dargestellte Vorgehensweise, auf einer Produktunabhängigen Ebene, d.h. es werden Typen von Hardware- und Softwarekomponenten spezifiziert, ohne konkrete Produkte bestimmter Hersteller zu nennen.

SYSTEM TECHNISCHE EINRICHTUNGEN	TOP MANAGEMENT INFO-SYSTEM	EINKAUFS-UNTERSTÜTZUNGS-SYSTEM	PRODUKT-MANAGEMENT-SYSTEM	etc.
Rechner	zentraler Großrechner	zentraler Großrechner, lokaler Minirechner	Bereichs-Minirechner	
Arbeitsplatzrechner/ Datenstation	Microrechner	unintelligenter Bildschirm	unintelligenter Bildschirm	
Kommunikation	Micro/Mainframe Verbindung	internationale Punkt zu Punkt Verbindung	lokales Netzwerk	
Datenbank-management-system	relational	konventionell		
Systement-wicklungs-software	Sprache der vierten Generation	konventionell	spezielle Anwendungssoftware (schlüsselfertig)	
Büroautomatie-sierungssoftware	Textverarbeitung, elektr. Post			
Entscheidungs-unterstützungs-software	Tabellen-kalkulation			
Externe Informationen	Datendienst des Wirtschafts-ministeriums	Lieferanten-daten		

Abb. 5.7: Technische Einrichtungen für Geschäftssysteme
(Quelle: INFORMATION ENGINEERING, 1989, S. S.8)

Die Herleitung erfolgt in ähnlicher Weise anhand der Anforderungen der einzelnen Anwendungssysteme. Die festgelegten Komponenten gehen dabei über die oben verwendeten grundsätzlichen Hardware- und Systemsoftwareeigenschaften hinaus und spezifizieren nicht nur prinzipielle Rechnertypen, sondern legen auch bereits Realisierungsmerkmale fest (z.B. Sprache der 4. Generation; Standardsoftware oder Eigenentwicklung). Hier stellt sich jedoch die Frage, inwieweit diese Verfeinerung bei dem erreichten Planungsstand möglich ist. Eine fundierte Entscheidung über Nutzung von Standardsoftware oder Eigenentwicklung beispielsweise setzt entsprechend detaillierte funktionale und datenmäßige Anforderungen und eine darauf basierende Prüfung der am Markt angebotenen Systeme voraus. Beides ist im bisherigen SISP-Prozess noch nicht erfolgt. Insofern scheint in dieser Planungsphase eine Beschränkung auf die **grundsätzlichen Leistungsanforderungen** an die DV-technische Implementierung adäquat zu sein.

Vom erarbeiteten Ergebnis her, der logischen Rahmen-Architektur der Funktionsbereiche und Rechner, sind IEM und die dargestellte Vorgehensweise als in etwa übereinstimmend zu beurteilen. Unterschiede liegen insbesondere jedoch im Planungsvorgehen bei der **Strukturierung des Funktionsspektrums.** Im Gegensatz zu IEM und auch den anderen analytischen Verfahren wird ein höheres Aggregationsniveau für die Betrachtung vorgeschlagen, indem diese auf der Ebene der Funktionsbereiche und nicht der einzelnen Geschäftsprozesse erfolgt.

Als **Vorteil** ist damit eine wesentliche Reduktion des Aufwands für die Bildung der Bereiche, insbesondere aber für die Analyse der Datenbeziehungen verbunden. Ein möglicher **Nachteil** könnte sein, daß durch die fehlende Betrachtung der einzelnen Prozesse Details und Zusammenhänge bei den Bereichsabgrenzungen und Datenbeziehungen übersehen werden. Diese Gefahr ist jedoch dadurch reduziert, daß die Modellierung auf der Kenntnis der vorhandenen Abläufe und der Vorstellung einer angestrebten zukünftigen Informationsverarbeitung basiert. Von daher birgt die detaillierte Analyse auf Prozessebene mit anschließender Bildung von Funktionsbereichen die Gefahr von trivialen Ergebnissen.

Dazu kommt, daß die Beziehungen zwischen Funktionen und Daten nicht das einzige Kriterium sind, das zur Systemabgrenzung benötigt wird (VETTER, 1988, S. 189). Daneben sind z.B. auch die **Anforderungen an die DV-technische Basis** zu berücksichtigen, die zur Trennung von Anwendungsbereichen mit sehr engen

Datenverbindungen führen können (z.B. Produktionsplanung und Fertigungssteuerung). Dieser Aspekt kann von der Betrachtungsweise der analytischen Verfahren nicht erfaßt werden.

Bei **komplexeren Zusammenhängen** zwischen Anwendungsbereichen kann es jedoch auch sinnvoll sein, die Analyse zu vertiefen und bis zur Ebene einzelner Funktionen zu gehen. Das ist etwa dann gegeben, wenn ein Aufgabengebiet sich über zwei organisatorische Ebenen erstreckt, also zum Beispiel ein divisionaler Einkauf, der Rahmenverträge mit den Lieferanten abschließt, und werksbezogene Einkaufsabteilungen, die darauf Abrufe erteilen.

Wichtig ist jedoch, daß solche Vertiefungen bei der dargestellten Vorgehensweise im Unterschied zu den analytischen Verfahren nur **punktuell** und nicht für das gesamte Funktionsspektrum erfolgen und daß sie **Ziel-bezogen** sind, d.h. sich auf die Bereiche beziehen, die in den strategischen Zielen mit Priorität versehen wurden. Denn eine vertiefte Modellierung von Bereichen, in denen mittelfristig keine Veränderungen der bestehenden Systeme erfolgen werden und die auch nicht in enger datenmäßiger Verbindung zu den mit Priorität betrachteten Funktionen stehen, ist ein Aufwand, der für die weitere Ausrichtung der Planung und Realisierung keinen zusätzlichen Beitrag leistet und von daher verzichtbar ist.

Damit kann eine **Charakterisierung der Verfahren** in der Art erfolgen, daß der **analytische Ansatz** mit seinem bottom-up-orientierten, detaillierten Vorgehen und seiner bereits recht tiefgehenden Beschreibung des gesamten Funktionsspektrums des IS dann sinnvoll anwendbar ist, wenn es sich um eine sehr komplexe Situation handelt. Das könnte etwa zutreffen bei einem Großunternehmen mit sehr vielen verschiedenen Systemen mit stark überlappendem Funktionsspektrum, unterschiedlichem Entwicklungsstand und hoher Redundanz in der Datenhaltung, wo der Hauptzweck der strategischen Planung in einer Bereinigung und Neustrukturierung der bestehenden Anwendungslandschaft besteht. Der stärker **top-down-bezogene Ansatz** wäre dagegen dann mit Vorteil einsetzbar, wenn die System- und Funktionsbereichsabgrenzungen und die Datensituation überschaubar sind und die Entwicklung neuer Anwendungen gegenüber der Umstrukturierung der bestehenden im Vordergrund steht.

5.3   Definition der Ziel-Architektur

5.3.1 Aufgabenstellung

Die entwickelte logische Rahmen-Architektur muß weiter konkretisiert werden
bezüglich Strukturen und Produkte. Dabei ist das bestehende IS mit seinen
Komponenten als Ausgangspunkt zu berücksichtigen, d. h. eine **Ziel-Architektur**
als der letztlich anzustrebende Zustand des IS ist aus der Spannung zwischen
logischer Rahmen-Architektur und bestehendem IS zu definieren, wobei die
Erreichung der strategischen Ziele gewährleistet sein muß (s. Abb. 5.8).

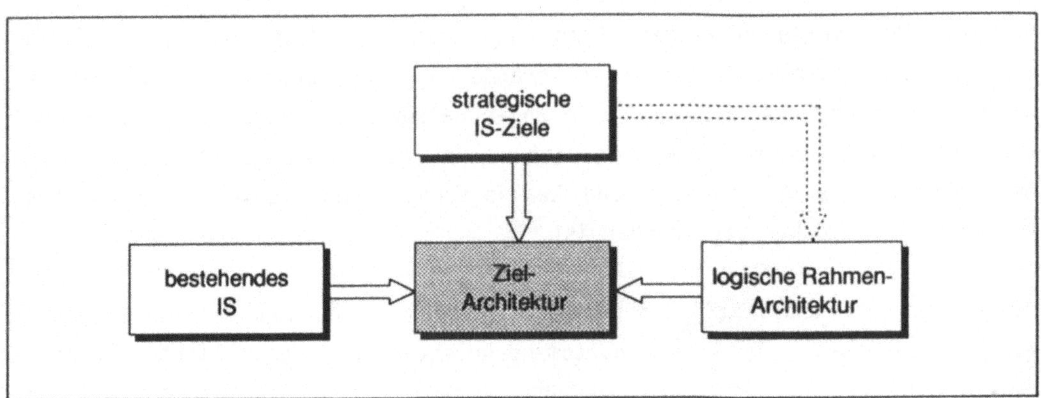

Abb. 5.8:   Bestimmungsfaktoren der Ziel-Architektur

Diese Weiterentwicklung der logischen Rahmen-Architektur zur Ziel-Architektur
kann in mehrere Schritte unterteilt werden (s. nachfolgende Abb. 5.9):

-    **Strukturanalyse**

Auf einer produktunabhängigen Ebene werden das bestehende IS und die logische
Rahmen-Architektur hinsichtlich ihrer jeweiligen Rechner- und Anwen-
dungsstrukturen abgeglichen und die Unterschiede herausgearbeitet. Diese werden anschließend bezüglich ihrer Auswirkungen auf die angestrebte Weiterentwicklung des IS untersucht.

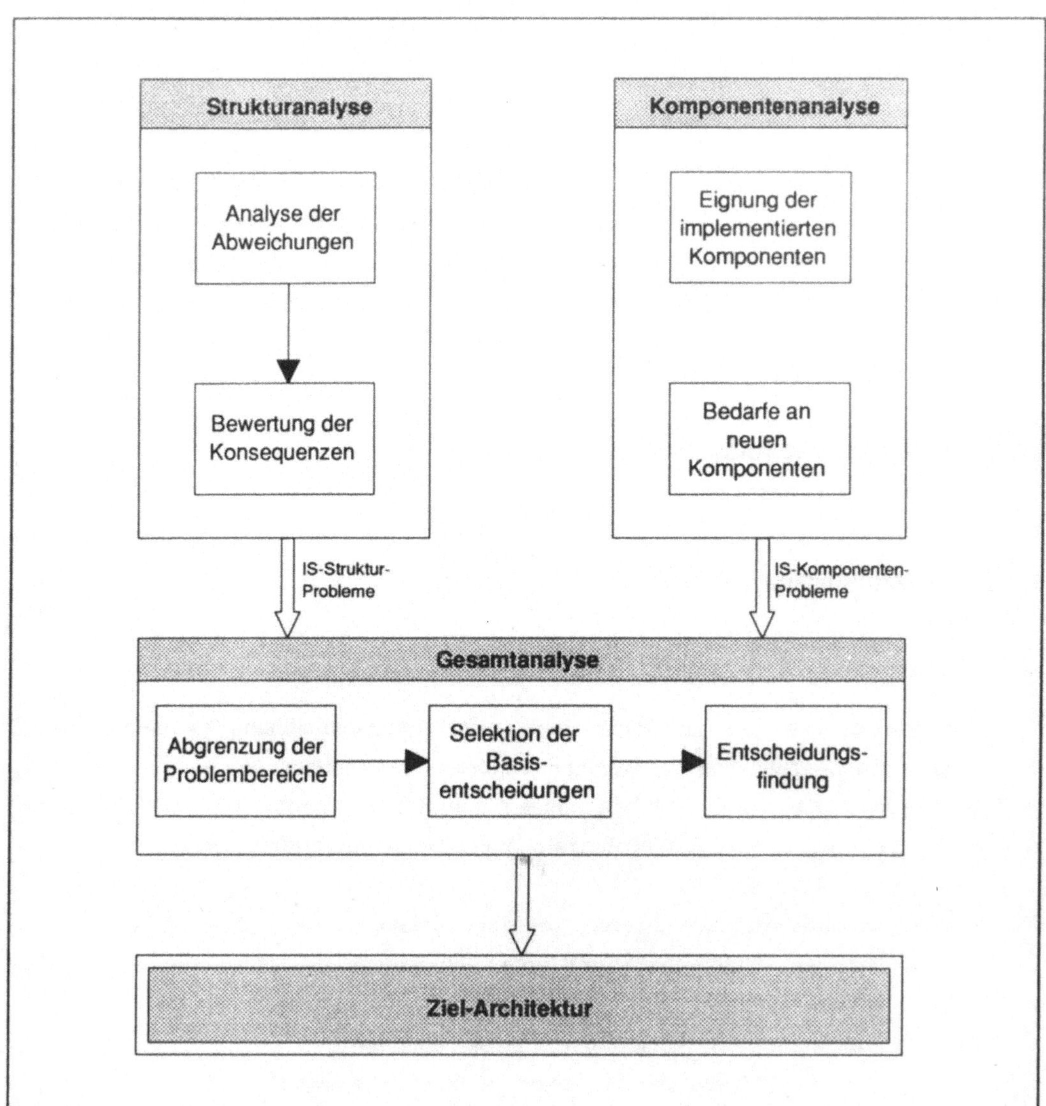

Abb. 5.9:   Schritte zur Entwicklung der Ziel-Architektur

-    **Komponentenanalyse**

Die spezifischen Produkte, mit denen das bestehende IS implementiert ist,
werden daraufhin bewertet, inwieweit sie eine tragfähige Basis bilden für das
zukünftige IS. Zusätzlich müssen auch neu zu implementierende Komponenten
identifiziert und daraufhin untersucht werden, welche Restriktionen für ihre
Auslegung zu beachten sind.

- **Gesamtanalyse**

Die Ergebnisse aus Struktur- und Komponentenanalyse werden zusammengeführt und daraus die insgesamt für die weitere Gestaltung des IS relevanten Fragestellungen definiert. Für die Basiskomponenten werden auf produktspezifischer Ebene mögliche Alternativen untersucht und bewertet. Die dabei zu treffenden Entscheidungen beinhalten die wesentlichen Festlegungen für die Implementierung des zukünftigen IS. Das Ergebnis stellt die Ziel-Architektur dar.

5.3.2   Vorgehensweise und Verfahren

5.3.2.1   Strukturanalyse

Die Strukturanalyse ist zunächst noch eine **produktunabhängige Betrachtung**. Dazu wird beim bestehenden IS von den konkret verwendeten Hardware- und Softwareprodukten abstrahiert, und es werden nur die Elemente und Strukturen betrachtet, die auch die logische Rahmen-Architektur ausmachen, nämlich

- Anwendungsbereiche und die sie repäsentierenden Systeme,
- Rechner, charakterisiert über Rechnertyp und nutzende organisatorische Einheit,
- Zuordnung Anwendungsbereiche <-> Rechner,
- Schnittstellen zwischen den Anwendungsbereichen und
- Datenverteilung zwischen Anwendungen und Rechnern.

Die dazu notwendigen Informationen sind alle bereits bei der **Analyse der Ausgangssituation** erhoben und dargestellt (s. Abb. 3.5, 3.8, 3.9 sowie Tab. 3.2 und 3.6) und stehen somit zur Verfügung. Die Charakterisierung der eingesetzten Rechner gemäß den in der logischen Rahmen-Architektur verwendeten Rechnertypen kann aus den Hardware- und Systemsoftwareeigenschaften abgeleitet werden, ebenso die Zuordnung zu einer nutzenden organisatorischen Einheit aus den jeweils implementierten Anwendungsbereichen. Damit kann das bestehende IS mit den Elementen der logischen Rahmen-Architektur beschrieben werden.

a.   Analyse der Abweichungen

Ziel der Untersuchung ist es, **strukturelle Unterschiede** zwischen vorhandenem IS und logischer Rahmen-Architektur zu erkennen. Dahinter steht die Frage, inwieweit das IS von der Struktur her eine tragfähige Ausgangsbasis für die weitere Entwicklung bildet. Folgende Aspekte müssen untersucht werden:

-   Realisierung der Anwendungsbereiche

Zwischen den Anwendungsbereichen der logischen Rahmen-Architektur und den sie repräsentierenden Systemen können folgende Beziehungen bestehen:

Übereinstimmung: **ein** Anwendungsbereich wird durch **ein** System abgedeckt

Zusammenfassung: **mehrere** Anwendungsbereiche werden durch **ein** System abgedeckt

Splittung: **ein** Anwendungsbereich wird durch **mehrere** Systeme abgedeckt

Überlappung: **ein** Anwendungsbereich wird durch **mehrere** Systeme abgedeckt, die zugleich auch **mehrere** Anwendungsbereiche ansprechen.

-   Anwendungsspektrum der Rechner

Für die einzelnen Anwendungsbereiche und die sie repräsentierenden Systeme kann für die Zuordnung zu einem Rechner Übereinstimmung oder Abweichung gegenüber der logischen Rahmen-Architektur gegeben sein. Bei abweichender Zuordnung resultieren daraus zwangsläufig Konsequenzen für das Anwendungsspektrum der einzelnen Rechner. So können für die Abdeckung des Anwendungsspektrums eines logischen Rechners durch die implementierten physischen Rechner - analog zur Realisierung der Anwendungsbereiche - folgende Beziehungen gegeben sein:

Übereinstimmung: das Anwendungsspektrum **eines** logischen Rechners wird durch **einen** physischen Rechner abgedeckt

Zusammenfassung: das Anwendungsspektrum **mehrerer** logischer Rechner wird durch **einen** physischen Rechner abgedeckt

Splittung: das Anwendungsspektrum **eines** logischen Rechners wird durch **mehrere** physische Rechner abgedeckt

Überlappung: das Anwendungsspektrum **eines** logischen Rechners wird durch **mehrere** physische Rechner abgedeckt, die zugleich auch das Anwendungsspektrum **mehrerer** logischer Rechner ansprechen.

- Schnittstellen und Datenverteilung

In der logischen Rahmen-Architektur sind die Schnittstellen zwischen den Anwendungsbereichen und ein grobes Konzept für die Datenverteilung auf die einzelnen Rechner beschrieben. Auch hier können beim bestehenden IS Strukturunterschiede gegeben sein, die zum einen als Konsequenz aus der abweichenden Zuordnung von Anwendungsbereichen resultieren, zum anderen direkt aus fehlenden Schnittstellen und anderer Datenverteilung, insbesondere Datenredundanz wegen Anwendungs-bezogender Datenhaltung.

Die Analyse struktureller Abweichungen bezüglich dieser einzelnen Aspekte soll an einem **Beispiel** verdeutlicht werden, indem der bereits oben dargestellten Rechner-/ Anwendungshierarchie, die einen Teilbereich der logischen Rahmen-Architektur (ohne Schnittstellen und Datenverteilung) beschreibt, die entsprechende Struktur des bestehenden IS (s. nachfolgende Abb. 5.11) gegenübergestellt wird. Die unterlegten Bereiche in Abb. 5.10 (s.u.) kennzeichnen noch nicht realisierte Teile, die infolgedessen im bestehenden IS nicht erscheinen können.

Aus der Gegenüberstellung lassen sich folgende **strukturelle Abweichungen** des bestehenden IS gegenüber der Rahmen-Architektur erkennen:

Für die Bereiche **Fertigungssteuerung und Betriebsdatenerfassung** existieren keine eigenen Anwendungssysteme und Rechner. Diese Funktionen sind in Ansätzen in dem eingesetzten Produktionsplanungssystem integriert.

Der **Versand**, der organisatorisch als Werksfunktion anzusehen ist, ist EDV-mäßig auf dem Konzernrechner angesiedelt wegen der engen Anbindung zum Vertrieb.

Die **Divisionsebene** ist Rechner-seitig in die Konzernebene integriert, da Division und Konzern sich am gleichen Standort befinden.

Auf die Abweichungen hinsichtlich **Schnittstellen und Datenverteilung** soll hier nicht näher eingegangen werden, da sie nicht aus den grafischen Darstellungen ableitbar sind und für die Erläuterung des Prinzips der Strukturanalyse auch nicht unbedingt notwendig.

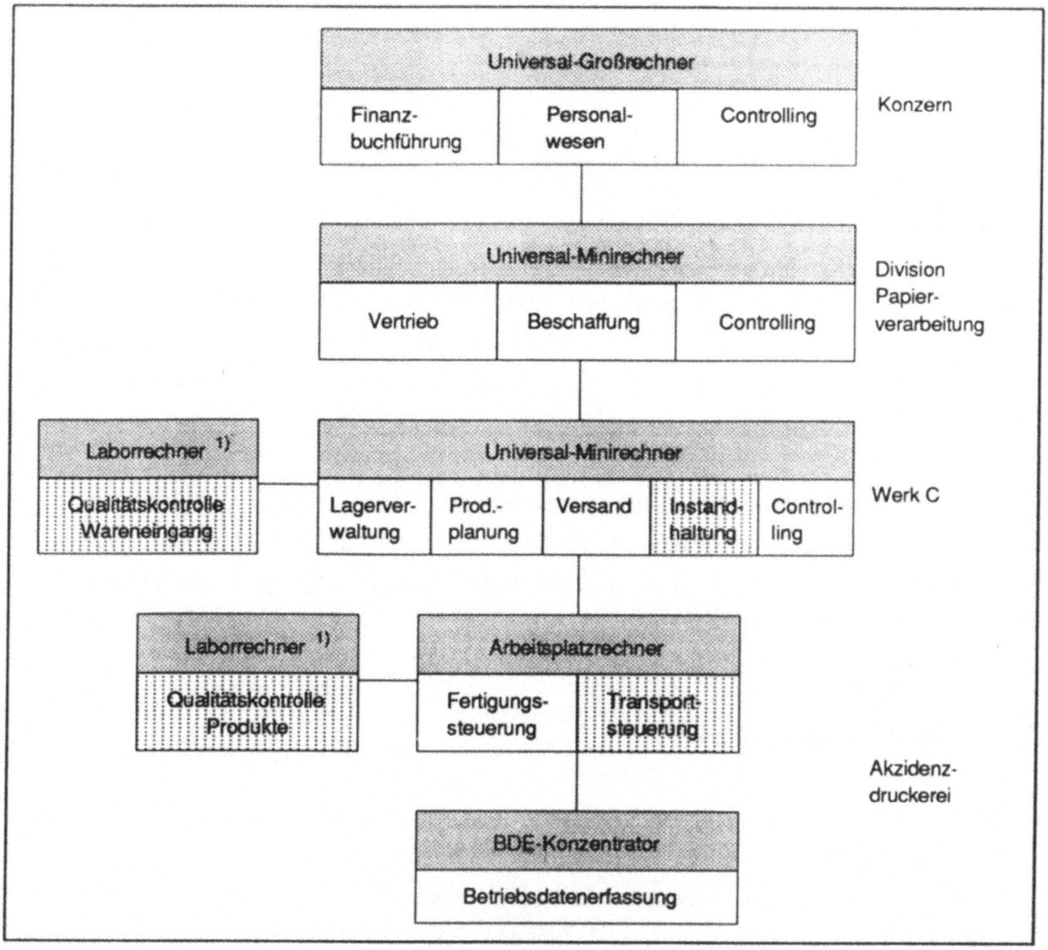

Abb. 5.10: Logische Rechner-/Anwendungshierarchie (2)

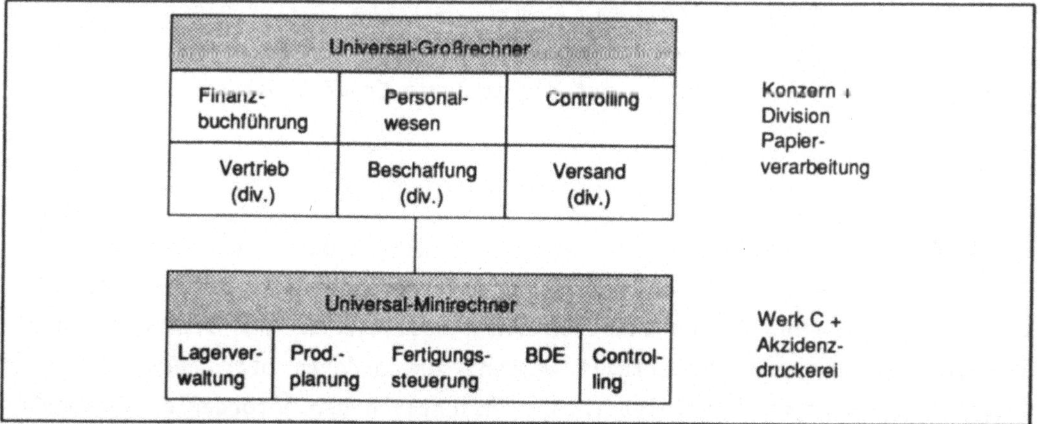

Abb. 5.11: Struktur des bestehenden IS

b.   Bewertung der Konsequenzen

Nach der Erarbeitung der strukturellen Unterschiede müssen diese hinsichtlich ihrer **Konsequenzen für die Weiterentwicklung des IS** untersucht werden. Dazu ist die Frage zu beantworten, wie das vorhandene IS in Richtung auf den in Form der logischen Rahmen-Architektur beschriebenen Zielzustand hin verändert werden kann, welche Strukturbereinigungen im gegebenen System dazu eventuell notwendig sind und wo die Rahmen-Architektur angepaßt werden kann. Endgültig kann dies erst unter Berücksichtigung der konkreten Hardware- und Software-produkte festgelegt werden, im Rahmen der Strukturanalyse erfolgt zunächst eine logische Betrachtung.

Die möglichen Konsequenzen aus strukturellen Abweichungen sollen zuerst in allgemeiner Form, dann wiederum anhand des oben dargestellten Beispiels be-schrieben werden. Auf der allgemeinen Ebene können Konsequenzen für Anwendungsbereiche, Rechner sowie Schnittstellen und Datenverteilung unterschieden werden:

-    **Anwendungsbereiche**

Eine **Splittung** von Anwendungsbereichen der logischen Rahmen-Architektur durch die eingesetzten Systeme kann zu Redundanz führen, wenn die in den verschiedenen Systemen liegende Funktionalität nicht überschneidungsfrei ist. Für die Integration können daraus Hindernisse entstehen, wenn Schnittstellen mehrfach zu den einzelnen Anwendungen zu realisieren sind.

Bei **Zusammenfassung oder Überlappung** kann das Problem auftreten, daß Teil-bereiche aus einem bestehenden Anwendungssystem herausgelöst und einem anderen System zugeordnet werden müssen, wenn dies zum Beispiel aus Schnitt-stellenüberlegungen im Hinblick auf die geplante Entwicklung sinnvoller ist.

-    **Rechner**

Abweichende Zuordnung von Anwendungen kann dazu führen, daß ein einzelner Rechner ein in bezug auf die technischen Anforderungen sehr heterogenes Spek-trum bewältigen muß. Daraus kann zum einen resultieren, daß bestimmte Anfor-derungen nur unzureichend erfüllt werden, zum anderen aber auch, daß eine Orientierung am Maximum erfolgt (z.B. hinsichtlich der geforderten Verfügbar-keit der einzelnen Anwendungen), wodurch zusätzliche Kosten entstehen können.

Darüber hinaus kann eine Abweichung auch zu Problemen für den notwendigen Rechnerzugang der beteiligten organisatorischen Einheiten des Unternehmens führen.

- **Schnittstellen und Datenverteilung**

Alle **strukturellen Abweichungen** von der logischen Rahmen-Architektur haben Konsequenzen für die Schnittstellen und gegebenenfalls auch für die Datenverteilung zwischen den Rechnern. Sie können unter Umständen zu mehr und/oder anspruchsvolleren Schnittstellen hinsichtlich Komplexität, Aktualität und Datenvolumen führen.

Mögliche Probleme resultieren aber nicht allein aus den Strukturaspekten, sondern vor allem auch aus den **einzelnen Systemen** selbst, die aufgrund ihres Entstehungszusammenhangs (z.B. Entwicklungszeitpunkt, Systemsoftwarebasis, Ersteller, angestrebte Funktionalität) häufig nicht über die notwendige Anbindung an die Umsysteme verfügen. In fehlender Integration und damit verbundener unkontrollierter Datenredundanz ist häufig das schwerwiegendste Problem für die weitere Entwicklung zu sehen.

Die Bewertung der mit Strukturunterschieden möglicherweise verbundenen Probleme soll anhand des bereits dargestellten **Beispiels** verdeutlicht werden. Dazu werden die aufgezeigten Abweichungen hinsichtlich ihrer Konsequenzen für die Weiterentwicklung auf den in der logischen Rahmen-Architektur beschriebenen Zielzustand hin betrachtet:

Die **Zusammenfassung von Produktionsplanung, Fertigungssteuerung und Betriebsdatenerfassung** in einem Anwendungssystem beruht darauf, daß aus den beiden letztgenannten Bereichen bisher nur ansatzweise Funktionen realisiert sind. Für ihren weiteren Ausbau, der als strategisches Ziel formuliert wurde, ergeben sich insbesondere aus der bestehenden Rechnerzuordnung Probleme.

Denn die Fertigungssteuerung verlangt wegen des 3-Schicht-Betriebs in der Produktion eine 24-Stunden-Verfügbarkeit, die Betriebsdatenerfassung wegen der direkten Übernahme von Daten aus Maschinen zusätzlich noch entsprechende technische Anschlußmöglichkeiten und eine real-time-Verarbeitungsfähigkeit. Diese Anforderungen sind vom Werksrechner nicht zu erfüllen.

Die Anwendungen müssen von daher auf dedizierten Rechnern mit entsprechendem Leistungsprofil realisiert werden. Dies bedeutet, daß unter Umständen bestimmte Funktionen des bestehenden Systems stillgelegt und Schnittstellen zu den neuen Bereichen definiert werden müssen.

Die **Zuordnung des Versands zum Konzernrechner** beruht auf der heutigen Arbeitsweise, daß ein Auftrag erst dann zum Versand disponiert wird, wenn er als Zugang im Fertigwarenlager verbucht ist und ein entsprechendes Kennzeichen über eine Schnittstelle zum Vertriebssystem übertragen wurde (-> Lieferung ab Lager). Als Informationsinput benötigt der Versand damit nur Vertriebsdaten.

Die zukünftige Konzeption sieht unter dem just-in-time-Aspekt ein zeitlich engeres Zusammenrücken von Produktion und Versand vor. In die Versanddisposition sollen nicht nur bereits erledigte Aufträge mit erfolgtem Fertiglagerzugang einbezogen werden, sondern auch bereits Aufträge in Produktion auf Basis geplanter Fertigstellungstermine (-> Lieferung aus Produktion). Um dieser Forderung zu genügen, benötigt der Versand permanenten Zugriff auf die aktuellen Termine der Produktion, die aus der Fertigungssteuerung an die Produktionsplanung zurückgemeldet werden. Hier entsteht somit eine zeitkritische und neue Schnittstelle, die zu einer Verlagerung der Versandfunktion auf den Werksrechner führen kann.

Ein zweiter Aspekt neben diesen Schnittstellenüberlegungen sind die Anforderungen an die DV-technische Implementierung, hier insbesondere die Verfügbarkeit. Der Konzernrechner, der umfangreiche Batch-Läufe und Datensicherungsaufgaben zu erfüllen hat, steht nur eine begrenzte Zeit pro Tag für online-Anwendungen zur Verfügung. Eine darüberhinausgehende Ausweitung der Versandzeiten bedeutet damit eine Verfügbarkeitsanforderung, die besser vom Werksrechner abgedeckt werden kann.

Die **Rechner-seitige Zusammenfassung von Divisions- und Konzernebene** bringt keine weiteren strukturellen Probleme mit sich. Von den Anforderungen an die DV-technische Implementierung sind beide Ebenen identisch, so daß einer Zusammenfassung nichts im Wege steht. Zusätzliche Schnittstellen ergeben sich daraus nicht, im Gegenteil resultiert daraus eine Verringerung der rechnerübergreifenden Schnittstellen.

5.3.2.2   Komponentenanalyse

Die Betrachtung der Strukturanalyse muß für die Definition der Ziel-Architektur um eine **produktbezogene Sicht** ergänzt werden. Diese als Komponentenanalyse bezeichnete Untersuchung hat die Frage zu beantworten, inwieweit die bereits implementierten IS-Komponenten eine tragfähige Ausgangsbasis für das zukünftige IS bilden bzw. in welchem Umfang auch in diesem Bereich Änderungen oder Erweiterungen notwendig sein können. Die identifizierten Bedarfe bezüglich Änderungen/Erweiterungen werden danach als konkrete Fragestellungen an die Gesamtanalyse übergeben.

Ebenso wie für die Strukturanalyse sind auch für die Komponentenanalyse die benötigten Ausgangsinformationen im bisherigen SISP-Prozeß bereits erarbeitet worden. Abb. 5.12 zeigt die Ausgangssituation.

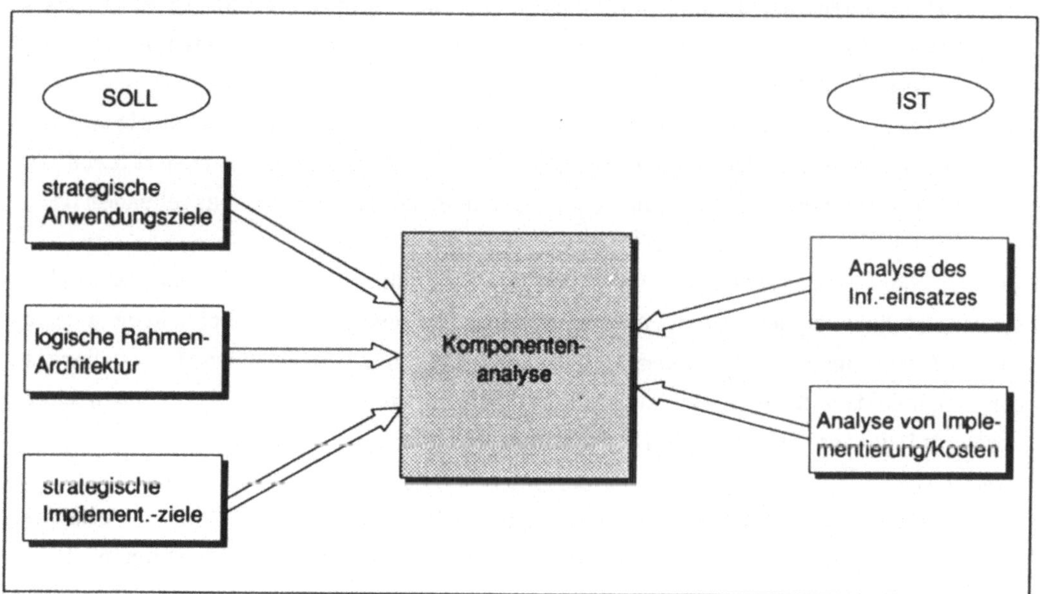

Abb. 5.12:   Ausgangssituation der Komponentenanalyse

Die **strategischen Implementierungsziele** formulieren globale Anforderungen an die zukünftige Implementierung und damit auch an die einzusetzenden IS-Komponenten. Sie sind in der Komponentenanalyse weiter zu präzisieren.

Die **strategischen Anwendungsziele**, die bereits in die Formulierung der Implementierungsziele miteingeflossen sind, sind danach im SISP-Prozeß in Form der **logischen Rahmen-Architektur** weiter ausgearbeitet worden. Insofern stellen beide mit den daraus ableitbaren Anforderungen an die IS-Komponenten eine weitere Basis für die Komponentenanalyse dar.

Den strategischen Zielen und der logischen Rahmen-Architektur, die beide Anforderungen an die Realisierung des zukünftigen IS formulieren, steht die **Analyse von Informationseinsatz sowie Implementierung und Kosten** gegenüber, die die Informationen über die derzeit eingesetzten Hardware- und Softwareprodukte bereitstellt. Daraus leiten sich folgende zu beantwortende Fragestellungen ab:

- Welche **Komponenten des bestehenden IS** unterstützen nicht in effizienter Form die Anforderungen, die aus den strategischen Zielen und der logischen Rahmen-Architektur ableitbar sind?
- Welche **neuen Komponenten** müssen für das zukünftige IS implementiert werden und welche Randbedingungen für ihre Gestaltung resultieren aus strategischen Zielen, logischer Rahmen-Architektur und bestehendem IS?

Ergebnis der Komponentenanalyse sind die Bereiche, die in der Gesamtanalyse genauer zu untersuchen sind, um möglicherweise bestehende Komponenten abzulösen und/oder neue zu bestimmen. Die Vorgehensweise wird anhand des bereits oben behandelten **Beispiels** verdeutlicht. Dazu sind zunächst die Elemente der Ausgangssituation (s. Abb. 5.12) kurz zu beschreiben.

Die **strategischen Implementierungsziele** fordern eine möglichst homogene Hardware- und insbesondere Systemsoftwarewelt, um damit Integrationsprobleme zu vermeiden und den Betreuungsaufwand zu minimieren.

Die **strategischen Anwendungsziele** fordern mit Priorität die Realisierung der derzeit nicht unterstützten fertigungsnahen Bereiche, um damit zu einer schnelleren und zuverlässigeren Abwicklung der Produktion zu gelangen. Mittelfristig sind die unzureichend unterstützten Anwendungsbereiche zu verbessern, wobei auf die Integration der Einzelsysteme zu achten ist.

Die erarbeitete **logische Rahmen-Architektur** für das zukünftige IS ist bereits in Abb. 5.5 hinsichtlich der zugrundeliegenden Rechner-/Anwendungshierarchie dargestellt.

Die **Analyse des Informationseinsatzes** hat ergeben, daß die IS-Unterstützung durch die bestehenden Anwendungssysteme in den Bereichen Beschaffung und Versand als unzureichend beurteilt werden muß. Weiterhin sind für die fertigungsnahen Funktionen Fertigungssteuerung, Betriebsdatenerfassung, Qualitätskontrolle und Instandhaltung keine Systeme realisiert. Zwischen den kaufmännischen Systemen auf dem Konzernrechner bestehen darüber hinaus Integrationsprobleme.

Die **Analyse von Implementierung und Kosten** hat folgende wesentlichen Merkmale aufgezeigt: Der Konzernrechner ist ein Rechner der IBM Serie 3090 mit dem Betriebssystem MVS, den Datenbanksystemen IMS und DB2 sowie Dateiverwaltung mit VSAM. Bei den eingesetzten Anwendungen handelt es sich zum Teil um Standardsoftware eines Anbieters (Finanzbuchführung, Personalwesen), zum Teil um Eigenentwicklungen unterschiedlichen Alters (übrige Bereiche). Der Werksrechner ist ein Rechner der DEC-VAX-Serie mit dem Betriebssystem VMS und dem Datenbanksystem RDB. Bei den eingesetzten Anwendungen handelt es sich mit Ausnahme der Controlling-Funktionen um Standardsoftware. Kostenprobleme bestehen insbesondere bei der Wartung der verschiedenen Eigenentwicklungen auf dem Konzernrechner und ihrer Integration.

Vor diesem Hintergrund ist die Komponentenanalyse mit ihren einzelnen Fragestellungen durchzuführen. Die **strategischen Implementierungsziele** betreffen beim **bestehenden IS** den Konzernrechner mit seinen heterogenen Systemsoftwarekomponenten. Hier sind die Möglichkeiten zur Vereinheitlichung zu untersuchen, wobei sich dabei ein enger Zusammenhang zu der ebenfalls angestrebten Integration auf der Anwendungsebene ergibt.

Von den **strategischen Anwendungszielen** berührt sind vom **bestehenden IS** die Systeme für Beschaffung und Versand, da ihre Funktionalität unzureichend ist. Hier muß untersucht werden, ob die vorhandenen Systeme weiterentwickelt oder durch neue Systeme abgelöst werden sollen. Insgesamt sind für alle Anwendungen auf dem Konzernrechner die Möglichkeiten einer verbesserten Integration zu prüfen.

Zusätzliche Anforderungen, die sich durch die Ausarbeitung der **logischen Rahmen-Architektur** für das **bestehende IS** ergeben, betreffen den Werksrechner, dessen Kapazität für die Übernahme der zusätzlichen Anwendungsgebiete Versand und Instandhaltung nicht mehr ausreicht. Hier muß eine Kapazitätsausweitung erfolgen.

Neue Komponenten sind zu implementieren für die dedizierten Anwendungen in den Bereichen Fertigungssteuerung, Betriebsdatenerfassung und Qualitätskontrolle. Restriktionen für ihre Gestaltung resultieren primär aus der Homogenitätsforderung für Hardware und Systemsoftware, die im Rahmen der strategischen Implementierungsziele aufgestellt wurde.

Diese einzelnen Aspekte der Komponentenanalyse sind jedoch nicht unabhängig voneinander zu sehen, sondern die jeweils angesprochenen Fragen stehen in einem **wechselseitigen Einfluß.** So haben z.B. Entscheidungen über mehrfach zu nutzende Infrastrukturkomponenten wie Hardware und Systemsoftware Konsequenzen für die einzelnen Anwendungssysteme, die in diesen Rahmen passen müssen. Umgekehrt können auch Veränderungen der Infrastruktur durch zur Verfügung stehende Anwendungskomponenten ausgelöst werden. Diese Interdependenzen gilt es in den nachfolgenden Untersuchungsschritten zu beachten.

5.3.2.3   Gesamtanalyse

a.   Abgrenzung der Problembereiche

Die Gesamtanalyse führt die Ergebnisse aus Struktur- und Komponentenanalyse zusammen und leitet daraus zunächst alle **Fragestellungen** ab, die - nun auf einer produktspezifischen Ebene - zu beantworten sind für die Weiterentwicklung des IS. Die wesentlichen Ausgangsinformationen sind damit zum einen die Abweichungen der bestehenden gegenüber der logischen Rahmen-Architektur und ihre Konsequenzen, zum anderen die Mängel der implementierten IS-Komponenten und die Anforderungen an neue.

Daraus können sich für die betroffenen IS-Bestandteile folgende **Beziehungen zwischen Struktur- und Komponentenaspekten** ergeben:

Aufhebung: ein Strukturproblem wird aufgehoben oder zumindest abgemildert durch die Leistungsmerkmale der konkreten IS-Komponenten

Übereinstimmung: Struktur- und Komponentenproblem beziehen sich auf die gleichen IS-Bestandteile

Überlappung: Struktur- und Komponentenproblem überlappen sich hinsichtlich der betroffen IS-Bestandteile

Unabhängigkeit: ein Strukturproblem besteht unabhängig von einem Komponentenproblem.

Die jeweils bestehenden Beziehungen sind zu analysieren und dann entsprechend für die betroffenen IS-Bestandteile die zu untersuchenden Probleme unter **Verbindung von Struktur- und Komponentenaspekten** abzugrenzen. Diese Problembereiche beschreiben alle die Fragen, die zur vollständigen Spezifizierung des zukünftigen IS auf einer produktbezogenen Ebene zu beantworten sind.

b. Selektion der Basisentscheidungen

Das theoretische Ideal für die weitere Planung könnte eine **simultane Betrachtung aller Aspekte** mit ihren wechselseitigen Interdependenzen sein, um so eine optimale Implementierung des IS zu erreichen. Dies ist in vielen Fällen wegen des damit verbundenen Aufwands nicht möglich und andererseits auch nicht unbedingt sinnvoll, wenn es um die Festlegung von Komponenten geht, deren Einsatz erst mittel- oder langfristig vorgesehen ist. Bis zum Realisierungszeitpunkt können sich in diesen Fällen noch Veränderungen der Anforderungen und des verfügbaren Angebots ergeben, so daß eine vorzeitige Festlegung nicht sinnvoll ist.

Aus diesem Grund müssen für den weiteren SISP-Prozeß die **Basisentscheidungen** herausgegriffen und bearbeitet werden, d.h. die Fragestellungen, die wesentliche Weichenstellungen für die Weiterentwicklung des IS beinhalten. Für ihre Identifizierung sind folgende Überlegungen notwendig:

-   Welche Fragen betreffen IS-Komponenten, deren Festlegung zugleich auch wesentliche **Restriktionen für andere Komponenten** ergibt?

Anhand der in Abb. 3.9 aufgezeigten Struktur der in einem IS eingesetzten Produkte erkennt man, daß es sich dabei insbesondere um Fragen bezüglich Hardware und systemnaher Software (Betriebssystem, Kommunikationssoftware, Datenbank usw.) handelt.

Deren Festlegung bedeutet eine Begrenzung für die Gestaltungsmöglichkeiten auf der Anwendungsebene dadurch, daß nur Standardsoftwaresysteme und Entwicklungstools eingesetzt werden können, die auf dieser Basis lauffähig sind.

Solche Ausstrahlungseffekte einzelner Komponenten können sich jedoch auch auf der Ebene der Anwendungen selbst ergeben. So kann etwa mit einem einzelnen Anwendungssystem zugleich die Entscheidung über den Einstieg in eine integrierte Softwarefamilie verbunden sein. Oder seine funktionale Gestaltung schafft wesentliche Rahmenbedingungen für benachbarte Systeme.

-   Welche Fragen beeinflussen wesentlich die **Kosten des zukünftigen IS?**

Hierbei kann zurückgegriffen werden auf die strategischen Implementierungsziele, die die entsprechenden Forderungen im Hinblick auf ein kostenoptimales IS formuliert haben. Ergänzend dazu können für die konkret anstehenden Fragen grob ihre möglichen Kostenwirkungen abgeschätzt werden.

-   Welche Fragen sind mit den strategischen **Anwendungszielen** verbunden?

Hier sind die Problembereiche zu identifizieren, die wesentlich sind für die Erreichung der angestrebten IS-Unterstützung.

Ergebnis dieser Überlegungen ist die Identifizierung der **Basisentscheidungen,** die im Rahmen der SISP für die zukünftige Implementierung des IS getroffen werden müssen. Bei der Abgrenzung der zu betrachtenden Problemfelder müssen dabei die wichtigsten Interdependenzen zwischen den Einzelfragestellungen berücksichtigt werden. Dies kann beispielsweise bedeuten, daß Hardware- oder Systemsoftwarekomponenten für ein bestimmtes Anwendungsspektrum unter Berücksichtigung des Standardsoftwareangebots festgelegt werden.

c.   Entscheidungsfindung

Zur Vorgehensweise bei der **Auswahl einzelner Komponenten** gibt es entsprechende Kriterienkataloge und Beschreibungen in der Literatur (z.B. für Standardsoftware -> HANSEN u.a., 1983; HORVATH/PETSCH, 1986; Datenbanken -> MICHELS, 1983; Netze -> SCHICKER, 1986).

Basis für alle Anforderungen ist dabei die angestrebte IS-Unterstützung für den Anwender. Hierzu müssen verfeinerte Beschreibungen erarbeitet werden, in denen die erforderlichen Leistungsmerkmale der einzelnen IS-Komponenten festgelegt werden (z.B. Funktionalität der Anwendungssoftware, Verfügbarkeit der Hardware, Mengengerüste der Daten).

Generell ist dabei zu beachten, daß die Gestaltung neuer Komponenten fast immer beeinflußt wird von der Frage der **Einbindung in das bestehende IS**, welche Möglichkeiten dazu gegeben sind, welche Notwendigkeit besteht und in welchem Zeitraum. Der Aspekt der Zeit ist von Bedeutung, denn er kann die zur Verfügung stehenden Möglichkeiten beeinflussen. Muß eine neue Komponente (z.B. ein Anwendungssystem) nicht sofort integriert werden, können sich zu einem späteren Zeitpunkt dafür einfachere Bedingungen ergeben durch ein mittlerweile verändertes Umfeld (z.B. Standardsoftwarefamilie mit integrierter Datenbasis statt Integration von Einzelsystemen über Schnittstellen).

Die **wirtschaftlichen Konsequenzen** der verschiedenen Alternativen zur Gestaltung neuer IS-Komponenten müssen soweit möglich abgeschätzt werden. Die hier durchzuführende Wirtschaftlichkeitsbetrachtung stellt eine Verfeinerung dar gegenüber den Überlegungen bei der Formulierung der strategischen Ziele und kann in Ausnahmefällen auch zu deren Modifikation führen. In Abhängigkeit vom Betrachtungshorizont können sich dabei unterschiedliche Alternativen als vorteilhaft herausstellen. Bei kurzfristiger Perspektive ist tendenziell der weitere Ausbau bereits eingesetzter Produkte von Vorteil, da damit im allgemeinen die geringsten Umstellungskosten im bestehenden IS verbunden sind. Bei langfristiger Betrachtung kann sich dies umkehren, wenn dann stärker mögliche Vorteile neuer Produkte zum Tragen kommen. Bei der Analyse ist deshalb darauf zu achten, daß nicht durch kurze Entscheidungszeiträume eine zu starke Bindung an das vorhandene IS entsteht.

Ergebnis der Gesamtanalyse ist die **Ziel-Architektur**, die das zukünftige IS beschreibt. Sie entsteht durch Fortentwicklung aus der logischen Rahmen-Architektur, indem zum einen deren Strukturen verändert werden, wenn bestehende oder zukünftige Produkte dies verlangen oder ermöglichen, und zum anderen für ihre zentralen Elemente auch konkrete Hardware- und Softwareprodukte genannt werden. Damit ist nicht eine vollständige Spezifizierung aller Komponenten des IS erfolgt. Dies kann teilweise auch erst in nachfolgenden Projekten innerhalb der definierten Rahmenbedingungen geschehen.

Die dargestellten allgemeinen Überlegungen sollen anhand des betrachteten **Beispiels** verdeutlicht werden. Die Ausgangsinformationen für die Gesamtanalyse sind bereits beschrieben, ihre Verknüpfung ergibt folgende **Fragestellungen**:

- Neue bzw. weiterentwickelte Anwendungssoftware für die Funktionsbereiche
  -- Beschaffung
  -- Versand (gleichzeitig Strukturproblem)
  -- Instandhaltung
  -- Qualitätskontrolle
  -- Fertigungssteuerung (gleichzeitig Strukturproblem)
  -- Betriebsdatenerfassung (gleichzeitig Strukturproblem)

- Neue DV-technische Basis (Hardware, Systemsoftware) für die Funktionsbereiche
  -- Qualitätskontrolle
  -- Fertigungssteuerung
  -- Betriebsdatenerfassung

- Kapazitätserhöhung Werksrechner

- Verbesserung Anwendungsintegration/Vereinheitlichung Systemsoftwarebasis auf Konzernrechner.

Aus dieser Gesamtheit der Fragestellungen lassen sich zwei wesentliche **Basisentscheidungsbereiche** bilden:

-   Möglichkeiten zur Integration auf Konzernrechner-Ebene

Bei einer Ablösung der Systeme für Beschaffung und Versand ergibt sich die Möglichkeit einer Bereinigung der Systemsoftware, indem dann keine auf Dateiverwaltung basierenden Systeme mehr im Einsatz sind. Für das Beschaffungssystem ist die Möglichkeit zu prüfen, das Modul aus der in den Bereichen Finanzbuchführung und Personalwesen bereits eingesetzten integrierten Standardsoftwarefamilie zu nutzen, um auf diese Weise die Datenintegration zu verbessern.

Bei positivem Ergebnis wäre mittelfristig auch das Vertriebssystem einer solchen Prüfung zu unterziehen. Über diese Integration auf der Anwendungsebene ergibt sich somit zugleich auch eine homogene Systemsoftwarebasis.

-   Gestaltung der DV-technischen Basis auf Werksebene

Die Fragestellungen bezüglich der Kapazitätsausweitung des bestehenden Werksrechners und der neuen DV-technischen Basis für Qualitätskontrolle, Fertigungssteuerung und Betriebsdatenerfassung sind im Zusammenhang zu beantworten, wobei die Forderung der strategischen Implementierungsziele nach einer möglichst homogenen Systemsoftwarewelt zu beachten ist. Es müssen die Alternativen

-   Einsatz der DEC-Produkte auch für die neuen Anwendungsbereiche,
-   Umstieg auf eine neue DV-technische Basis mit entsprechender Umstellung der bestehenden Anwendungen und
-   Einsatz einer zweiten DV-technischen Basis auf der Werksebene nur für neue Anwendungsbereiche

auf ihre technische Machbarkeit und ihre kostenmäßigen Konsequenzen hin überprüft werden. Das kann unter Umständen auch dazu führen, daß mit der dritten Alternative das ursprünglich aufgestellte strategische Ziel einer homogenen Systemwelt bei nun verfeinerter Wirtschaftlichkeitsbetrachtung für die Werksebene korrigiert wird.

Das Ergebnis der Gesamtanalyse ist in Abb. 5.13 dargestellt, die **Ziel-Architektur des IS.** Schraffierte Flächen kennzeichnen Komponenten, die noch nicht produktspezifisch festgelegt sind.

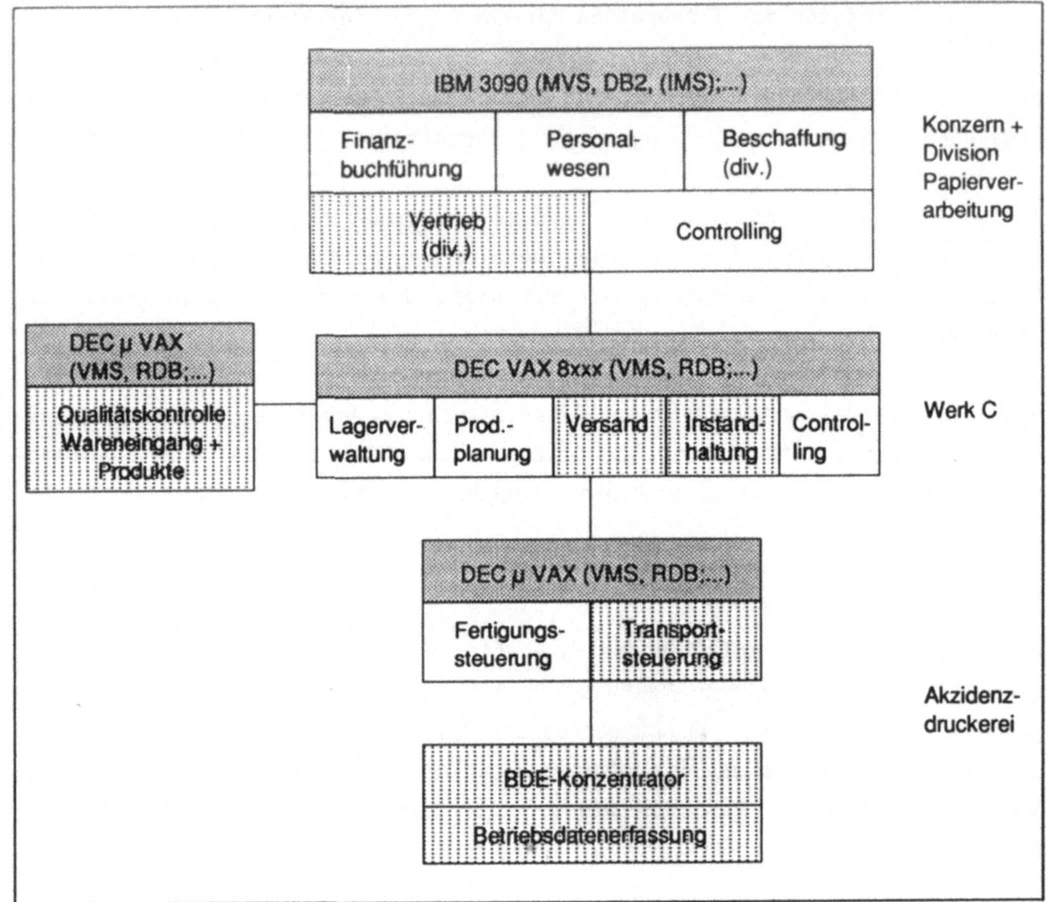

Abb. 5.13: Ziel-Architektur

Strukturelle Fortschreibungen der logischen Rahmen-Architektur (s. Abb. 5.5) ergeben sich durch die Zusammenfassung von Divisions- und Konzernebene, die bereits im bestehenden IS gegeben war, und die Zusammenfassung der Funktionen der Qualitätskontrolle auf einem Rechner.

Bezüglich der **einzusetzenden Produkte** ist auf der Konzernebene die Standardsoftwarefamilie um das Modul für Beschaffung erweitert worden; die mittelfristige Ablösung des Vertriebssystems ist noch offen, deshalb ist IMS auch noch in Klammern bei den Systemsoftwarekomponenten aufgeführt.

Auf der Werksebene ist ein durchgängiger Einsatz von DEC-VAX-Rechnern vorgesehen, hier ist nur die Frage des BDE-Konzentrators noch offen. Bezüglich der neuen Anwendungsbereiche ist eine Entscheidung für den Bereich der

Fertigungssteuerung gefallen, die als zentrale Funktion unterhalb der Werksebene mit dem Hardwareauswahlprozeß verknüpft war. Hier wurde ein auf DEC-Rechnern einsetzbares Steuerungssystem ausgewählt. Die übrigen Funktionsbereiche sind noch offen und müssen im Rahmen nachfolgender Projekte geklärt werden.

5.3.3 Bewertung der Verfahrensunterstützung

Bei den zur Definition der Ziel-Architektur durchzuführenden Aufgaben handelt es sich teilweise um Problemstellungen, die nur schwierig in allgemeiner Form darzustellen sind, insbesondere, was die **Überführung auf die Ebene konkreter Hardware- und Softwareprodukte** betrifft. Deren spezifische Eigenschaften zur Befriedigung bestimmter Anforderungen, die zudem einem permanenten Wandel unterworfen sind, in allgemeinen Verfahren abzubilden, die dann durchgängig von einer auf logischer Ebene definierten Anforderung zu einer Realisierung mit konkreten Produkten führen, ist kaum möglich. In Konsequenz daraus bleiben die meisten Planungsverfahren (so z.B. auch BSP und IEM) auf einer produktunabhängigen Ebene stehen und unterstützen nicht den Prozeß der Alternativengenerierung.

Den Planungsverfahren gegenüber stehen für die **Alternativenbewertung** Verfahren zur Auswahl einzelner IS-Komponenten (s. in Kap. 5.3.2.3 Punkt c. angegebene Stellen), die in der Regel aus Kriterienkatalogen und Bewertungshilfen bestehen. Diese verwenden jedoch häufig die isolierte Perspektive der einzelnen Komponente unter Vernachlässigung der Integration in das bestehende und zukünftige Umfeld. Dies trifft insbesondere auch für die betrachteten Kostenaspekte zu, die sich dann auf die Kosten für Beschaffung und Installation der einzelnen Komponente beschränken. Dabei werden die unter Umständen wesentlich höheren Kosten für die Einbindung in das bestehende IS, die laufende Betreuung und eventuelle Anpassung an veränderte Bedingungen außer Acht gelassen.

Zudem gibt es **keine Verbindung zwischen technischen Merkmalen und Kosten** der Alternativen. Beide werden als getrennte Dimensionen behandelt und bewertet, was insbesondere bei den technischen Aspekten zu Problemen führt. Die Tatsache beispielsweise, daß eine Standardsoftware auf einer bereits eingesetzten Datenbank statt auf einer bisher nicht verwendeten basiert, kann auf einer rein technischen Ebene nicht bewertet werden. Hier muß versucht werden, technische Aspekte in ökonomische Größen zu transformieren.

Vor dem Hintergrund dieser Problematik bei der systematischen Generierung und Bewertung von produktspezifischen Realisierungsalternativen ist der oben vorgestellte Ansatz zu sehen. Er unterstützt die **Generierungsphase** durch das Aufzeigen von Handlungsbedarfen. Die noch produktunabhängige Strukturanalyse untersucht mögliche strukturelle Hindernisse im bestehenden IS, die der angestrebten Entwicklung im Wege stehen könnten. Die Komponentenanalyse betrachtet unter gleichem Aspekt die konkret eingesetzten Produkte. Beide Schritte weisen auf Notwendigkeiten hin, das bestehende IS zu verändern bzw. zu erweitern und zeigen damit Anforderungen und Randbedingungen für mögliche Realisierungsalternativen aus der Sicht des heutigen IS auf. Sie betonen dabei zunächst stark den Aspekt des Aufbaus auf dem Bestehenden.

Die eigentliche **produktspezifische Generierung** kann jedoch von ihnen nicht geleistet werden. In sie muß die Kenntnis des Planers über die zur Verfügung stehenden Alternativen einfließen. Dadurch können sich unter Umständen auch größere Untersuchungsbereiche ergeben als die von Struktur- und Komponentenanalyse erkannten Handlungsbedarfe, wenn Komponenten in die Gestaltungsüberlegungen miteinbezogen werden, die ursprünglich nicht als zu verändernde eingestuft wurden. Dies stellt das Gegengewicht zur starken Berücksichtigung des Bestehenden dar.

Für die **Alternativenbewertung** ist auf die angesprochenen Verfahren zur Auswahl einzelner IS-Komponenten verwiesen. Mit den in Kap. 2.2.3.2 aufgezeigten Zusammenhängen zwischen technischen Eigenschaften von IS-Komponenten und Kosten ist der Ansatz aufgezeigt zur Überwindung ihrer getrennten Behandlung in den Verfahren.

5.4   Erarbeitung der Realisierungsstrategie

5.4.1 Aufgabenstellung

Als letzter Schritt innerhalb des SISP-Prozesses ist eine Realisierungsstrategie zu erarbeiten, die die **wesentlichen Schritte für die Implementierung des IS** definiert, das in der Ziel-Architektur beschrieben ist. Sie ist dann unmittelbare Basis für die nachfolgende Planung einzelner Projekte und die dispositive Ressourcenplanung (Jahres- bzw. Budgetplanung).

Ausgangspunkt für die Erarbeitung der Realisierungsstrategie ist damit zum einen die Ziel-Architektur. Aus ihr sind die wesentlichen Maßnahmen zu ihrer Erreichung abzuleiten und hinsichtlich wichtiger Merkmale, wie z.B. Ressourcenbedarf oder gegenseitiger Abhängigkeiten, zu beschreiben. Zum anderen sind es die strategischen Unternehmensziele und die daraus abgeleiteten IS-Ziele, da anhand von ihnen der Beitrag der einzelnen Maßnahmen zum Unternehmenserfolg gemessen werden muß.

Aufgrund der **Prioritäts-bestimmenden Merkmale** und der zu berücksichtigenden **Restriktionen** kann dann ein Plan für die Durchführung der einzelnen Maßnahmen aufgestellt werden. Dieser enthält die einzelnen Schritte und Stufen, in denen das angestrebte IS verwirklicht wird. Im folgenden sind die Vorgehensweise und unterstützende Verfahren für die Erarbeitung der Realisierungsstrategie beschrieben.

5.4.2 Vorgehensweise und Verfahren

Die Ziel-Architektur beschreibt das zukünftige IS zum Teil mit genau spezifizierten Hardware- und Softwareprodukten, zum Teil auch nur mit Anforderungen an noch zu bestimmende Produkte. Aus der **Gegenüberstellung von bestehendem IS und Ziel-Architektur** müssen die Maßnahmen abgeleitet werden, die zur Überführung von einem Zustand in den anderen notwendig sind.

Ihre inhaltliche Beschreibung erfolgt dabei auf einem **groben Niveau** ohne starke Detaillierung der verschiedenen Aktivitäten, wie dies etwa bei der Planung eines einzelnen Projektes erfolgt. Die Orientierung an den technischen Komponenten des IS bei der Ableitung der Maßnahmen darf nicht darüber hinwegtäuschen, daß wesentliche Teile der zu leistenden Arbeit auch auf die beteiligten Mitarbeiter in EDV- und Fachabteilungen bezogen sind, z.B. ihre Motivation für neue Lösungen oder ihre Schulung über neue betriebswirtschaftliche bzw. technische Anwendungskonzepte und Softwaresysteme. Die hierüber vorhandenen Kenntnisse und Einstellungen beeinflussen entscheidend den Erfolg der Einführung neuer IS-Komponenten (KÜHN/KRUSE, 1985, S. 455), so daß die dazu notwendigen Aktivitäten als integraler Bestandteil der jeweiligen Maßnahmen anzusehen sind.

Die einzelnen aus der Ziel-Architektur abgeleiteten Maßnahmen müssen hinsichtlich einiger wesentlicher Merkmale beschrieben werden:

- **Interdependenzen**

Zwischen einzelnen Maßnahmen können Interdependenzen in der Art bestehen, daß sie in einer bestimmten Reihenfolge angegangen werden sollten (Vorgänger-Nachfolger-Beziehung). Hierbei kann es sich um technische (z.B. Dezentralisierung einer Anwendung setzt Vorhandensein von dezentralen Rechnern mit Vernetzung voraus) und logische (z.B. Aufbau eines Vertriebsinformationssystems setzt als Basis ein System zur operativen Auftragsabwicklung voraus) Abhängigkeiten handeln (KÜHN/KRUSE, 1985, S. 461). Technische Abhängigkeiten resultieren im allgemeinen aus der Verfügbarkeit und Erfahrung mit den benötigten DV-technischen Komponenten, logische Abhängigkeiten aus Datenbeziehungen zwischen einzelnen Anwendungsbereichen.

Die Abhängigkeiten müssen hinsichtlich ihrer Stärke beurteilt werden, ob sie zwingende Restriktionen darstellen oder ob sie übergangen werden können. Dies ist etwa bei logischen Abhängigkeiten möglich, wenn benötigte Daten, die aus vorgelagerten Systemen noch nicht bereitgestellt werden können, manuell erfaßt werden.

- **Ressourcenbedarfe/Kosten**

Auf einer groben Ebene, soweit es der Planungsstand erlaubt, müssen je Maßnahme die Bedarfe an personellen und DV-technischen Ressourcen abgeschätzt werden. Bezüglich der personellen Ressourcen ist zu beachten, daß hier sowohl die Anforderungen an EDV-Spezialisten als auch an Fachleute aus den Anwenderbereichen qualitativ und quantitativ angegeben werden müssen. Denn gerade bei den letzteren bestehen häufig Engpässe, die die erfolgreiche Durchführung von Projekten verzögern oder verhindern.

Die geschätzten Ressourcenbedarfe sind mit einiger Unsicherheit behaftet, da unter Umständen die Durchführung einzelner Maßnahmen noch nicht genau spezifiziert ist (z.B. Realisierung eines Anwendungsbereiches über Standardsoftware oder Eigenentwicklung). Hier ist dann die Angabe alternativer Bedarfe sinnvoll.

Die Bedarfe müssen bewertet werden mit den entsprechenden Kosten, um daraus eine erste Abschätzung der Kosten einer Maßnahme herzuleiten. Die angesprochene Unsicherheit bezüglich der Ressourcenbedarfe schlägt sich natürlich auch auf die Bewertung durch. Zusätzlich kommen hier unterschiedliche Kostenansätze in Abhängigkeit von der konkreten Abwicklung (z.B. Softwareentwicklung durch eigene Mitarbeiter oder durch Externe) zum Tragen.

- **Risiko**

Für jede Maßnahme muß das mit ihr verbundene Risiko für die Erreichung der angestrebten Ziele und die Einhaltung der vorgesehenen Kosten beurteilt werden. McFarlan nennt drei risikobestimmende Faktoren für IS-Projekte (McFARLAN, 1981, S. 143):

- Größe der Maßnahme,
- Erfahrung mit den benötigten DV-technischen Komponenten und
- Strukturiertheit und Präzision der Zielvorgaben.

Diese drei Aspekte sind für jede Maßnahme zu betrachten und in einer Risikoeinstufung zusammenzufassen.

- **Rahmenbedingungen**

Welche Rahmenbedingungen bezüglich einzelner Maßnahmen oder generell für die gesamte IS-Weiterentwicklung existieren, die in der Realisierungsstrategie zu berücksichtigen sind? Hier kann eine Vielzahl von Aspekten auftreten, wie gesetzliche Vorschriften (z.B. Dokumentationspflicht für bestimmte Umweltrelevante Daten), sonstige Planungen im Unternehmen (z.B. Bau eines Hochregallagers, dessen Steuerungssoftware an das PPS-System angebunden werden muß) oder Offenheit und Interesse einzelner Bereiche für eine verbesserte IS-Unterstützung. Diesen Faktoren kann im Einzelfall ein hohes Gewicht zukommen, was die Freiheitsgrade für die Realisierungsstrategie stark einschränkt.

- Beitrag zu den Unternehmenszielen

Die einzelnen Maßnahmen zur Realisierung der Ziel-Architektur müssen hinsichtlich ihres Beitrags zu den Unternehmenszielen bewertet werden. Hierzu kann im wesentlichen auf die im Rahmen der Formulierung der strategischen IS-Ziele erarbeiteten Zusammenhänge zwischen Unternehmenszielen, Kritischen Erfolgsfaktoren (KEF) und einzelnen IS-Bereichen zurückgegriffen werden. Diese müssen noch einmal vor dem Hintergrund der definierten Maßnahmen (z.B. bei abweichender Abgrenzung von Anwendungsbereichen) überprüft werden. Dabei ist auch zu beachten, daß Interdependenzen zwischen einzelnen Schritten bestehen und sie sich in ihrem Zielbeitrag beeinflussen können. Eine isolierte Betrachtung ist hier also nicht möglich, sondern es muß der Gesamtzusammenhang des angestrebten IS gesehen werden.

Eine detaillierte Wirtschaftlichkeitsrechnung mit entsprechend verfeinerter Nutzenermittlung, wie sie bei der Abwicklung konkreter Projekte durchzuführen ist (DROSTE, 1986), ist in diesem Planungsstadium noch nicht sinnvoll. Denn die bisher definierten Maßnahmen genügen noch nicht den Genauigkeitsanforderungen eines Projektes im Sinne einer genau umrissenen Aufgabenstellung. Da das Ziel der Betrachtung in dieser SISP-Phase nicht die Freigabe von Mitteln ist, sondern nur die Priorisierung von Maßnahmen, genügt auch die grobere Betrachtung aus der Zielformulierung.

Abb. 5.14 faßt die **Einflußfaktoren** zusammen, die für die Erarbeitung der Realisierungsstrategie benötigt werden.

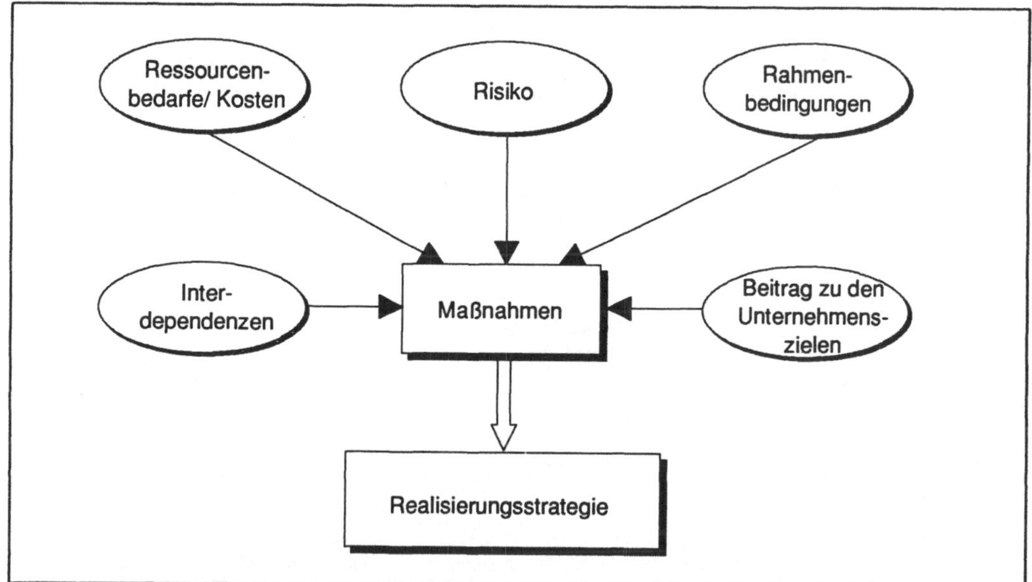

Abb. 5.14: Einflußfaktoren für die Realisierungsstrategie

Die verschiedenen Aspekte müssen für jede Maßnahme zu einer **Gesamtpriorität** verdichtet werden. In der Literatur werden dafür grafische Matrixdarstellungen oder auch numerisch orientierte Punktebewertungsverfahren vorgeschlagen (z.B. BUSS, 1983, S. 122-123; McFARLAN, 1981, S. 144-146; NAGEL, 1988, S. 88-95).

Solche Verfahren gehen von einer **Unabhängigkeit** der einzelnen Projekte aus und können damit bestehende Interdependenzen nur unzureichend abbilden. Auch die als Rahmenbedingungen zu berücksichtigenden Einflußfaktoren sind von ihnen nicht zu erfassen. Von daher ist ihr Einsatz nur für die Betrachtung der anderen Einflußfaktoren sinnvoll, Interdependenzen und Rahmenbedingungen müssen in nicht formalisierter Weise in den Planungsprozeß eingebracht werden.

Hinsichtlich der zur Verfügung stehenden **personellen Ressourcen** kann in einer ersten Stufe von der gegebenen Situation im Unternehmen oder von bereits beschlossenen Erweiterungen ausgegangen werden und auf dieser Basis die Zeitdauer für die Realisierung der wichtigsten Schritte abgeschätzt werden. Ergibt dies keine akzeptablen Zeiträume oder ist die bestehende Basis auch in jedem Fall zu klein für die dauerhafte Betreuung des zukünftigen IS, können alternative Planungen für andere Ressourcensituationen durchgeführt werden.

Die Ergebnisse sind in Form von Balkendiagrammen darstellbar, die auch die
Interdependenzen zwischen Maßnahmen (in Form von Pfeilen) und als Rahmenbedingungen anzusehende wichtige Ecktermine beinhalten können (s. Abb. 5.15).

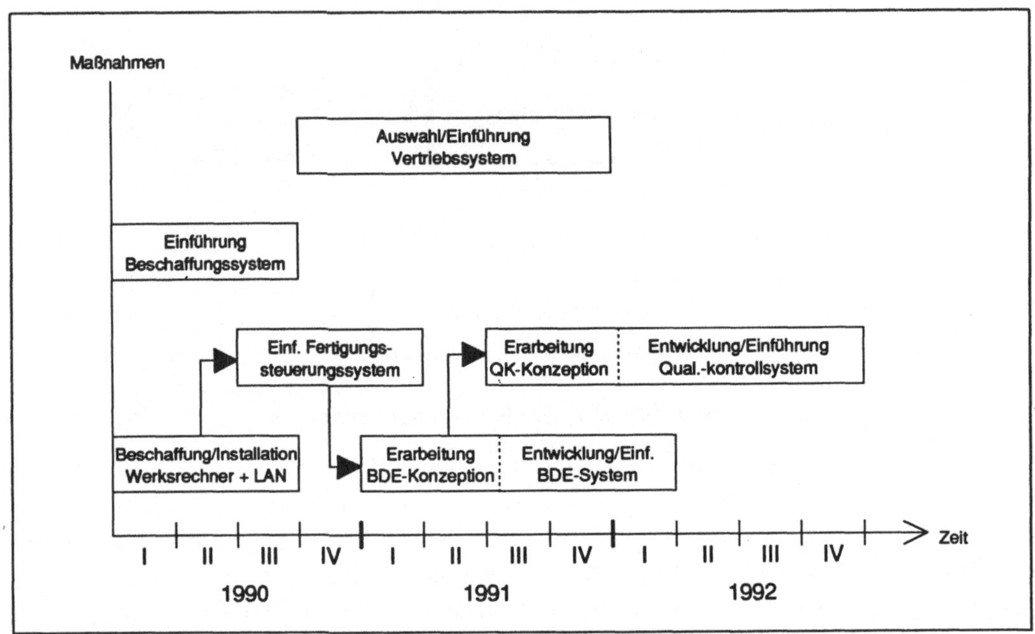

Abb. 5.15: Realisierungsstrategie

Es ist sinnvoll, die Darstellung auf einen **überschaubaren Zeitraum** (ca. 2-3
Jahre) zu beschränken und nur die in dieser Zeit realisierbaren Maßnahmen mit
ihren Abhängigkeiten zu terminieren. Für später anstehende Maßnahmen können
sich bis dahin noch wesentliche Prioritäts-bestimmende Faktoren gegenüber der
heutigen Situation verändern, so daß die Bildung einer zeitlich fixierten,
genauen Reihenfolge nicht zweckmäßig erscheint. Sie sind ohne diese Angaben
am Ende des Betrachtungszeitraums aufzuführen.

Für jede Realisierungstrategie ist der **unterstellte Ressourceneinsatz** in Form
von Mitarbeitern (intern/extern) und zu beschaffenden DV-technischen Komponenten anzugeben, da er zum einen wesentliche Voraussetzung für die Einhaltung der angegebenen Zeiträume ist und zum anderen der Entscheidungsinstanz
eine erste Vorstellung über die benötigten Mittel gibt.

Die Ziel-Architektur und die (alternativen) Realisierungsstrategie(n) mit Maßnahmen, Reihenfolge und Terminen sowie dem jeweiligen Ressourcenbedarf sind als wesentliche **Ergebnisse der SISP** die Basis für die Entscheidung über die strategische Ausrichtung des IS und die anzugehenden Schritte. Die Entscheidungsinstanz hat über sie zu beschließen, indem sie zum einen die Ziel-Architektur als strategische Orientierung festlegt und eine Realisierungsstrategie bestimmt. Zum anderen muß sie die Inangriffnahme konkreter Maßnahmen freigeben, die dann in die dispositive Ressourcenplanung einfließen.

5.4.3 Bewertung der Verfahrensunterstützung

Die Erarbeitung einer Realisierungsstrategie auf der Basis von spezifizierten einzelnen Maßnahmen ist ein Planungsproblem mit vielen **unternehmensindividuellen Einflußfaktoren.** Das reicht bis zur personenbezogenen Ebene, wo Einstellungen einzelner Mitarbeiter Auswirkungen auf eine zweckmäßige Reihenfolge haben können. Alle diese Größen in systematisierter Form zu erfassen und in einem formalisierten Bewertungsprozeß abzubilden, ist aufgrund ihrer Vielfalt und ihrer unterschiedlichen Auswirkungen kaum möglich.

Im oben vorgestellten Ansatz wird dem dadurch Rechnung getragen, daß **formalisierte und strukturierte Verfahren** nur für die Einflußfaktoren

- Beitrag zu den Unternehmenszielen,
- Risiko und
- Ressourcenbedarfe/Kosten

vorgeschlagen werden. Hier können diese Verfahren einen sinnvollen Beitrag zur Erfassung und Verdichtung der einzelnen Bestimmungsgrößen leisten. Kühn/Kruse weisen in diesem Zusammenhang jedoch darauf hin: "Nicht der Zahlenwert einer vereinfachenden Aggregationsformel, sondern die bewußte Auseinandersetzung mit den verschiedenen Aspekten des Entscheidungsproblems kann zu der für das Unternehmen geeignetsten Lösung führen" (KÜHN/KRUSE, 1985, S. 461). In diesem Sinne ist für eine Entscheidung neben einer **Gesamtbewertung** auch die **Transparenz ihres Zustandekommens** aus den einzelnen Einflußfaktoren von Bedeutung, die durch ein strukturiertes Verfahren gewährleistet wird.

6.   Zusammenfassung der Ergebnisse

Basierend auf Überlegungen über die **Dimensionen des IS** und die mit seinem Einsatz im Unternehmen verfolgten **Ziele**, werden wesentliche Anforderungen an ein IS-Planungskonzept abgeleitet. Ein solches Konzept, das die Erarbeitung von Gestaltungsempfehlungen für das IS unterstützt, muß folgende Elemente beinhalten:

-       Integration in die Unternehmensplanung,
-       Definition der funktionalen Ziele,
-       Definition der Implementierungsziele,
-       Durchführung einer Wirtschaftlichkeitsanalyse,
-       Betrachtung aller IS-Dimensionen und
-       Erarbeitung einer Realisierungsstrategie.

Diese Anforderungen, die allgemein für die IS-Planung gelten, werden anschließend spezifiziert für die strategische Planungsebene und daraus dann die wesentlichen **Komponenten der SISP** abgeleitet (s. Abb. 2.11). Diese umfassen:

-       Analyse der bestehenden Informationsverarbeitung,
-       Analyse der relevanten Umwelt,
-       Formulierung strategischer IS-Ziele und
-       Erarbeitung der IS-Strategie.

In den nachfolgenden Kap. 3-5 wird ein **Planungskonzept** ausgearbeitet, das diese Komponenten in einzelnen Arbeitsschritten konkretisiert, für die jeweils Aufgabenstellung, verwendete Informationen, erzeugte Ergebnisse und unterstützende Verfahren beschrieben werden. Abb. 6.1 zeigt zusammenfassend diese Arbeitsschritte und ihre Input-/Output-Verbindungen untereinander, die ergänzend in Tab. 6.1 inhaltlich näher bezeichnet sind.

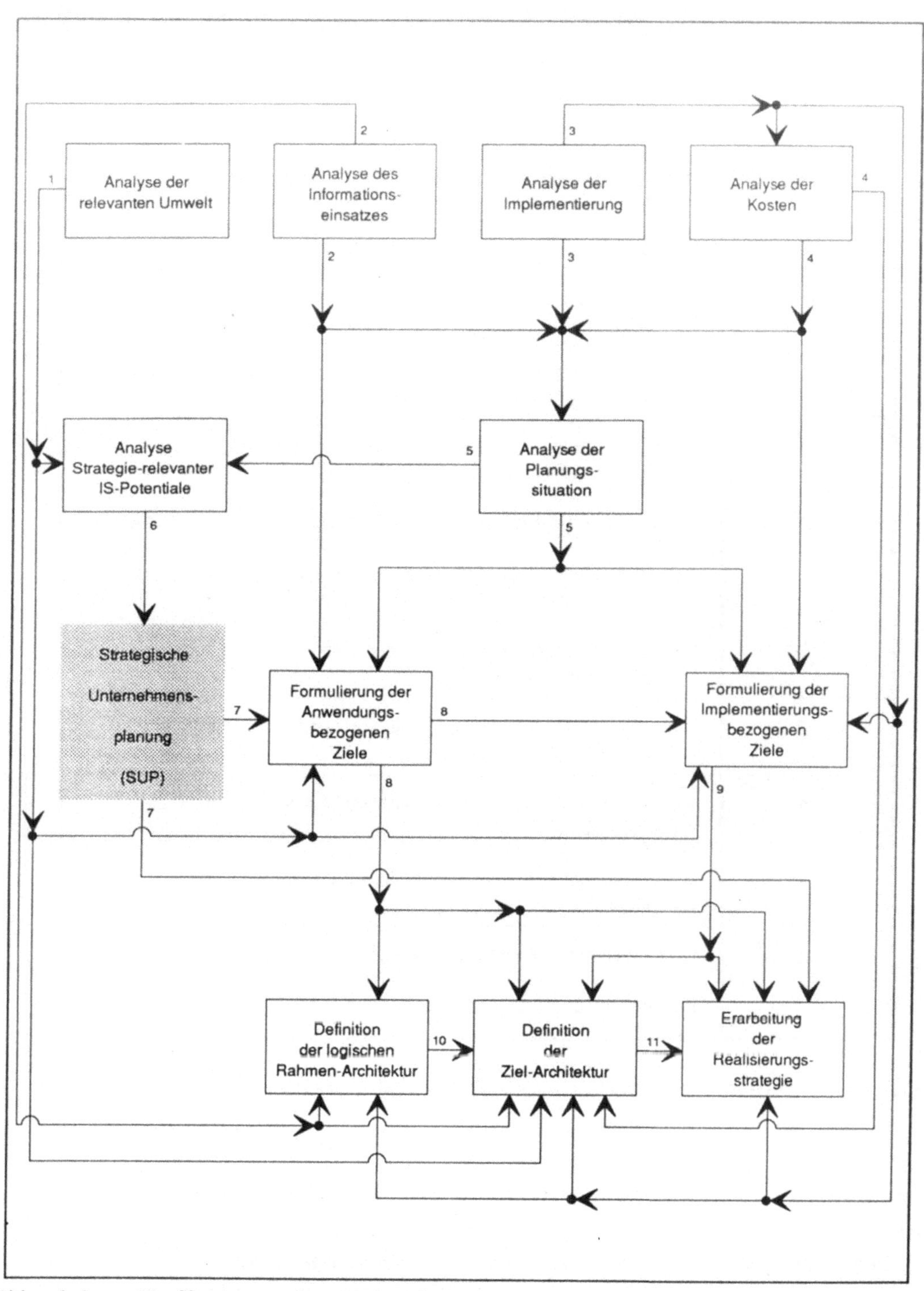

Abb. 6.1   Verflechtung der SISP-Schritte

Tab. 6.1 zeigt die SISP-Ergebnisse, die in den einzelnen Schritten erarbeitet werden und Eingangsinformationen für nachgelagerte Aufgaben darstellen.

Nummer	Informationsinhalte
1	relevante Umweltentwicklungen (Produkte, Konzepte usw.) mit ihren Chancen/Risiken
2	bestehende Anwendungsbereiche mit Datenverbindung untereinander und Qualität der IS-Unterstützung
3	bestehende Implementierung mit eingesetzten Komponenten; identifizierte Schwachstellen/Beschränkungen strategischer Optionen
4	bestehende Kostenstrukturen und identifizierte Unwirtschaftlichkeiten
5	globale Beurteilung der IS-Bedeutung und der erreichten Reife der Nutzung
6	Strategie-relevante Potentiale aus der Nutzung der Informationstechnologie
7	strategische Unternehmensziele als Vorgabe für die benötigte IS-Unterstützung
8	aus Implementierungszielen resultierende Anforderungen an das zukünftige IS
9	aus Anwendungszielen resultierende Anforderungen an das zukünftige IS
10	logische Rahmen-Architektur mit ihren Elementen
11	Ziel-Architektur als zu realisierender Zustand

Tab. 6.1   Informationsflüsse zwischen den SISP-Schritten

Die Nummern an den Pfeilen in Abb. 6.1 verweisen auf die entsprechende Erläuterung in der Tabelle. Punkte an den Pfeilenden bedeuten eine Sammlung ("alle in den Punkt mündenden Informationen gehen **zusammen** weiter an andere SISP-Schritte") oder Verteilung ("die in den Punkt mündende Information geht an **alle** nachfolgend bezeichneten SISP-Schritte"). Die Strategische Unternehmensplanung (SUP) ist mitaufgenommen in die Darstellung, da sie den Rahmen für die SISP bildet und auch inhaltliche Verknüpfungen bestehen.

Die Abbildung verdeutlicht den inhaltlichen Zusammenhang der einzelnen SISP-Schritte und stellt ein geschlossenes Modell der durchzuführenden Aufgaben dar. Dies erlaubt es auch, einzelne Verfahren in den Gesamtkomplex der SISP einzuordnen und die von ihnen unterstützten Elemente zu erkennen. Tab. 6.2 zeigt zusammenfassend die vorgestellten Verfahren und ihre Zuordnung zu den SISP-Schritten.

SISP-Schritt	Verfahrenshilfen
ANALYSE DER AUSGANGSSITUATION	
Analyse des Informationseinsatzes	- Erhebungsmerkmale (HAUSMANN u.a., 1988) - Funktionenmodelle (Computer Integrated Manufacturing - SCHEER 1988a, DV-Funktionen - MERTENS, 1988 und MERTENS/GRIESE, 1988; Kölner Integrationsmodell - GROCHLA und Mitarbeiter, 1974; Wertschöpfungskette - PORTER/MILLAR, 1986) - Darstellungsformen (Vorgangsketten - SCHEER, 1987; BSP-Matrizen - BSP, 1984; Integrationsmodelle; CIM-Profil - SCHULZ/BÖLZING, 1988) - Bewertungskriterien
Analyse der Implementierung	- Implementierungsaspekte - Implementierungsmerkmale - Bewertungsaspekte
Analyse der Kosten	- Kostenelemente - Kostenvergleich / Leistungsanalyse als Bewertungs-möglichkeiten
Analyse der Umwelt	- Umweltbereiche und -aspekte

Tab. 6.2   Verfahren zur Unterstützung der SISP-Schritte

SISP-Schritt	Verfahrenshilfen
FORMULIERUNG DER STRATEGISCHEN IS-ZIELE	
Analyse der Planungssituation	- Bedeutung des IS für den Unternehmenserfolg (McFARLAN u.a., 1983) - Reifegrad des IS-Einsatzes (NOLAN, 1979)
Analyse der Strategie-relevanten IS-Potentiale	- Branchen-orientierte Verfahren (Modell der Wettbewerbs-kräfte, PORTER, 1979; McFARLAN, 1984) - Produkt-orientierte Verfahren (PORTER/MILLAR, 1986) - Prozess-orientierte Verfahren (Wertschöpfungskette - PORTER/MILLAR, 1986; Produktlebenszyklus aus Kundensicht - IVES/LEARMONTH, 1984)
Formulierung der Anwendungs-bezogenen Ziele	- normative Verfahren (BIAIT - CARLSON, 1979; BICS - KERNER, 1979) - analytische Verfahren (BSP - BSP, 1984; KSS - VETTER, 1988; IEM - INFORMATION ENGINEERING, 1988) - globale Verfahren (KEF-Modell - NAGEL, 1988; PORTFOLIO-Ansatz - HARTWIG, 1987)
Formulierung der Implemen-tierungs-bezogenen Ziele	- Ausgangsbereiche für Implementierungsziele - Analyseaspekte
ERARBEITUNG DER IS-STRATEGIE	
Definition der logischen Rahmen-Architektur	- Strukturierungsverfahren (analytische Verfahren BSP, KSS, IEM-s.o.; top-down-Ansatz; Schnittstellenanalyse) - Unternehmenstrukturmodell aus Sicht der Informations-verarbeitung - Rechner-/Anwendungshierarchie
Definition der Ziel-Architektur	- Aspekte der Strukturanalyse - Aspekte der Komponentenanalyse - Aspekte der Gesamtanalyse, Komponentenauswahlverfahren
Erarbeitung der Realisierungsstrategie	- Einflußfaktoren - Projektbewertungsverfahren (BUSS, 1983; McFARLAN, 1981; NAGEL, 1988)

Tab. 6.2   (Fortsetzung)

Literaturverzeichnis

ANSELSTETTER 1986

Anselstetter, R.: Betriebswirtschaftliche Nutzeffekte der Datenverarbeitung. 2. Aufl., Berlin et al., 1986.

ARBEITSKEIS PIETZSCH 1969

Arbeitskreis Pietzsch der Schmalenbach-Gesellschaft: Zur Kostenrechnung der elektronischen Datenverarbeitung. Zeitschrift für betriebswirtschaftliche Forschung N.F., 21 (1969), S. 568-586.

BALZERT 1982

Balzert, H.: Die Entwicklung von Software-Systemen. Mannheim-Wien-Zürich 1982.

BAYER 1987

Bayer, B.: Kann man Benutzerzufriedenheit messen? Erfahrungen mit der Erfolgsfaktoren-Analyse in der strategischen Planung. Information Management, 2 (1987), Nr. 3, S. 6-11.

BECKER 1989

Becker, J.: Die Integration in CIM-Systemen: Notwendigkeit und Realisierungsmöglichkeiten der EDV-gestützten Verbindung betrieblicher Bereiche. Habilitation, Saarbrücken 1989.

BOEHM 1981

Boehm, B.W.: Software Engineering Economics. Englewood Cliffs 1981.

BOTTLER/HORVATH/KARGL 1972

Bottler, G.; Horváth, P.; Kargl, H.: Methoden der Wirtschaftlichkeitsberechnung für die Datenverarbeitung. München 1972.

BRUNS 1988

Bruns, F.-W.: Bei CIM ist der Weg das Ziel. CIM Management, 4 (1988), Nr. 6, S. 16-19.

BUSINESS SYSTEMS PLANNING 1984

Business Systems Planning - Information System Planning Guide. Hrsg.: IBM. 4. Aufl., Atlanta 1984. (IBM-Form GE20-0527-04).

BUSS 1983

Buss, M.D.J.: How to Rank Computer Projects. Harvard Business Review, 61 (1983), Nr. 1, S. 118-125.

CARLSON 1979

Carlson, W.M.: Business Information Analysis and Integration Technique (BIAIT) - The New Horizon. Data Base, 10 (1979), Nr. 1, S. 3-9.

DAVIS 1982
Davis, G.B.: Strategies for Information Requirements Determination. IBM Systems Journal, 21 (1982), Nr. 1., S. 4-30.

DIEBOLD 1984

Diebold Kennzahlen-System (DKS). Hrsg.: Diebold Deutschland GmbH. Frankfurt/Main 1984.

DROSTE 1986

Droste, F.O.W.: Die Kosten-Nutzen-Analyse von EDV-Projekten im Phasen-konzept - Problemlösungsansätze in Form von Modellen und standardisier-ten Verfahren. Dissertation, Würzburg 1986.

DWORATSCHEK/DONIKE 1972

Dworatschek, S. u. Donike, H.: Wirtschaftlichkeitsanalyse von Informa-tionssystemen. Berlin-New York 1972.

EDV-KENNZAHLEN 1981

EDV-Kennzahlen: Praxisbezogenes Instrumentarium zur Beurteilung der EDV-Wirtschaftlichkeit. Hrsg.: Schweizerische Vereinigung für Datenver-arbeitung. 2. Aufl., Bern-Stuttgart 1981.

GEWALD/HAAKE/PFADLER 1977

Gewald, K.; Haake, G.; Pfadler, W.: Software Engineering: Grundlagen und Technik rationeller Programmentwicklung. München-Wien 1977.

GRIESE u.a. 1987

Griese, J. u.a.: Ergebnisse des Arbeitskreises Wirtschaftlichkeit der Informationsverarbeitung. Zeitschrift für betriebswirtschaftliche For-schung N.F., 39 (1987), S. 515-551.

GROCHLA und Mitarbeiter 1974

Grochla, E. und Mitarbeiter: Integrierte Gesamtmodelle der Datenverar-beitung. München-Wien 1974.

GROSS 1985

Groß, J.: Entwicklung des strategischen Informations-Managements in der Praxis. In: Planung in der Datenverarbeitung. Hrsg.: H. Strunz. Berlin et al. 1985, S. 38-66.

GRUPP 1988

Grupp, B.: Methoden und Techniken der EDV-Organisation. Köln 1988.

HANSEN u.a. 1983

Hansen, H.R.; Amsüss, W.L.; Frömmer, N.S.: Standardsoftware. Berlin-Heidelberg 1983.

HARGRAVES 1983

Hargraves, R.F.: Corporate Strategies and DP Tactics. Datamation, 29 (1983), Nr. 8, S. 204-216.

HARTWIG 1987

Hartwig, T.: Portfolio-Anlayse für das strategische Informationsmanagement. Information Management, 2 (1987), Nr. 3, S. 12-17.

HASLINGER 1987

Haslinger, E.: Lexikon der Personal Computer, Arbeitsplatzsysteme, Kommunikationsnetze. München-Wien 1987.

HAUSMANN u.a. 1988

Hausmann, A.; Kettner, P.; Schmidt, H.: Wege zur Integrierten Informationsverarbeitung in mittelständischen Unternehmen. CIM Management, 4 (1988), Nr. 6., S. 41-53.

HEINRICH/BURGHOLZER 1988

Heinrich, L.J. u. Burgholzer, P.: Informationsmanagement. 2. Aufl., München-Wien 1988.

HEINRICH/ROITHMAYR 1989

Heinrich, L.J. u. Roithmayr, F.: Wirtschaftsinformatik-Lexikon. 3. Aufl., München-Wien 1989.

HERING 1984

Hering, E.: Software-Engineering. Braunschweig-Wiesbaden 1984.

HILL/FEHLBAUM/ULRICH 1981

Hill, W.; Fehlbaum, R.; Ulrich, P.: Organisationslehre. Bd. 1 und 2, 3. Aufl., Bern-Stuttgart 1981.

HORVATH/MAYER 1988

Horváth, P. u. Mayer, R.: CIM-Wirtschaftlichkeit aus Controller-Sicht. CIM Management, 4 (1988), Nr. 4, S. 48-53.

HORVATH/PETSCH 1986

Horváth, P. u. Petsch, M.: Beurteilungskriterien für Standard-Anwendungssoftware für das betriebliche Rechnungswesen. Handbuch der modernen Datenverarbeitung, 23 (1986), Nr. 132, S. 17-25.

HOYER/KÖLZER 1987

Hoyer, R. u. Kölzer, G.: Kommunikations-System-Studie (KSS). In: Lexikon der Wirtschaftsinformatik. Hrsg.: P. Mertens u.a. Berlin et al. 1987, S. 203-205.

INFORMATION ENGINEERING 1988

Information Enginering - Neue Wege in der Informationsverarbeitung. Hrsg.: James Martin Associates. Hamburg 1988.

INFORMATIONS-STRATEGIE-PLANUNG 1989

Informations-Strategie-Planung. Hrsg.: James Martin Associates. Seminarunterlage, Hamburg 1989.

IVES/LEARMONTH 1984

Ives, B. u. Learmonth, G.P.: The Information System as a Competitive Weapon. Communications of the ACM, 27 (1984), Nr. 12, S. 1193-1201.

KARGL 1976

Kargl, H.: Wirtschaftlichkeitsrechnungen. In: EDV-Leiter Handbuch. Hrsg.: K. Hülck, H.-P. Mrachacz, H. Solf. München 1976, S. 537-604.

KARGL 1989

Kargl, H.: Fachentwurf für DV-Anwendungssysteme. München-Wien 1989.

KERNER 1979

Kerner, D.V.: Business Information Characterization Study. Data Base, 10 (1979), Nr. 4., S. 10-17.

KONVICKA 1987

Konvicka, W.: Antwortzeit bei interaktiven Systemen. In: Lexikon der Wirtschaftsinformatik. Hrsg.: P. Mertens u.a. Berlin et al. 1987, S. 16-17.

KRCMAR 1987

Krcmar, H.: Innovationen durch Strategische Informationssysteme. In: Innovation und Wettbewerbsfähigkeit. Hrsg.: E. Dichtl, W. Gerke, A. Kieser. Wiesbaden 1987, S. 227-246.

KRCMAR 1988

Krcmar, H.: Strategische Informationsverarbeitung - Moderne Konzepte für den Informationsmanager. Unterlage zum INTEGRATA-Seminar, Tübingen 1988.

KREIKEBAUM 1981

Kreikebaum, H.: Strategische Unternehmensplanung. Stuttgart et al. 1981.

KRÜGER/PFEIFFER 1988

Krüger, W. u. Pfeiffer, P.: Strategische Ausrichtung, organisatorische Gestaltung und Auswirkungen des Informationsmanagements. Information Management, 3 (1988), Nr. 2, S. 6-15.

KÜHN/KRUSE 1985

Kühn, R. u. Kruse, H.F.: Strategische Planung im EDV-Bereich: Eine Methodik zur Bestimmung des strategischen Applikationskonzepts. Zeitschrift für Führung und Organisation, 54 (1985), Nr. 8, S. 455-462.

KURBEL 1983

Kurbel, K.: Software Engineering im Produktionsbereich. Wiesbaden 1983.

LEXIKON 1983

Lexikon der Produktionsplanung und -steuerung: Begriffszuammenhänge und Begriffsdefinitionen. Hrsg.: Verein Deutscher Ingenieure. 3. Aufl., Düsseldorf 1983.

LINDHEIM 1988

Lindheim, W.: Strategieplanung für die technische EDV - Baustein zur Realisierung von CIM-Systemen. Wiesbaden 1988.

LIPPOLD 1985

Lippold, H.: Kennzahlensysteme zur Steuerung und Analyse des DV-Einsatzes. Handbuch der modernen Datenverarbeitung, 22 (1985), Nr. 121, S. 109-121.

LONG 1982

Long, L.E.: Design and Strategy for Corporate Information Services. Englewood Cliffs 1982.

McFARLAN 1981

McFarlan, F.W.: Portfolio Approach to Information Systems. Harvard Business Review, 59 (1981), Nr. 5, S. 142-150.

McFARLAN 1984

McFarlan, F.W.: Information Technology Changes the Way You Compete. Harvard Business Review, 62 (1984), Nr. 3, S. 98-103.

McFARLAN/McKENNEY/PYBURN 1983

McFarlan, F.W.; McKenney, J.L.; Pyburn, P.: The Information Archipelago - Plotting a Course. Harvard Business Review, 61 (1983), Nr. 1, S. 145-156.

McKENNEY/McFARLAN 1982

McKenney, J.L. u. McFarlan, F.W.: The Information Archipelago - Maps and Bridges. Harvard Business Review, 60 (1982), Nr. 5, S. 109-119.

McLEAN/SODEN 1977

McLean, E.R. u. Soden, J.V.: Strategic Planning for MIS. New York et al. 1977.

MENRAD 1975

Menrad, S.: Kosten und Leistung. In: Handwörterbuch der Betriebswirtschaft. Hrsg.: E. Grochla u. W. Wittmann. Enzyklopädie der Betriebswirtschaftslehre, Bd. I/2, 4. Aufl., Stuttgart 1975, Spalte 2280-2290.

MERKEL 1987

Merkel, H.: Wie schützt man Investitionen in Informationstechnik? Information Management, 2 (1987), Nr. 4, S. 38-43.

MERTENS 1988

Mertens, P.: Industrielle Datenverarbeitung. Bd. 1: Administrations- und Dispositionssysteme. 7. Aufl., Wiesbaden 1988.

MERTENS/GRIESE 1988

Mertens, P. u. Griese, J.: Industrielle Datenverarbeitung. Bd. 2: Informations-, Planungs- und Kontrollsysteme. 5. Aufl., Wiesbaden 1988.

MERTENS/PLATTFAUT 1986

Mertens, P. u. Plattfaut, E.: Informationssysteme als strategische Waffe. Information Management, 1 (1986), Nr. 2, S. 6-17.

MICHELS 1983

Michels, W.: Beurteilungs- und Auswahlkriterien für Datenbank-Systeme. In: Datenbanken in der Praxis - Von der Informationsanalyse zur unternehmensoptimalen Datenbank-Lösung. Proceedings eines CW-CSE-Symposiums. Hrsg.: CW-CSE, Communications, Services and Education. München 1983.

MIEBACH 1987

Miebach, P.: Individuelle Datenverarbeitung als unternehmerische Aufgabe. Information Management, 2 (1987), Nr. 3, S. 32-37.

MIKSCH 1986

Miksch, G.: Strategische Informationssystemplanung - dargestellt am Beispiel der zentralen Verwaltung der Wirtschaftsuniversität Wien. Wien 1986.

NAGEL 1988

Nagel, K.: Nutzen der Informationsverarbeitung. München-Wien 1988.

NOLAN 1979

Nolan, R.L.: Managing the Crises in Data Processing. Harvard Business Review, 57 (1979), Nr. 2, S. 115-126.

NONHOFF 1989

    Nonhoff, J.: Entwicklung eines Expertensystems für das DV-Controlling. Berlin et. al. 1989.

OBERMEIER 1977

    Obermeier, G.: Nutzen-Kosten-Analysen zur Gestaltung computergestützter Informationssysteme. München 1977.

ÖSTERLE 1981

    Österle, H.: Entwurf betrieblicher Informationssysteme. München-Wien 1981.

ÖSTERLE 1987

    Österle, H.: Erfolgsfaktor Informatik. Information Management, 2 (1987), Nr. 3, S. 24-31.

PARSONS 1983

    Parsons, G.L.: Information Technology: A New Competitive Weapon. Sloan Management Review, 25 (1983), Nr. 1, S. 3-14.

PETER 1983

    Peter, J.: Konzepte und Instrumente der strategischen EDV-Planung. Dissertation, Wirtschaftsuniversität Wien 1983.

PFADLER 1981

    Pfadler, W.: Mitschreitende Leistungskontrolle in EDV-Projekten. In: Software: moderne Methoden zur Planung, Realisierung und Kontrolle der Entwicklung. Hrsg.: P. Molzberger u. H. Schelle. München-Wien 1981, S. 205-228.

PICOT/REICHWALD 1985

    Picot, A. u. Reichwald, R.: Bürokommunikation - Leitsätze für den Anwender. 2. Aufl., München 1985.

POHL 1987

    Pohl, W.: Individuelle Datenverarbeitung. In: Lexikon der Wirtschaftsinformatik. Hrsg.: P. Mertens u.a. Berlin et al. 1987, S. 177.

PORTER 1979

    Porter, M.E.: How Competitive Forces Shape Strategy. Harvard Business Review, 57 (1979), Nr. 2, S. 137-145.

PORTER 1985

    Porter, M.E.: Wettbewerbsvorteile - Spitzenleistungen erreichen und behaupten. Frankfurt/Main 1985.

PORTER 1988

Porter, M.E.: Wettbewerbsstrategie - Methoden zur Analyse von Branchen und Konkurrenten. 5. Aufl., Frankfurt/Main 1988.

PORTER/MILLAR 1986

Porter, M.E. u. Millar, V.E.: Wettbewerbsvorteile durch Information. Harvard Manager, 1986, Nr. 1, S. 26-35.

ROCKART 1979

Rockart, J.F.: Chief Executives Define their own Data Needs. Harvard Business Review, 57 (1979), Nr. 2, S. 81-93.

ROCKART 1982

Rockart, J.F.: The Changing Role of the Information Systems Executive: a Critical Success Factors Perspective. Sloan Management Review, 24 (1982), Nr. 1, S. 3-13.

ROHRIG 1987

Rohrig, N.: Copy- und Extrakt-Management als Voraussetzung für erfolgreiche Endbenutzersysteme. Information Management, 2 (1987), Nr. 3, S. 49-55.

SCHEER 1978

Scheer, A.-W.: Wirtschaftlichkeitsanalyse von Informationssystemen. In: Entwicklungstendenzen der Systemanalyse. Hrsg.: H.R. Hansen. München-Wien 1978, S. 305-329.

SCHEER u.a. 1984

Scheer, A.-W. u.a.: Personal Computing - EDV-Einsatz in Fachabteilungen. München 1984.

SCHEER 1987

Scheer, A.-W.: EDV-orientierte Betriebswirtschaftslehre. 3. Aufl., Berlin et al. 1987.

SCHEER 1988a

Scheer, A.-W.: CIM Computer Integrated Manufacturing - Der computergesteuerte Industriebetrieb. 3. Aufl., Berlin et. al. 1988.

SCHEER 1988b

Scheer, A.-W.: Wirtschaftsinformatik - Informationssysteme im Industriebetrieb. 2. Aufl., Berlin et al. 1988.

SCHEER 1988c

Scheer, A.-W.: Entwurf eines Unternehmensdatenmodells. Information Management, 3 (1988), Nr. 1, S. 14-23.

SCHEER 1989

Scheer, A.-W.: Y-CIM-Informations Management. CIM Management, 5 (1989), Nr. 5, S. 56-62.

SCHICKER 1986

Schicker, P.: Datenübertragung und Rechnernetze. Stuttgart 1986.

SCHOLZ, B. 1988

Scholz, B.: CIM-Schnittstellen: Konzepte, Standards und Probleme der Verknüpfung von Systemkomponenten in der rechnerintegrierten Produktion. München-Wien 1988.

SCHOLZ/TUINMANN/WITTMER 1988

Scholz, B.; Tuinmann, U.; Wittmer, M.: Methoden und Werkzeuge zur Gestaltung von Informations- und Kommunikationsstrukturen. CIM Management, 4 (1988), Nr. 6, S. 32-40.

SCHOLZ, Ch. 1987

Scholz, Ch.: Strategisches Management - Ein integrativer Ansatz. Berlin - New York 1987.

SCHOLZ, Ch. 1988a

Scholz, Ch.: Erklärung und Gestaltung der "Informationskultur" mit Hilfe dualer Regelung. In: Kybernetische Aspekte moderner Kommunikationstechnik. Hrsg.: R. Fahrion. Berlin 1988, S. 54-86.

SCHOLZ, Ch. 1988b

Scholz, Ch.: Strategische Stimmigkeit - Probleme und Lösungsvorschläge. Wirtschaftswissenschaftliches Studium, 1988, S. 445-450.

SCHOLZ, Ch. 1989

Scholz, Ch.: Einführung in das Personal Computing. Berlin - New York 1989.

SCHREUDER/UPMANN 1988

Schreuder, S. u. Upmann, R.: CIM-Wirtschaftlichkeit: Vorgehensweise zur Ermittlung des Nutzens einer Integration von CAD, CAP, CAM, PPS und CAQ. Köln 1988.

SCHULZ/BÖLZING 1988

Schulz, H. u. Bölzing, D.: "CIM-Status" für strategische Investitionsplanung. CIM Management, 4 (1988), Nr. 4, S. 4-9.

SELIG 1986

Selig, J.: EDV-Management. Berlin et al. 1986.

SKUBCH 1989

Skubch, H.: Strategische Informationsplanung: Methoden, Voraussetzungen, Erfolgsfaktoren. Computer Magazin Wissen, Heft 101: Informationsstrategie, 1989, S. 32-37.

SOKOLVSKY 1987

Sokolovsky, Z.: Projektcontrolling - projektbegleitende Wirtschaftlichkeitskontrollen bei großen EDV-Projekten. Zeitschrift für Führung und Organisation, 56 (1987), S. 261-268.

SYNOTT/GRUBER 1981

Synott, W.R. u. Gruber, W.H.: Information Ressource Management - Opportunities and Strategies for the 1980s. New York et al. 1981.

SZYPERSKI/KOLF 1978

Szyperski, N. u. Kolf, F.: Integration der strategischen Informations-System-Planung (SISP) in die Unternehmens-Entwicklungsplanung. In: Entwicklungstendenzen der Systemanalyse. Hrsg.: H.R. Hansen. München-Wien 1978, S. 59-91.

SZYPERSKI/WINAND 1980

Szyperski, N. u. Winand, U.: Grundbegriffe der Unternehmensplanung. Stuttgart 1980.

VENITZ 1990

Venitz, U.: CIM-Rahmenplanung. Berlin et al. 1990.

VETTER 1989

Vetter, M.: Aufbau betrieblicher Informationssysteme mittels konzeptioneller Datenmodellierung. 5. Aufl., Stuttgart 1989.

VETTER 1988

Vetter, M.: Strategie der Anwendungssoftware - Entwicklung: Planung, Prinzipien, Konzepte. Stuttgart 1988.

WEDEKIND 1976

Wedekind, H.: Systemanalyse: die Entwicklung von Anwendungssystemen für Datenverarbeitungsanlagen. 2. Aufl., München-Wien 1976.

WIENDAHL 1987

Wiendahl, H.-P.: Belastungsorientierte Fertigungssteuerung. München 1987.

WIGAND 1988

Wigand, R.: Fünf Grundsätze für die erfolgreiche Einführung des Informations-Managaments. Information Management, 3 (1988), Nr. 2, S. 24-30.

WIGHT 1983

> Wight, O.: The Executive Guide to Successfull MRP II. New York 1983.

WINDLER 1987

> Windler, A.: Informationsbedarf. In: Lexikon der Wirtschaftsinformatik. Hrsg.: P. Mertens u.a. Berlin et al. 1987, S. 184-185.

WÖHE 1986

> Wöhe, G.: Einführung in die Allgemeine Betriebswirtschaftslehre. 16. Aufl., München 1986.

Betriebs- und Wirtschaftsinformatik

Herausgeber: H. R. Hansen, H. Krallmann,
P. Mertens, A.-W. Scheer, D. Seibt, P. Stahlknecht,
H. Strunz, R. Thome

Band 6: **W. Sinzig**
Datenbankorientiertes Rechnungswesen
Grundzüge einer EDV-gestützten Realisierung der Einzelkosten- und Deckungsbeitragsrechnung
3. Aufl. 1990. DM 78,- ISBN 3-540-51786-3

Band 8: **T. Noth, M. Kretzschmar**
Aufwandschätzung von DV-Projekten
Darstellung und Praxisvergleich der wichtigsten Verfahren
2. Aufl. 1985. DM 42,- ISBN 3-540-16069-8

Band 17: **A. Schulz** (Hrsg.)
Die Zukunft der Informationssysteme Lehren der 80er Jahre
Dritte gemeinsame Fachtagung der Österreichischen Gesellschaft für Informatik (ÖGI) und der Gesellschaft für Informatik (GI). Johannes Kepler Universität Linz, 16.–18. September 1986
1986. DM 106,- ISBN 3-540-16802-8

Band 18: **H. R. Göpfrich**
Bildschirmtext in der Ausbildung
Dargestellt am Beispiel der Wirtschaftsuniversität Wien
1987. DM 74,- ISBN 3-540-17175-4

Band 19: **M. Schumann**
Eingangspostbearbeitung in Bürokommunikationssystemen
Expertensystemansatz und Standardisierung
1987. DM 54,- ISBN 3-540-17369-2

Band 20: **T. Noth**
Unterstützung des Managements von Software-Projekten durch eine Erfahrungsdatenbank
1987. DM 76,- ISBN 3-540-17842-2

Band 21: **H. Demmer**
Datentransportkostenoptimale Gestaltung von Rechnernetzen
1987. DM 69,- ISBN 3-540-17919-4

Band 22: **J. Becker**
Architektur eines EDV-Systems zur Materialflußsteuerung
1987. DM 72,- ISBN 3-540-18349-3

Band 23: **P. Haun**
Entscheidungsorientiertes Rechnungswesen mit Daten- und Methodenbanken
1987. DM 59,- ISBN 3-540-18418-X

Band 24: **E. Plattfaut**
DV-Unterstützung strategischer Unternehmensplanung
Beispiele und Expertensystemansatz
1988. DM 49,- ISBN 3-540-18631-X

Band 26: **F. Schober**
Modellgestützte strategische Planung für multinationale Unternehmungen
Konzeption, Potential und Implementierung
1988. DM 78,- ISBN 3-540-18767-7

Band 27: **J. Hofmann**
Aktionsorientierte Datenverarbeitung im Fertigungsbereich
1988. DM 49,- ISBN 3-540-18798-7

Band 29: **R. Oetinger**
Benutzergerechte Software-Entwicklung
1988. DM 78,- ISBN 3-540-19135-6

Band 31: **P. Mertens, V. Borkowski, W. Geis**
Betriebliche Expertensystem-Anwendungen
2., völlig neu bearb. und erw. Aufl. 1990. DM 78,-
ISBN 3-540-52599-8